es 1734

edition suhrkamp

Neue Folge Band 734

Gender Studies
Vom Unterschied der Geschlechter

Frauen werden nicht nur als das Geschlecht bezeichnet, das der Natur nähersteht, sondern auch in der Dualität von Geist und Leib auf die Seite des Leibes gestellt. Das mag eine männliche Zuschreibung sein, aber auch Frauen selbst erfahren sich so. Weibliche Existenz ist durchzogen von der Auffälligkeit des Leibes. Sie können ihn nie wirklich vergessen. Ihre Selbsterfahrung ist auch immer die Erfahrung ihrer selbst qua Leib. Und doch sind es die Männer, die sowohl die theoretische Wiederentdeckung als auch die praktische Wiederaneignung des Leibes beherrschen. Ob es nun Philosophen von Nietzsche über Sartre und Merleau-Ponty bis zu Schmitz sind oder Meister des Zen, Yoga, Tai Chi, stets besaßen bisher Männer die Definitionsmacht. Auf diesem Feld melden sich nun mit dem vorliegenden Band die Frauen selbst zu Wort. Er vereint Autorinnen in dem Bemühen, den reichen Leib-Erfahrungen von Frauen theoretisches Gewicht zu verleihen und ihr leibliches Selbstverständnis begrifflich zu erarbeiten.

Zu den behandelten Themen zählen: Gebären und geboren werden – Die Sichtbarmachung des Leibes – Weibliche Lust – Frauenleib als Ware.

Farideh Akashe-Böhme lebt als freie Publizistin in Darmstadt. Veröffentlichungen u. a.: *Die Darstellung der iranischen Revolution in der bundesrepublikanischen Presse*, 1986; *Reflexionen vor dem Spiegel* (Hg.), 2. Aufl. 1992; *Frausein – Fremdsein*, 2. Aufl. 1994.

Von der Auffälligkeit des Leibes

Herausgegeben von
Farideh Akashe-Böhme

Suhrkamp

edition suhrkamp 1734
Neue Folge Band 734
Erste Auflage 1995

Erstausgabe

Satz: Gutfreund, Darmstadt
Druck: Nomos Verlagsgesellschaft, Baden-Baden
Umschlagentwurf: Willy Fleckhaus
Printed in Germany

1 2 3 4 5 6 – 00 99 98 97 96 95

Inhalt

Vorwort

Im Deutschen kann man terminologisch zwischen Körper und Leib unterscheiden. Es lohnt sich, diese Möglichkeit zu nutzen, wenn es gilt, die subjektiven und biographischen Erfahrungen, die man mit sich selbst macht, insofern man einen Körper hat, gegen das wissenschaftliche Wissen vom menschlichen Körper, wie es in der Biologie, der Medizin und der Sexualwissenschaft entwickelt wird, zur Geltung zu bringen. Unter Leib ist also in diesem Band grundsätzlich der menschliche Körper in der Weise der Selbsterfahrung zu verstehen. Daß für den so erfahrenen Gegenstand ein besonderer Ausdruck verwendet wird, rechtfertigt sich nicht nur durch die Subjektivität der Erfahrung selbst, sondern auch dadurch, daß die Strukturen dieses Gegenstandes sich von den Strukturen eines objektiv erkennbaren Körpers deutlich unterscheiden.

Diese Unterschiede sind in der philosophischen Anthropologie unseres Jahrhunderts von Nietzsche über Sartre und Merleau-Ponty bis zu Schmitz gegen die traditionelle Verdrängung des Leiblichen in der Philosophie herausgearbeitet worden. Die Geschichte der Wiederentdeckung des Leibes ist, soweit sie literarischen Niederschlag fand, bisher eine Geschichte der Männer geblieben. Es war deshalb höchste Zeit, Autorinnen aufzufordern, weibliche Erfahrungsweisen des Leibes auf den Begriff zu bringen, und das um so mehr, als sie nicht nur von ihrer Umwelt immer wieder auf ihre Körperlichkeit zurückgeworfen werden, sondern auch weil ihnen ihre eigene Leiblichkeit je und je auffällig wird.

Meine eigenen Beiträge knüpfen an den Band *Reflexionen vor dem Spiegel* an, in dem Frauen sich dazu geäußert haben, wie sie durch ihr Äußeres in Erscheinung treten. Meine Beiträge hier behandeln die Elemente von Leiblichkeit, in denen dieses In-Erscheinung-Treten mit leiblicher Selbsterfahrung vermittelt wird: die Augen und der Mund haben über Sehen und Gesehenwerden, über Einen-Anblick-Bieten und Sich-selbst-Spüren eine Doppelwendigkeit, die Körperlichkeit und Leiblichkeit vermittelt.

Der Beitrag von Esther Fischer-Homberger leistet eine andere Anknüpfung. Die Feststellung Simone de Beauvoirs, daß Frauen, die ihrer selbst bewußt werden, sich in einer patriarchal bestimmten Kultur als sekundäres Geschlecht vorfinden, mußte zu einer Auflehnung gegen die Zuschreibung von Geschlechtscharakteren, -rollen und -bestimmungen führen.

Esther Fischer-Homberger gibt dieser klassischen Linie der Frauenbewegung eine neue Wendung, indem sie zeigt, daß die Stilisierung der Menschen nach der Geschlechtsrollendichotomie andere Unterschiede wie die des Alters und der Größe verdrängt oder unkenntlich macht. Dadurch werden individuelle Wege des Selbstverständnisses beschnitten oder sogar unmöglich gemacht.

Eine Gruppe von Autorinnen arbeitet das weibliche Selbstverständnis in bezug auf ihre Leiblichkeit durch einen Rückgang in die Geschichte heraus. Dieser Weg ist notwendig, will man gegenwärtige Erfahrungen aus ihrer historischen Prägung, und das heißt auch: Verfremdung, befreien und so artikulieren, um nicht immer wieder in die Strukturen zurückzufallen, die man gerade überwinden will.

Pia Schmid kann zeigen, daß das traditionelle weibliche Selbstverständnis sich keineswegs von selbst ergab oder der Erfahrung entstammte, sondern durch bewußte pädagogische Strategien erzeugt wurde. Diese pädagogische Formation des weiblichen Selbstverständnisses, die bis in die heutige Kinderstube reicht, ist im wesentlichen ein Produkt des 18. Jahrhunderts. Auf einer verwandten Linie argumentiert Ruth Waldeck in ihrem Beitrag *Zur Produktion des »schwachen Geschlechts«*. Wie sich weibliches Selbstverständnis historisch in weiblicher Realität, und das heißt hier besonders: in »Frauenleiden«, niedergeschlagen hat, zeigt Christina von Braun an den Beispielen der angeblich typischen Frauenkrankheiten Hysterie und Magersucht. Dabei wird wichtig, daß es sich nicht bloß um die Somatisierung eines unglücklichen weiblichen Bewußtseins handelt, sondern um den Austrag einer gesellschaftlichen Konstellation.

»Herz« wird Frauen in besonderem Maße zugesprochen. Barbara Duden weist darauf hin, daß es sich dabei aber weder um einen Körperteil noch um ein Organ handelt, sondern um eine Hexis, um eine Vorstellung praxisleitender Selbsterfahrung. Ihr Beitrag skizziert eine Dimension der noch nicht geschriebenen Körpergeschichte. Da Frauengeschichte ohnehin die Geschichte derjenigen ist, die sie nicht selbst geschrieben haben, wird auch hier dieses Stück Körpergeschichte durch die Krankengeschichte eines Arztes mitgeteilt.

Auf die Phänomene und Ereignisse, in denen Leiblichkeit für Frauen besonders auffällig wird, gehen Ruth Waldeck, Astrid Meyer-Schubert, Lising Pagenstecher ein. Altern und Gestaltwandel, das heißt die biographische Erfahrung der eigenen Leiblichkeit, sind für jede Frau ein dramatischer Prozeß. Die manchmal glücklich, vielfach aber schmerzlich erfahrenen Metamorphosen sind so einschneidend, daß es nicht nur für die Außenwelt, sondern auch für die jeweilige Frau selbst schwierig ist, ihre Identität durch die Lebensalter zu bewahren. Gleichwohl bleibt die Kontinuität dem Leib erinnerbar eingeschrieben. Einer der tiefen biographischen Einschnitte des Leiblichen ist die Menarche, die Ruth Waldeck in ihrem zweiten Beitrag behandelt. Die Monatsblutung der Frau ist in der Geschichte vielfachen Mystifikationen unterworfen worden und von heute her gesehen in derart diskriminierende und zum teil bizzare Kulturformen gefaßt worden, daß die Besinnung auf diese Erfahrung für die Frauen heute eine Schlüsselstellung ihres Verständnisses von der Weiblichkeit einnimmt. Eine ähnliche Stellung haben Schwangerschaft und Geburt. Zwar werden Frauen heute nicht mehr sagen, daß sich darin ihre Weiblichkeit »erfüllt«, aber Schwangerschaft und Geburt bleiben ein weibliches Proprium. Deshalb sind die Artikulation ihrer Erfahrungen dabei und die Entwicklung einer adäquaten Begrifflichkeit, wie sie von Astrid Meyer-Schubert unternommen wird, von größter Wichtigkeit. Der Beitrag von Lising Pagenstecher zeigt in seiner Beschränkung auf biographische Selbsterfahrung, daß leibliche Erfahrung im letzten individuell bleibt und sich in ihrer Authentizität gerade verallgemeinernder Begriffsbildung entzieht.

I.

Innen – Außen

Farideh Akashe-Böhme
Die Erfahrung des Blickes*

> Wende mir deine Augen zu, nachtblau und voller Sterne!
> Um einen deiner Zauberblicke, diesen Himmelsbalsam,
> will ich von dunkleren Lüsten den Schleier lüften und dich
> einschläfern in einem Traum, der endlos dauert!
>
> *Baudelaire*[1]

Innerhalb der Möglichkeiten nonverbaler Kommunikation dürfte den Blicken die größte Bedeutung zukommen. Mit Blicken kann man vieles sagen, aber auch vieles tun und erfahren. Auch Männer setzen die Sprache der Blicke bewußt ein und haben bestimmte Blickarten kulturell eingeübt und individuell gelernt. So den Herrscher-Blick, den strafenden Blick, den anmachenden Blick. Männer lassen den klaren Blick schweifen, »zum Sehen geboren, zum Schauen bestellt«, heißt es bei Goethe. Ein Mädchen mit »beredten« Blicken, mit »gesenktem« Blick, mit »verstohlenem« Blick: solche Zuschreibungen zeigen, daß es bei Frauen einen gesellschaftlichen Zwang zum niedergeschlagenen Blick gab, und je mehr Frauen sich gesellschaftlich befreiten, desto befreiter wurden ihre Blicke.

Wenn man von der Macht der Blicke redet, wird sie gleichwohl allgemein vor allem den Frauen zugesprochen, und meistens sogar als Schuld. Sei es nun der böse Blick der Hexe, sei es der bezaubernde Blick eines jungen Mädchens. Es wird in den Blicken der Frauen eine gefährliche Macht vermutet, die einem – dem Mann – die Freiheit raubt. Entsprechend gibt es kulturelle Strategien, Verbote und Sitten, die darauf zielen, die Blickmacht der Frauen einzuschränken. Traditionell verstößt es gegen die gute Sitte, wenn eine Frau jemanden direkt anblickt.

In der Selbstvergewisserung der Frauen stellen sich durch die weibliche Anwesenheit im Blick und deren kulturelle Normierung eine Reihe von Problemen. Erstens: Was ist überhaupt von der Macht der Blicke zu halten? Handelt es sich hier um Aberglauben oder um geschichtlich überholte Erfahrungsmuster, oder enthält die Rede von der Macht der Blicke einen phänomenologisch auf-

* Für Helmut Dahmer

weisbaren Kern? Zweitens: Welche Bedeutung kommt innerhalb der Frauenemanzipation der Befreiung der Blicke zu, und wo stehen wir damit heute? Drittens: Wie wollen wir selbst mit der Macht der Blicke umgehen, sollte es sie denn geben?

Wenn von einer Frau gesagt wird, sie habe einen bezaubernden Blick, so ist gewöhnlich ihr Aussehen gemeint. In der Rede von dem bezaubernden Blick meint man also jene Frau in ihrem Aussehen zu bestimmen, nicht etwa, daß man durch dieses Aussehen selbst bestimmt sei, betroffen – eben bezaubert. Blick wird in unserer Bilderwelt als eine Eigenschaft unter anderen, nicht als eine Kraft erfahren. Oder vielleicht doch? Spürt man vielleicht gelegentlich das Bezaubernde von Blicken, aber läßt sich nicht darauf ein, wehrt es vielmehr ab?

Die Rede vom bezaubernden Blick gibt jedenfalls Zeugnis davon, daß einem durch Blicke etwas widerfahren kann – ein guter Zauber in diesem Fall. Aber wie wäre es, wenn er ein böser Blick wäre? Daß man trotz aller Aufklärung immer noch damit rechnet, zeigt schon die Abwehr in der Erfahrung des bezaubernden Blikkes – mehr noch die abergläubischen Alltagspraktiken wie auf Holz klopfen oder ein verstohlenes »Toi, toi, toi«.

Ein Beispiel für die Erfahrung bezaubernder Augen, das zugleich den möglichen Umschlag dieser Erfahrung in die Furcht vor dem bösen Blick zeigt, findet sich in dem Roman *Die blinde Eule* von Sadeq Hedayat. Vielleicht ist es kein Zufall, daß sich gerade das Beispiel eines Autors anbietet, der moderne westliche Literatur mit orientalischer Tradition verknüpft. Die *Blinde Eule* ist wie ein Märchen aus *Tausendundeiner Nacht*. Hedayat schreibt:

»... auf einmal sah ich durch die Luke diese furchterregenden, zauberischen Augen, die dem Betrachter bittere Vorwürfe zu machen schienen, verängstigte, verwunderte, drohende und doch einladende Augen. Und der Lichtstrahl meines Lebens fiel in diese glänzenden, ausdrucksvollen, magischen Vertiefungen und verlor sich in ihrem Abgrund. Dieser Zauberspiegel zog meine ganze Existenz unwiderstehlich in seinen Bann.«[2] Die Augen des Mädchens, von dem Hedayat schreibt, sind furchterregend und zauberisch zugleich; sie sind drohend und einladend. Worin beruht die Macht dieser Augen, und warum ist die Macht so ambivalent? Natürlich liefert der Romancier keine Erklärung für diese Macht, aber durch seine Beschreibung gibt er doch Hinweise. Wichtig ist, daß diese Macht hier offenbar nicht darauf beruht, daß der Held des Romans angeblickt wird, denn es heißt weiter im Text: »Das Mädchen schien diese Augen auf eine ferne, furchterregende Landschaft zu richten, eine Landschaft, die niemand zu sehen imstande war.«

Die Macht der Augen des Mädchens besteht vielmehr in der Gefahr, daß sich ihr Betrachter in ihrem Anblick verliert. »Und der Lichtstrahl meines Lebens fiel in diese glänzenden, ausdrucksvollen, magischen Vertiefungen und verlor sich in ihrem Abgrund.« Der Blick des Betrachters löst sich also auf, er verliert seine Distanz als Betrachter, verliert die Selbständigkeit seiner Existenz, sein Ich. Wenn die Augen des Mädchens als Spiegel bezeichnet werden, dann als Zauberspiegel, in dem sich das Bild, das man eben noch in ihnen zu sehen glaubte, auflöst und in dem sich der Betrachter mit dessen Auflösung verliert. »Dieser Zauberspiegel zog meine ganze Existenz unwiderstehlich in seinen Bann.« Auffällig ist, daß diese Augen, denen doch soviel Macht zugesprochen wird, selbst in ihrem Ausdruck als verängstigt und verwundert bezeichnet werden. Augen, die einen nicht anblicken, die im Gegenteil selbst Furcht zeigen, ja die sogar »dem Betrachter bittere Vorwürfe zu machen schienen« – solche Augen sollen zugleich bedrohend und geradezu zerstörend sein? Oder ist es die Schwäche, die hier die Macht ausübt? Man denke daran, daß auch die Griechen die Schönheit der Liebesgöttin dadurch am besten zu beschreiben meinten, daß sie sie als die »Kuhäugige« bezeichneten. Klar ist jedenfalls, daß die bezaubernde wie die zerstörende Macht der Augen stets vornehmlich den Frauen zugeschrieben wurde, sei es nun der blicklose Blick der »Kuhäugigen«, seien es die in Verängstigung und Verwunderung aufgerissenen Augen des jungen Mädchens oder sei es der neidische, der scheele Blick der Alten – immer ist es gerade die nicht faßbare Schwäche, die den Betrachter zum Straucheln bringt. Und es ist vor allem der Mann, der sich dadurch irritiert fühlt, angelockt wie in seiner Selbständigkeit bedroht.

Der böse Blick

Kulturhistorisch gesehen war die Anstrengung, mit der Macht von Blicken fertig zu werden, ein langer Kampf mit hohen Kosten. Sie reichen von der Dämonisierung der Macht des Blickes in der Zeit der Hexenverfolgungen bis zu seiner völligen Leugnung in einer abgeklärten Moderne. Ist gegenwärtig der Zeitpunkt gekommen, sich von dieser Macht gelassen, und das heißt doch in diesem Falle: phänomenologisch, Rechenschaft zu geben?

Der böse Blick impliziert die Vorstellung, daß ein Mensch durch sein Auge imstande sei, Besitz, Gesundheit oder gar Glück anderer Menschen zu schädigen. Er existiert im Volksglauben seit Urzeiten und ist bis in die Gegenwart hinein eine weitverbreitete Vorstellung. Die fast ubiquitäre und universale Verbreitung des Glaubens an den bösen Blick weist auf die fundamentale Bedeutung des Augenzaubers hin. Auch in der Gegenwart herrscht, trotz der Entzauberung der Welt und der okzidentalen Rationalität, in der Alltagskultur die Vorstellung, daß Menschen kraft ihrer Blickmacht Unheil anrichten können, im Orient wie im Okzident.

Schon seit der Antike, also von der antiken Sinnesphysiologie, Plutarch und der arabischen Medizin (Avicenna, Algazal), weiß man, daß der Blick Träger von Atmosphären ist. Die Deutungsmuster und die Bezeichnungen haben sich verändert, aber wie ist es um die Wirkungsmöglichkeiten des Blickes bestellt? In der Gegenwart sprechen wir von »Blickkontakt«, »anmachen durch den Blick«, »jemanden in den Blick nehmen« und in politischen Zusammenhängen von »Herrenblick« (Walter Benjamin); das gute Ansehen und ähnliche in die Alltagssprache eingegangene Begriffe verweisen ebenso auf die Macht des Blickes und zeigen, daß auf der Ebene des Alltagsbewußtseins dieser Glaube erhalten geblieben ist. Woher kommen diese Vorstellungen? Was sind die ältesten Zeugnisse dafür?

Der Diskurs über den bösen Blick in der Antike

Die mythologischen Überlieferungen von Medusa und Perseus legen Zeugnis davon ab, wie tiefgehend die Bedrohung durch den Augenzauber war. Medusa, eine von den drei Töchtern des Phorkys und der Keto (sie sind alle geflügelt und haben Schlangenhaare und mächtige Zähne), hat nämlich die Macht, durch ihren Blick jeden, der sie ansieht, zu Stein werden zu lassen; Perseus, Sohn des Zeus und der Danae, wird von Polydektes beauftragt, Medusa zu enthaupten. Perseus, ausgestattet mit allen nötigen Voraussetzungen, trifft Medusa im Schlafe an. Um ihrem machtvollen Blick, der ihn versteinern könnte, zu entgehen, beobachtet er ihr Spiegelbild in seinem Schild und schlägt ihr mit seinem Schwert das Haupt ab. Und damit bricht er die Macht des bösen Blickes. Medusa gehört zu jenen dämonischen Gestalten, die bis in die Gegenwart im neugriechischen Volksglauben anzutreffen sind. Perseus »entwindet sich dem bannenden Blick archaischer weiblicher Mächte, enteignet ihnen dadurch ihre Kraft und tritt, mehrfach gewappnet, gewappnet vor allem aber durch die Beherrschung der Spiegelung, vor das Grausigste: den tötenden Blick der dämonisierten Frau« – schreibt Hartmut Böhme in einem Essay über Sinne und Blicke.[3]

Perseus' Sieg über Medusa ist in dem Geschlechterkontext die Geschichte des Sieges des männlichen Prinzips, das auf Distanz und Umgehen der frontalen Konfrontation beruht: »Psychoanalytisch könnte dies heißen: an der Nahtstelle des Übergangs vom Mythos zur Aufklärung hat das patriarchalische Griechenland die Urszene der Autonomie als die gewaltsame und listige Loswindung des Subjekts, aus dem bösen, vernichtenden Blick archaischer weiblicher Mächte verstanden.«[4]

In dem Tischgespräch des griechischen Philosophen Plutarch, in dem es um den bösen Blick geht, äußert der römische Militär Mertius Florus die Ansicht, daß es Menschen gebe, deren Augen eine gewisse Zauberkraft besitzen; diese Äußerung, die zunächst belächelt und abgetan wird, gibt dennoch den Anstoß zu einer ausgedehnten Diskussion unter den Gelehrten. Denn Plutarch, obschon er diese Äußerung anfänglich auch nicht ernst nimmt, entwickelt eine Theorie des bösen Blickes, die besagt, daß Gefühle wie der Neid die Konstitution des Körpers beeinträchtigen. Der Körper entwickelt dann schädliche Ausdünstungen. Diese Ausdünstungen sollen vor allem durch die Augen austreten. Plutarch bezieht sich auf den griechischen Philosophen Demokrit. In seiner Theorie des bösen Blicks nahm dieser an, daß von den Dingen Ausflüsse ausgehen, und zwar sich loslösende »Abbilder«. Diese, behauptete er, dringen in Sinnesorgane ein und setzen die Seelenatome in Bewegung. Er stellte sich vor, daß diese Bilder quasi selbsttätig wirken und so eine Kraft von einem Menschen auf den anderen übertragen. Plutarch folgte allerdings Demokrit nur insofern, als er zwar annahm, der böse Blick sei durch Blutdunst, Luftteilchen usw. verursacht, diese Annahme aber zu erklären und zu beweisen versucht. Der Augenarzt Siegfried Seligmann, der sich umfassend mit dem Phänomen des bösen Blicks befaßte, stellte fest, daß Plutarchs Ansichten sich bis ins 16. und 17. Jahrhundert gehalten haben.

Zusammenfassend kann festgestellt werden, daß in der Antike der Glaube an den bösen Blick in die Lebenswelt fest integriert war und der böse Blick weder geleugnet noch als Aberglaube belächelt wurde. Im Gegenteil, es gab ein breites Spektrum von Meinungen und Vermutungen über die Ursachen und die Wirkungsmöglichkeiten des bösen Blickes; die Menschen lebten damit. Sie konnten kommunikativ damit fertig werden, indem sie auf ihre Weise über mögliche Formen des Gegenzaubers nachdachten und solchen auch in ihrem Alltagsleben praktizierten.

Die Dämonisierung des bösen Blickes im Mittelalter

Die antiken Ansichten über die Sehstrahlen und Ausdünstungen des Körpers wurden im Laufe des frühen Mittelalters sukzessive durch das Christentum und später durch die Kirchenväter entkräftet. Das Auge, hieß es nun, sei ein passives Organ und habe keine Ausstrahlungen. Im frühen Mittelalter wurde noch kontrovers über die Ursache und die Wirkungen des bösen Blickes diskutiert. Es gab Autoren, die die These vertraten, daß der böse Blick eine Verbindung der menschlichen Willenskraft und des Einflusses der Sterne sei; andere waren davon überzeugt, der böse Blick sei angeboren und richte unbeabsichtigt Unheil an.

Abu Sina (Avicenna) war der Meinung, daß der böse Blick durch einen »bloßen Willensakt der Seele« geschehe und Seelen in solchem Maße mit der himmlischen Intelligenz in Übereinstimmung seien, daß sie die materielle Welt nach Lust und Laune beeinflussen könnten. Thomas von Aquin schrieb über den bösen Blick folgendes: »Wenn (...) eine Seele heftig zu Schlechtigkeit bewegt worden ist, wie es besonders alten Weibern passiert, so geschieht es wie vorhin angegeben. Ihr Blick ist giftig und schädlich, und zwar am meisten für Kinder, die einen zarten Leib haben und leicht empfänglich sind für Eindrücke. Möglich ist auch, daß infolge göttlicher Zulassung oder aus irgendeinem anderen, verborgenen Grunde die Bosheit der Dämonen hierbei mitwirkt, mit denen die Hexenweiber einen Pakt geschlossen haben.«[5] Damit wurden neue Signale gesetzt, die später die Hexenverfolgungen nach sich zogen.

Allerdings ist die Diskussion über den bösen Blick im Mittelalter noch nicht verpönt und noch keine »Gewissensfrage«. Noch werden Erklärungsansätze für den bösen Blick gesucht, und »das Wissen um den bösen Blick« ist nicht als solches von den Kirchenvätern als ketzerisch verurteilt.

In der Renaissance, mit dem Zerfall des mittelalterlichen Weltbildes, vollzog sich ein Wiederaufleben der antiken Mythologie und der Dämonenlehre. Dies erschien der Kirche als eine Bedrohung, da sie ihre Herrschaftsposition zu verlieren glaubte. Die von Thomas von Aquin initiierte Vorstellung vom Teufelspakt und die Einschränkung der Hexerei auf das weibliche Geschlecht führten immer mehr zu misogynen Auffassungen. Die Dämonisierungen mündeten ein in die Hexenjagd. Denn das bis dahin herrschende »Wissen um den bösen Blick« änderte sich 1482 mit dem Erscheinen des Buches *Malleus maleficarum*, zu deutsch *Hexenhammer*. Es wurde zu einem »Handbuch der Hexenjäger«. Das Buch, das von den beiden dominikanischen Inquisitoren Heinrich Institoris und Jakob Sprenger herausgegeben wurde, behauptete im Stil wissenschaftlichen Beweises die Mitwirkung des Teufels bei allen Hexereien und die besondere Anfälligkeit der Frauen für ihn. Die Behauptung der Verfasser, daß hier der Teufel im Spiel sei, führte zu einer Welle von Verfolgung, Folterung und der Ermordung von Tausenden unschuldiger Frauen. Die Autoren des *Malleus maleficarum* suggerierten, Frauen neigten stärker zur Hexerei und zum Teufelskult, da ihr exzessives Interesse an sexuellen Ausschweifungen, ihre Affinität zu den fleischlichen Begierden und ihre natürliche Unersättlichkeit sie dazu prädestinierten. Die schon zitierte Stelle von Thomas von Aquin war für die Verfasser ein Beweis für ihre Theorie des Teufelspakts. Das so dämonisierte Weibliche konnte nun durch die männliche Tötungsgewalt domestiziert, unter Kontrolle und unter die Herrschaft vor allem der Kirche gebracht werden.

Später, mit der beginnenden Aufklärung, wurde im Prozeß der Entzauberung der Welt auch der böse Blick als Aberglaube und Ammenmärchen beiseite geschoben. Malebranche schrieb 1674, die Hexerei sei der Einbildungskraft zuzuschreiben und die Hexen seien verrückt. Sie müßten verlacht und der Lächerlichkeit preisgegeben werden. »Die Hexe, einst Verkörperung der Angst vor der Rache der geknechteten Natur, wandelt sich zur Besessenen, zum machtlosen Opfer einer nun selbst satanischen Männlichkeit.«[6]

Wenn man diese historischen Betrachtungen des Phänomens »böser Blick« zusammenfaßt, so kommt man zu dem Resultat, daß die Strategie der Aufklärung gescheitert ist. Sie glaubte, mit dem Phänomen fertig zu werden, indem sie fragte, ob es den bösen Blick gibt oder nicht. Dabei berücksichtigte sie nicht, daß es sich hier um ein Phänomen handelt, das durch den Glauben daran mitgetragen, wenn nicht gar erzeugt wird. Die Wissenschaft ist insofern weitergegangen, als sie den Glauben an den bösen Blick bei der Erforschung als Erklärungshintergrund mitberücksichtigt. Aber auch die wissenschaftliche Behandlung des Phänomens ist unzureichend, denn jede wissenschaftliche Erklärung ist gleichzeitig eine Wegerklärung, Rationalisierung. Alle Bemühungen der Aufklärung, das Phänomen des bösen Blickes zu leugnen und den Glauben an den bösen Blick zu desavouieren, können auch insofern als gescheitert gelten, als der Glaube an den bösen Blick die meisten Menschen noch in der Gegenwart und in fast allen Kulturen in ihrem Alltagshandeln tangiert. Nicht nur der böse Blick ist ein universales Phänomen, sondern auch die weltweite Verbreitung der Schutzmittel und der Zauberabwehr: profane und religiöse Kultgegenstände: das Tragen von Kreuzen als Schmuck, die »sieben Siegel« Salomos, das Tragen von Jaspis, von Steinen, Amuletten und Talismanen, Rituale und Masken sollen der Macht des bösen Blickes Tribut zollen und als Gegenzauber die Unterwerfung unter den Blick des anderen abwehren.

Der böse Blick ist der Blick des anderen

Warum kommt dem Auge solch eine Bedeutung und Zaubermacht zu? Warum das Schutzbedürfnis der Menschen davor, Angst vor einem Angeblicktsein, in dem wir uns nicht bergen können und angenommen sind? Angst vor Ablehnung?

Daß der Blick Träger des Atmosphärischen ist, wissen wir schon seit den Diskussionen um den bösen Blick in der Antike. Diese Erklärung reicht allerdings nicht für die immense Zaubermacht des Auges.

Die Erfahrung des Unterworfenseins unter den Blick des anderen ist eine kulturelle Urerfahrung der Menschheit schlechthin. Bei Gewahrwerden des Blicks des anderen stürzt man unvermittelt »durch die Zeitschächte zurück in älteste Kindheit und noch weiter bis zur ursprünglichen Wildheit der Dinge und erstarrt, zerfällt unter der dämonischen Macht fremdartigster Augen«.[7] Das Kind macht in den frühesten Lebensphasen die fundamentalen Blickerfahrungen; es erfährt und spiegelt sich im Glanz des Auges der Mutter und identifiziert sich mit der Mutter. In diesem ersten kommunikativen Kontakt erfährt das Kind durch den Blick der Mutter die Abneigung bzw. Zuwendung, verworfen oder angenommen zu sein, eine Erfahrung, die für die Selbst- und Weltwahrnehmung grundlegend ist. Möglicherweise ist diese überragende Rolle des ersten Blickkontakts eine Annäherung an das Rätsel des Augenzaubers. Allerdings haben alle Versuche einer Deutung oder gar Erklärung (sozialanthropologische oder psychologische) des bösen Blicks ihre Grenzen, denn jede Disziplin versucht einen Aspekt des Phänomens hervorzuheben und andere mögliche Erklärungen zu leugnen. Der böse Blick wurde nicht nur als Neidblick, sondern auch als Angst, etwas zu verlieren, was einem kostbar sei, gedeutet. So schreibt Freud 1919 in *Das Unheimliche*: »Eine der unheimlichsten und verbreitetsten Formen des Aberglaubens ist die Angst vor dem ›bösen Blick‹ (...). Die Quelle, aus welcher diese Angst schöpft, scheint niemals verkannt worden zu sein. Wer etwas Kostbares und doch Hinfälliges besitzt, fürchtet sich vor dem Neid der anderen...«[8] Andere, psychodynamische und soziologische Ansätze sprechen von »milder Paranoia«, es ist die Rede von »Kastrationsangst« und »phobischen Zuständen«. Das sind letztlich Versuche, die Angst vor dem bösen Blick in psychoanalytische Kategorien zu bringen, aber das bedeutet nicht, daß sie das Phänomen als solches erklären.

Die Philosophie war in unserem Jahrhundert stark phänomenologisch ausgerichtet. Sie versucht, die Phänomene als solche zu beschreiben und damit die Wirklichkeit der phänomenalen Welt und die Wirksamkeit der Phänomene als solche zu berücksichtigen. Für J.-P. Sartre, der sich mit dem Blick umfassend beschäftigte, ist der Blick des anderen konstitutiv für die Gesamtbeziehung der Menschen untereinander. Der fremde Blick wird hier zum bösen Blick par excellence, denn er ist der Tod meiner Möglichkeiten. Wenn ich mich von dem anderen angeblickt weiß, erfahre ich mich im Blick des anderen als Gegenstand. Dies ist eine Selbstentfremdung, die von einer vollständigen Weltentfremdung gefolgt wird. Unter dem Blick des anderen bekommt mein Sein eine Dimension, die mir prinzipiell unzugänglich ist, da ich mich niemals so sehe, wie die anderen mich sehen. Dieser Blick des anderen ist eine Heimsuchung, wie eine Macht, die über meine Selbständigkeit oder mein Unterworfensein entscheidet; denn der andere macht mich zum »Gegenstand der Schätzung und der Abschätzung« und gibt mir meinen »Wert«; mit anderen Worten: der Blick der anderen ist eine Macht, der ich unterliege.

Nun sind es nur noch ein paar gedankliche Schritte, und wir wären bei dem bösen Blick! Denn es fehlt nur noch, dieser Macht einen dämonischen Charakter zu geben. Das Dämonische ist in der Sartreschen Analyse nicht enthalten, weil er vom Blick als einer Aktivität eines bewußten Subjekts redet. Nach allen Berichten aber ist zu vermuten, daß der böse Blick, wenn überhaupt, eine Aktivität des Unbewußten ist.

Daß der Blick nicht nur Träger von Atmosphärischem ist, sondern auch psychosomatische Wirkung haben kann, können wir an elementaren Blickerfahrungen im Alltag sehen: Wir werden »rot«, oder der Angeblickte wird »rot« im Gesicht. »Der begegnende Blick, der (...) als wirkende Macht wahrgenommen wird, erweist sich als leibliche Regung in der leiblichen Kommunikation.«[9]

Der »Zentralblick« des Hypnotiseurs bewirkt sogar mögliche Bewegungen, denn er ist ja imstande, den anderen durch Suggestion und die Macht des Blicks außer Bewußtsein zu setzen und in schlafähnlichen Zustand zu versetzen. Aber auch auf der Ebene der Alltagserfahrung machen wir mehr oder weniger die Erfahrung der »leiblichen Regung« durch den Blick des anderen. Die »Reden von leeren, tiefen, weiten Augen deuten (...) auf Atmosphärisches, da die rein körperlichen Gesichtszüge zu ihnen keinen genügenden Anlaß geben. In diesen Fällen begegnet der Blick als leibliche, aus der Augengegend hervorstrahlende Regung, aber dieses leiblichen Blickes bemächtigt sich eine abgründige, zentripetale Erregung, die eine gefühlshafte Atmosphäre mit sich bringt; diese ist weit und randlos ergossen und daher, wenn sie düster getönt ist, der Nacht oder Finsternis vergleichbar.«[10]

Von den Abgründen und dem Zauber der Blicke reden Dichter und Schriftsteller aller Nationen und aller Zeiten, so Baudelaire in *Die Blumen des Bösen*: »Der Abgrund deiner Augen, voll gräßlicher Gedanken, haucht Schwindel aus, und die klugen Tänzer wird es bitter würgen, wenn sie das ewige Lächeln deiner zweiunddreißig Zähne schaun.«[11] Oder: »Kommst du aus Himmelstiefen oder entsteigst du dem Abgrund, o Schönheit! Wohltat und Verbrechen fließen vermischt aus deinem höllisch-göttlichen Blick, und darin bist du dem Wein vergleichbar.«[12] Ähnlich Goethe in *Wilhelm Meisters Wanderjahre*: »Sie sahen sich wieder deutlich und suchten wechselseitig in den beschatteten Augen Erwiderung wie sonst, aber es schien anders zu sein. Aus ihren Abgründen schien ein Licht hervorzublicken und anzudeuten, was der Mund weislich verschwieg; sie fühlten sich beide in einem festlich behäglichen Zustande.«[13] Die Blicke hier sind sprechend, der Mund schweigt. Die Atmosphäre, die die Blicke ausstrahlen, die ganze Luft mutet festlich, behaglich und erotisch an.

Die erotische Bedeutung des Blickes ist auch innerhalb dieses Atmosphärischen anzusiedeln; Augen, die einen verführen, die mehr sagen als die Sprache. Die Erotik des Blickes ist höchstwahrscheinlich ein weiterer Angstgrund der Menschen vor dem Angeschautwerden. Die erotische Anziehung kann sich zuerst an Augen entzünden. So gibt es das Phänomen der Augenliebe bzw. die Rede von der Liebe auf den ersten Blick. In islamischen Kulturen, wo das Gesicht der Frauen verhüllt bleiben muß und der Mund zum Schweigen trainiert ist, sind es die Augen, die Bände sprechen. Die Augen haben hier eine sehr starke erotische Ausstrahlung: Frauen können mit Blicken den anderen den Kopf verdrehen. Das Spiel der Blicke und die Kultur der Blicksprache sind weit entwickelt. Die Dämonisierung des Blickes ist wahrscheinlich auch eine abwehrende Angst vor der starken erotischen Ausstrahlung des Blicks. Noch einmal möchte ich Baudelaire zitieren: »Entzünde dein Auge an den Flammen der Lüster! Entzünde die Begier in den Blicken der Flegel! Von dir ist alles Lust mir, matt oder ungestüm...«[14]

Anmerkungen

1 Charles Baudelaire, *Les Fleurs du Mal*, Frankfurt a. M. 1962, S. 204: »Tourne vers moi tes yeux pleins d'azur et d'étoiles!/Pour un de ces regards charmants, baume divin,/Des plaisirs plus obscurs je leverai les voiles,/Et je t'endormirai dans un rêve sans fin!«

2 Sadeq Hedayat, *Die blinde Eule*. Aus dem Persischen von Bahman Nirumand, Frankfurt a. M. 1990, S. 12.

3 Hartmut Böhme, *Sinne und Blicke*, in: *Natur und Subjekt*, Frankfurt a. M. 1988, S. 232.
4 Ebd., S. 234.
5 Jakob Sprenger und Heinrich Institoris (Hg.), *Der Hexenhammer*, München [3]1985, S. 30ff.
6 Claudia Honegger (Hg.), *Die Hexen der Neuzeit*, Frankfurt a. M. 1978, S. 121.
7 Böhme, a. a. O., S. 230.
8 Sigmund Freud, *Das Unheimliche*, in: ders., *Gesammelte Werke*, Bd. XII, Frankfurt a. M. 1987, S. 252ff.
9 Hermann Schmitz, *System der Philosophie. Der Gefühlsraum*, Bonn 1969, S. 380.
10 Ebd., S. 386.
11 Baudelaire, a. a. O., S. 255: »Le gouffre de tes yeux, plein d'horribles pensées,/Exhale le vertige, et les danseurs prudents, Ne contempleront pas sans d' amères nausses,/Le sourire éternel de tes trente-deux dents.«
12 Ebd., S. 97: »Viens-tu du ciel profond ou sors-tu de l'abime,/O Beauté!/Ton regard, infernal et divin, Verse confusement le bienfait et le crime, Et l'on peut pour cela te comparer au vin.«
13 Johann Wolfgang Goethe, *Wilhelm Meisters Wanderjahre*, 2. Buch, 5. Kapitel, in: *Goethes Werke*, Bd. VIII, Hamburg 1967, S. 213.
14 Baudelaire, a. a. O., S. 125: »Allume ta prunelle à la flamme des lustres!/ Allume le désir dans les regards des rustres!/Tout de toi m'est plaisir, morbide ou petulant...«

Literatur

Charles Baudelaire, *Sämtliche Werke/Briefe*. In acht Bänden, hg. v. F. Kemp und Claude Pichois, Bd. 3: *Les Fleurs du Mal. Die Blumen des Bösen*, 2. Aufl. München 1989.

Charles Baudelaire, *Les Fleurs du Mal – Die Blumen des Bösen*, Frankfurt a. M. 1962.

Hartmut Böhme, *Sinne und Blicke*, in: *Natur und Subjekt*, Frankfurt a. M. 1988.

Sigmund Freud, *Das Unheimliche*, in: ders., *Gesammelte Werke*, Bd. XII, Frankfurt a. M. 1987, S. 229-268.

Thomas Hauschild, *Der böse Blick*, Berlin 1979.

Claudia Honegger (Hg.), *Die Hexen der Neuzeit*, Frankfurt a. M. 1978.

Johann Wolfgang Goethe, *Wilhelm Meisters Wanderjahre*, 2. Buch, 5. Kapitel, in: *Goethes Werke*, Bd. VIII, Hamburg 1967.

Der Hexenhammer, hg. von Jakob Sprenger und Heinrich Institoris, München [3]1985.

Herbert Hunger, *Lexikon der griechischen und römischen Mythologie*, Reinbek 1980.
Hermann Schmitz, *System der Philosophie. Der Gefühlsraum*, Bonn 1969.
Jean-Paul Sartre, *Das Sein und das Nichts*, Reinbek 1962.
Siegfried Seligmann, *Die Zauberkraft des Auges und das Berufen*, Hamburg 1922 (zuerst: *Der böse Blick*, 2 Bde., Berlin 1910).

Farideh Akashe-Böhme
Der Mund*

Der Mund ist ein Weltorgan

Bazon Brock

Bei vielen ihrer Körperteile haben die Frauen bereits die durch männliche Sichtweisen geprägten Vorurteile zurückgewiesen und die patriarchalen Verhaltensmuster kritisiert. Das betrifft vor allem die Organe, die mit Zeugung, Schwangerschaft und Geburt zusammenhängen. Hier haben Frauen auch versucht, den alten patriarchalen Kurs durch einen eigenen neuen zu ersetzen, und an manchen Stellen sind neue Mythen aufgetaucht. Das ist auch nötig, wollen die Frauen nach der Aufklärung nicht in einem technisch-hygienischen Verhältnis zu ihrem eigenen Leib verharren.

Das Thema Mund ist im Zuge dieser weiblichen neuen Selbstaneignung noch kaum behandelt worden.[1] Der Mund ist aber für das leibliche Selbstverhältnis von größter Bedeutung. Das liegt schon in seiner Doppelwendigkeit nach Innen und Außen, das liegt vor allem in seiner kommunikativen Funktion sowohl als Bestandteil der Physiognomie wie auch als Organ des Sprechens. Das liegt vor allem auch daran, daß er das vielseitigste Aufnahmeorgan des Menschen darstellt. Der Mund erfüllt seine Funktion nicht wie die anderen Organe am besten in der Unauffälligkeit, vielmehr ist er selbst Ausdruck. Die innere Reflexivität dieses Organs, das Zugleich von Ausdruck und Spüren, ist etwas, was gerade von Frauen bewußt erfahren wird. Spätestens seit das Schminken des Mundes in allen gesellschaftlichen Schichten zumindest toleriert wird, gibt es eine bewußte Zuwendung der Frau zu ihrem Mund.

»Die primäre Form der Weltaneignung ist die Aufnahme von Nahrung«, schrieb Bazon Brock. In der Tat ist für den Säugling der Mund und überhaupt die orale Zone die erste Begegnung mit der Welt; der Mund ist das erste vermittelnde Medium zwischen Ich und der Welt, mittels dessen die intensivsten und mannigfaltigsten Sinneswahrnehmungen erfahren werden können.

* Diesen Text möchte ich Madlind Bein widmen.

Was weiß ein Mund. Kennt Milch und Blut,
Brot und Wein, Zucker und Salz,
hat unterschieden Morsches von Dürrem.
Schleimiges von Verbranntem

Hans Magnus Enzensberger

Es ist interessant, daß Enzensberger in diesem Gedicht die Kenntnis von Zustandsqualitäten der Kenntnis der Gegenstände oder Substanzen vorordnet. Und in der Tat ist der Mund, verstanden als Sinnesorgan, nicht ein Organ, das Gegenstände bildet, denn dazu wäre ja Distanz notwendig. Der Mund ist ein Näheorgan und ein Oberflächenorgan und kennt daher die Welt nur als Qualität, aber dafür in einer schier unendlichen Mannigfaltigkeit und Verschiedenheit.

Das orale, sinnliche Entdecken der Welt umfaßt das Kennenlernen von elementarsten Sinnesqualitäten wie das Schmecken von Milch und Blut bis zu subtileren Differenzierungen wie feucht, verbrannt, schleimig und morsch. Hier lernt das kleine Kind, wie bitter und süß, salzig und scharf schmecken. Es nimmt erst einmal alles in den Mund, schmeckt, lutscht daran, kurzum, der Mund verwandelt sich in ein Laboratorium.

Seit Freud weiß man, daß die erste Phase der Libidoentwicklung die orale Phase ist; in dieser Phase ist die sexuelle Lust überwiegend an die Reizung der Mundhöhle und der Lippen, die bei der Nahrungsaufnahme erfolgt, gebunden. Die Mutter wird zugleich das Objekt des Begehrens und des Hasses. Die frühesten Sinneserfahrungen des Kleinkindes sind auf das engste mit dem Genährt- und Versorgtwerden verknüpft. Mehr als das Stillen des Hungers genießt der Säugling das Saugen, die Nähe und Wärme des Körpers der Mutter. Während mit dem Heranwachsen und Abstillen dem kleinen Mädchen der Verlust der Mutterbrust einer auf Dauer ist, muß der Junge auf diese Sinnenfreuden nur zeitweilig verzichten.

Der Mund ist eine der intimsten und gleichzeitig am meisten enthüllten Körperöffnungen. Zunge und Lippen sind die einzigen Körperteile, mit denen jeder Mensch unwillkürlich und nahezu unablässig sich selbst betastet. In die Mund- und Lippenform prägen sich Begierde, Abneigung und Widerwille ein. Entsprechend kennzeichnet man den Mund physiognomisch: der aufgerissene, der hängende, der wollüstige, der verzehrende und der küssende Mund, um nur einige Attribute zu nennen, die die Vielfalt der Sichtweisen verdeutlichen.

Die Munderfahrung ist allerdings nicht nur eine bestimmte »Lebensphase und späteres Residuum dieser Phase«. »Der Mensch hat sein Leben lang an seinem Mund einen Mikrokosmos seines spürbaren Leibes und ein Modell der Verwachsenheit dieses Leibes mit seinem tastbaren Körper; die Erfahrungen, die er beständig daran macht, stellen ihm sein In-der-Welt-Sein (...) noch diesseits seiner Befassung mit der Umwelt und den darin befindlichen Fremdkörpern plastisch dar, so daß er sich in seinem Mund fühlen kann wie in der Welt.« (Schmitz: 1992, S. 63) »Der Mund ist ein Leib im kleinen. Zunge, Gaumen, Zähne und Lippen müssen in beständigem Zusammensein auf kleinem Raum miteinander auskommen.« (Schmitz: 1993, S. 128)

Für die Munderotik ist das Küssen konstitutiv. »Die leibliche Ergriffenheit von Liebe bewegt Lippen und Zungen im Kuß.« (Schmitz: 1993, S. 129) Der Kuß ist die größte Intimität. Durch den Kuß fällt Trennendes zwischen den Menschen, und es wird eine Kettenreaktion von Körperempfindungen ausgelöst. Das orale Vergnügen des Küssens erinnert unmittelbar an kindliche Sinnenfreuden. Mit dem Kuß verändern sich der Körperkontakt, die Körperwärme und der Körpergeruch. Das wollüstige Gefühl, das hervorgerufen wird, erinnert an die frühesten kindlichen Erfahrungen, in denen das Kind die Welt primär durch Körpernähe und -wärme erlebte. Erotisches Küssen eröffnet die verlorengegangenen, verbannten Sinneswahrnehmungen, erinnert an das wollüstige Saugen an der Mutterbrust. Küssen heißt, die Distanz zwischen dem Selbst und dem Anderen zu überschreiten, durch das Küssen dringt man in die persönlichen Zonen des anderen. Der erotischste und zärtlichste Augenblick einer Beziehung ist das Küssen.

Frauen haben eine ambivalente Haltung zum Küssen. Es ist bekannt, daß Frauen viel häufiger als Männer mit geschlossenen Augen küssen. Wenn Küssen die größte Intimität und Nähe ist, dann ist das Augenöffnen ein Schutz dagegen, denn die geöffneten Augen verhindern die Hingabe und bewahren die Distanz. Der Kuß entfesselt verborgene Gefühle und den Wunsch, die Grenze zwischen den Küssenden zu überschreiten. Hat das Augenschließen der Frauen vielleicht auch etwas mit der Angst vor der Macht der Männerblicke zu tun? Die Macht des Blickes, gepaart mit dem Eindringen der Zunge, kann in der Tat Assoziationen bezüglich des Verschlungenwerdens erwecken. Hinzu kommt, daß der Kuß zum Verlust persönlicher Integrität werden kann.

Der wollüstige Mundkuß kann auch eine Welle von Schuldgefühlen nach sich ziehen. Der Mundkuß ist ein Betreten der verbotenen Zonen, ein Durchdringen des anderen. Kann es sein, daß Frauen deshalb die Augen schließen, weil sie Angst haben, in den anderen einzudringen, also durch das Anblicken dominant zu werden?

Eine mögliche Erklärung, warum Frauen dem Küssen ambivalent gegenüberstehen, könnte auch sein, daß der Mund als solcher ein Ort voller Widersprüche, Tabus und Schuldgefühle ist. Wir brauchen nur an Essen und Nähren zu denken. Wie viele Ideologien, Verbote und Kontrollen sind hier im Kontext der Frauen anzutreffen! Es sei nur an das Phantom von Idealfigur und, damit einhergehend, Bulimie, Magersucht, an das Gerede bezüglich Diät und ähnliches erinnert. Essen als Sinnesgenuß, als sinnliche Freude ohne Reue und Schuldgefühl ist in der maskulinen Gesellschaft scheinbar nur den Männern vorbehalten; Männer nehmen in den Mund, was ihnen sinnliches Vergnügen bereitet, auch die Worte. Rede und Mund werden identifiziert.

Dies zeigen allein schon die gebräuchlichen Redewendungen wie »Worte in den Mund nehmen«, »sich den Mund verbrennen«, »Worte werden im Munde herumgedreht« und »wer scharf spricht, führt ein Schwert im Munde«.

Rosalind Coward schreibt: »... for women, it is a very different story. Complicated taboos and prohibitions surround the sensual pleasures of the mouth. In fact, the mouth appears to be the organ where the tightest controls are placed on women's behavior, where women's sensual life is most closely policed. No one is in any doubt about the strengths of women's oral appetites. Food, kissing, verbal foreplay – these are some of the great delights of female erotic life. But all the evidence suggests that these pursuits can quickly become problematic. When oral pleasures are indulged, there's often a whole train of guilty and anxious consequence to deal with.« (Coward: 1985, S. 118)

»Scham hält ihren Mund, sobald sie reden will« – Wieland. Dies ist ein anderer Bereich, in dem Frauen der Gebrauch ihres Mundes nicht leichtfällt. Wenn der Mund und sein Gebrauch die Präsenz und die Stellung einer Person in der Welt situieren, dann können wir allein daran die Nicht-Präsenz, die Fremdheit der Frauen in der

Welt ablesen. Männer haben Frauen in der Öffentlichkeit zum Schweigen gebracht. Barbara Sichtermann schreibt, daß das Verbot, in der Öffentlichkeit zu reden, zur Folge hatte, daß die öffentliche Rede immer eine männliche Stimme hatte, daß sie ihr Volumen und ihre Reichweite dem weiblichen Schweigen verdankt. »... noch der ungebildetste, ungescheiteste, sprachuntüchtigste Mann hatte bis in unsere Tage hinein eine bessere Chance, gehört zu werden, als eine noch so gelehrte Frau.« (Sichtermann: 1989, S. 100)

Was Frauen sagen, gilt nicht als relevant; wie sie es sagen, wird kritisiert. Kurzum: die Rede der Frauen in der öffentlichen Sphäre wird als marginal und ohne Bedeutung abgetan. Andererseits scheinen Frauen aufgrund ihrer familiären und gesellschaftlichen Konditionierung das Gerede bezüglich der Bedeutungslosigkeit des von ihnen Geäußerten und Ausgesprochenen so verinnerlicht zu haben, daß sie sich, wenn sie sich doch öffentlich äußern, mit Schuldgefühlen plagen, als ob sie kein Recht dazu gehabt hätten, als ob sie die ihnen zustehende Position in der Welt überschritten hätten – also hüllen sie sich lieber in Schweigen.

Die Frage ist, ob das Lippenschminken der Frauen als eine Reaktion auf ihr Schweigen zu deuten ist. Lippenschminken ist zugleich Hervorheben und Verdecken, wie jedes Schminken auch ein Verhüllen ist. Ein geschminkter Mund wird quasi zum Bild. Dadurch, daß bei diesem an sich so beweglichen, multifunktionalen und veränderlichen Organ das Schminken nur das Aussehen betont, wird der Mund zum Zeichen. Dieses Zeichen steht für Erotik und behält sicherlich auch seine sinnliche Faszination, steigert sie sogar gleichzeitig, aber mortifiziert sie zum Bild. Der geschminkte Mund ist nicht der Mund, mit dem man ißt, und auch nicht der Mund, mit dem man küßt. »Nimm das Rouge von deinem Munde, gib ihn mir blaß.« (G. Benn) Der geschminkte Mund will Wollust erwecken, wollüstig sein und hält sich doch verdeckt und bleibt unerreichbar.

Schneewittchens Lippen waren so rot wie Blut. Die Farbe der Lippen in Zusammenhang mit der Form des Frauenmundes war schon immer für Männer ein Thema von Gedichten, Märchen und Erzählungen. Die roten, geschwungenen, sinnlichen Lippen wurden zwar als Conditio sine qua non der Frauenschönheit gepriesen, waren aber zugleich auch Zeichen der Verruchtheit, Verführung und Merkmal der Femme fatale. Susan Brownmiller schreibt in ihrem Buch *Weiblichkeit*: »Lippenstift ist der moderne Ausdruck der weiblichen Seele.« (Brownmiller: 1988, S. 168) Und in den fünfziger Jahren war »... Lippenstift ein ehrfurchtgebietendes Wahrzeichen des American Way of Life« (ebd., S. 170). Dagegen wurde in der Zeit davor die Natürlichkeit der Frauen stilisiert, und es schickte sich für die ehrbare Frau nicht, ihre Lippen zu bemalen. Denn der Gebrauch von Lippenstift war Prostituierten und Schauspielerinnen vorbehalten. Der wollüstige, sogenannte Schmollmund galt als Ausdruck des lüsternen Charakters. Mir scheint, daß auch im Bereich des Mundes eine physiognomische Beurteilung nach Geschlechtern vorgenommen wurde: Während vom Frauenmund fast immer in erotischem Kontext gesprochen und geschrieben wurde, assozierte man(n) den Männermund mit Eigenschaften wie fest, hart usw.

Diese Differenzierung nach Geschlechtern treffen wir auch im Kontext des Lachens und Lächelns.

Männer machen Witze, sie erzählen sie, und sie lachen darüber, während das Kichern und Lächeln sich im Laufe der Jahrhunderte als frauenspezifisch herausgebildet hat. Dem Lächeln »fehlt die Explosivität. Es ist lautlos und gedämpft, ein Ausdruck im Diminutiv. Ihm fehlt auch die grobe Affektladung.« (Plessner: 1982, S. 423) Frauen, bis in die Gegenwart dazu konditioniert, nicht so laut zu lachen, übten sich in »beredtem Schweigen«, das Lächeln ist. Lächeln hat allegorischen Charakter, ist vieldeutig, mannigfaltig, ihm fehlt jene Explosivität, die das Lachen ausmacht. Ganz anders verhält es sich bei den Männern. Das Stimmvolumen und der Lärm der Männer in der Öffentlichkeit sind auch beim Lachen tonangebend. »Im Lachen manifestiert sich der Verlust der Selbstbeherrschung als Bruch zwischen Person und ihrem Körper« – schreibt Plessner. Wahrscheinlich suchen die sonst im »stählernen Gehäuse« der Selbstdiziplinierung gefangenen Männer im Lachen ein Ventil; hier verlieren sie ihre Selbstbeherrschung; können sehr laut und hysterisch lachen, ohne daß sie dafür als unmännlich angesehen werden. Auch hier die Unsichtbarmachung der Frauen durch die männliche Dominanz. Männer machen den Mund auf, Frauen halten den Mund, ihr Mund hüllt sich in Schweigen.

Durch den Mund und das Sprechen macht eine Person ihre Präsenz in der Welt geltend. Gehen wir davon aus, daß Frauen bis dato noch die Verstummten dieser Erde sind, wird ersichtlich, daß sie erst einmal lernen müssen, nicht auf den Mund Gefallene zu sein. Die oralen Sinnesgenüsse zu entdecken, zu erobern und sich anzueignen heißt, den Mund und die Lippen in ihrer Mannigfaltigkeit und Vielfalt zu gebrauchen.

Anmerkung

1 Die amerikanische Wissenschaftlerin Rosalind Coward ist die einzige mir bekannte Frau, die sich explizit in zwei Essays mit der Thematik Mund und Küssen beschäftigt, und zwar in ihrem Buch *Female Desires*. Rosalind Coward schreibt: »Sexual kissing initiates the possibility that normal barriers can be broken. Kissing is exciting and erotic for precisely these reasons. It has the delicious taste of the entry into the forbidden, a feeling which signals the activation of hidden physical sensations and needs. But just as kissing is the exciting and erotic moment where a physical intimacy is activated, so it can also become a very problematic activity. Women often talk of how kissing is the first activity to be abandoned when a relationship gets on the rocks... No matter what other kind of bizarre sexual practice a man might require, it seems as if a kiss is a far greater loss of personal integrity.« (Coward 1985, S. 96)

Literatur

Benn, G., *Gesammelte Werke* III, Stuttgart o. J., aus dem Gedicht »Spät«, S. 331.

Brownmiller, S., *Weiblichkeit*, Frankfurt a. M. 1988.

Coward, R., *Female Desires*, New York 1985.

Enzensberger, H. M., zitiert nach: Könneker/Fischer-Homberger (Hg.), *Götterspeisen – Teufelsküchen*, Frankfurt a. M. 1990.

Plessner, H., *Gesammelte Schriften* VII. *Ausdruck und menschliche Natur*, Frankfurt a. M. 1982.

Schmitz, H., *Leib und Gefühl*, Paderborn 1992.

Schmitz, H., *Die Liebe*, Bonn 1993.

Sichtermann, B., *Wer ist wie?*, Berlin 1989.

II.

Zur Geschlechterpolarität

Esther Fischer-Homberger

Von der Auffälligkeit des Geschlechtsunterschieds Zur Abwehrfunktion des Konzepts vom »Anderen Geschlecht«

I. Der fruchtbare Unterschied

Der Geschlechtsdimorphismus gilt als evolutionär nicht unabdingbare, aber vorteilhafte Grundlage der ihrerseits unabdingbaren Fortpflanzung des Lebens – die meisten Tierarten, insbesondere auf höherer Entwicklungsstufe, pflanzen sich biparental fort.[1] Nicht in diesem Sinne evolutionär gegeben kann es sein, wenn Abweichungen vom Muster des gegengeschlechtlichen Paars ungeachtet ihrer Überlebensfähigkeit innerhalb ihrer Art aktiv unterdrückt werden. Nicht in diesem Sinne evolutionär gegeben ist es bekanntlich auch, auf welche Weise der Unterschied der Geschlechter gesellschaftlich und individuell wahrgenommen und imaginiert wird – wie er konzeptuell überlagert ist.[2] Daß menschliche Gemeinschaften ihn auf verschiedene Weise in ihr Denken einbauen, scheint allerdings ebenfalls gegeben zu sein. Denn wenn überhaupt etwas die Menschen im engeren Sinne von allen anderen Tieren gravierend unterscheidet, ist es, daß sie nicht nur sinnlich wahrnehmen, was präsent ist, sondern daß sie sich irgend etwas vergegenwärtigen können. Diese Fähigkeit hat mit Bewußtsein und Sprache zu tun. Das Bewußtsein kann als zeit-wahrnehmender Sinn verstanden werden, ein Sinn, der Bewußtseinsinhalte herstellt, indem er andere, erinnerte und durch Sprache vermittelte Sinneswahrnehmungen unmotiviert und willkürlich assoziieren (vergleichen und unterscheiden) kann. Und mit Hilfe der Sprache können wir solche imaginierte Präsenz erfassen, anderen mitteilen und im Zuhören uns aneignen. Das Bewußtsein erfaßt die Zeit freilich nicht nur als erlebte, erschlossene, gegenwärtige und vorweggenommene Real-Zeit, sondern auch als imaginäre Zeit[3] – Zeit anderer, andere Zeit, mögliche und unmögliche Zeit, Traumzeit oder Zeitlosigkeit. Wahrgenommenes wird dadurch zum Bewußtseinsinhalt, daß es auf dem imaginierten Hintergrund seines Andersseins oder Fehlens erkannt wird. Bewußte Wahrnehmung ist also gewissermaßen das verfremdende Wahrnehmen eines Gegenstandes auf dem Hintergrund dessen, was er ebenfalls sein könnte, aber nicht ist. Damit ist sie im Prinzip unendlich differenzierungsfähig, da jeder Gegenstand im Prinzip unendlich viel anderes nicht ist. Eine Frau zum Beispiel wird verschieden wahrgenommen, je nachdem ob sie mit einem Mann, einem Wasserkrug, einem Kind, einem Waldkauz, einer Distel, einer Puppe, einem Pferd, einer Landschaft oder einer anderen Frau assoziiert (das heißt verglichen und unterschieden) wird. Prinzipiell also unendlich differenzierungsfähig, ist bewußte Wahrnehmung aber praktisch doch limitiert, und zwar je nach Sprache, Kultur und der speziellen Situation, in welcher wahrgenommen und ausgedrückt wird, auf verschiedene Weise. Gesellschaftliche und individuelle Geschichte, Sprache und Kultur legen bei theoretisch unendlich vielen Möglichkeiten doch, auf unterschiedliche Weise, manche Assoziationen näher als andere. So steuern sie unsere Assoziationen, Vorstellungen, Imagination und üben auf diese Weise entscheidenden Einfluß aus auf unsere Haltung, Handlungsbereitschaften und Erwartungen gegenüber Frau, Mann, Kauz, Distel, Wasser und Krug. Je tiefer sich Assoziationen einschleifen, desto mehr werden sie zu Selbstverständlichkeiten. Je selbstverständlicher es uns aber ist, daß bestimmte Vorstellungen miteinander nichts zu tun haben, desto massiver wird es unseren Bewußtseinshorizont und unsere körperliche, imaginative und sprachliche Wahrnehmungs- und Ausdrucksfähigkeit übersteigen, wenn wir sie dennoch assoziieren. Solche Assoziationen charakterisieren, auslösend und widerspiegelnd, die Grenzerfahrung – die ungewohnte Erfahrung der eigenen Person, des eigenen Körpers, der eigenen Welt. Insofern die Grenzerfahrung als solche integriert werden kann, das Eigene imaginativ als fremd, das Fremde als Eigenes vergegenwärtigt wird und Disparates als zusammengehörig wahrgenommen wird, ist ein Ort mystischer Vernunft erreicht, der auch als höherer Bewußtseinszustand beschrieben wird. Insofern eine Grenzerfahrung nicht integriert wird, wird das Fremde vom Eigenen um so härter dissoziiert, die Identitäten verstärkt, Freunde bleiben Freunde, Feinde Feinde, Ich bleibe Ich, die anderen bleiben die anderen, gut ist gut, böse ist böse, Mann ist Mann, und Frau ist Frau.

Mann und Frau sind gleich, insofern sie Menschen sind, ihre Gegensätzlichkeit besteht in ihrer Gegengeschlechtlichkeit, ihre

Zusammengehörigkeit in ihrer Fähigkeit, Kinder hervorzubringen. Dieses Elternpaar wird vielfach als kosmische Polarität vorgestellt, welche die Beziehungen etwa zwischen Hühnern und Hähnen, Kühen und Stieren, Hexen und Teufeln ebenso ordnet wie diejenige zwischen Hyäne und Löwe, Himmel und Erde, Geist und Körper oder Sonn und Mondin. Wo etwas entsteht, wird umgekehrt oft die Vereinigung eines solchen Paares vorausgesetzt. Hierin wiederholt sich ja auch das dialektische Prinzip des bewußten Wahrnehmens.[4] Auch Sein und Nichtsein oder Leben und Tod assoziieren sich in den menschlichen Konstruktionen der Welt immer wieder nach dem Vorbild der Geschlechter, freilich in wechselnder Besetzung, indem etwa die Frau bald als Gegensatz zum todesschwangeren Mann die Lebenspenderin, bald im Gegensatz zur Unsterblichkeit seines Geistes die vergängliche Leiblichkeit darstellt. Das jeweils »andere« Geschlecht kann Züge des transzendenten »Anderen« überhaupt annehmen[5], wie es durch viele Beschreibungen der Unbegreiflichkeit, Fremdheit, Rätselhaftigkeit des jeweils anderen Geschlechts durchscheint. Die sexuelle Vereinigung kann im Rahmen dieser Konzepte Begegnung mit dem Anderen sein, dem Anderen auch in sich selbst[6], dem eigenen Körper; ein Erkennen, ein mystischer Ort, wo Gegensätze eins werden, ohne zu verfließen, wo die Unvereinbarkeit imaginativ durchlässig ist, was auch als Verwandlung beschrieben werden kann. »Ich habe die Vermutung«, schreibt Barbara Sichtermann, »daß Eros Metamorphosen liebt.«[7] Sie zielt damit auf das Phänomen, daß sich die PartnerInnen im sexuellen Außersichsein ebensosehr als männlich wie als weiblich erleben können. Wir können uns, sei hinzugefügt, auch als tierhaft, göttlich, kindlich, elementar und noch anders erleben. Und immer wieder wird die sexuelle Ekstase mit den Grenz- und Übergangszuständen des Sterbens und des Geborenwerdens verglichen. So wurzelt die Wahrnehmung des jeweils anderen Geschlechts als das »Ganz Andere« zweifellos in der sexuellen Grenzerfahrung mit dem Gegengeschlecht. Im Rahmen anderer Grenzerfahrungen nimmt das »Ganz Andere« ganz andere Gestalten an.

II. Der herrschende Unterschied

1. Zur Psychologie der Macht

Grenzerfahrungen sind Erfahrungen mit der Angst. Ob sie furchterregend oder entzückend sind, sie transzendieren das angstbindende Gewohnte. Sie wirken, soweit sie integriert werden, auf dieses Gewohnte zurück. Aber der Blick auf das Andere ist der aus den Angeln hebende Augenblick.[8] Der Ekstase muß daher ein Ort des Bleibens die Waage halten, gewohnte, verläßliche Ordnung von Zeit und Raum, Sitte, Alltag, Rhythmus, Identität. Es muß ein Gleichgewicht bestehen zwischen dem Bekannten und dem Fremden.

Nun ist unsere westliche Kultur charakterisiert durch eine Tradition systematischer Verfremdung. Sie ist grundsätzlich expansiv: Die Gesten wissenschaftlicher Neugier, künstlerischer Kreativität, technischer Innovation und des Tourismus (ob militärisch, wissenschaftlich, karitativ, missionarisch, rekreativ, wirtschaftlich oder noch anders) greifen alle gewohnheitsmäßig nach dem Fremden aus. Damit wird die Verfremdung uns zum Alltag, und die Orte unseres Bleibens sind grundsätzlich und jederzeit in Frage gestellt. Macht kann die entsprechende Verunsicherung mildern, die entsprechend freiwerdende Angst abwehren – Macht setzt sich keinen unkontrollierten verändernden Impulsen aus. Da sie die Angst aber abwehrt und nicht in ihr Bewußtsein integriert, bleibt diese der Schatten, der sie begleitet – die Ohnmacht ist der Macht immer auf den Fersen. Macht ist in diesem Sinne ein Symptom, welches das Verdrängte gleichzeitig zeigt und verschleiert. Sie sucht die Begegnung mit dem anderen, indem sie es zu beherrschen trachtet, sie kolonisiert die Fremde.[9] So ist das Andere als Beherrschtes assimiliert, und der Wunsch nach ihm bleibt ungestillt, mehr und mehr fremdes Neues muß angeeignet werden, aber alles wird zum Altgewohnten unter der Berührung der Macht – das ist die Spirale der Sucht, der Machtsucht.

Im Spannungsfeld der Macht, da Herrschaftsverhältnisse die Beziehungen prägen, gerät auch die Polarität der Geschlechter aus den Fugen, und die Auffälligkeit des Geschlechtsunterschieds übernimmt die Funktion, dies zu verschleiern. Dabei geht es nicht nur um die Herrschaft des Mannes über die Frau, wie zentral diese immer sei im »Patriarchat«, sondern um die konstitutive Bedeutung der Macht für alle in ihrem Spannungsfeld stehenden Beziehungen – auch die zu anderen Mitmenschen und Mitkreaturen, Landschaften, Dingen, anderen Kulturen, zum anderen der eigenen Person, Körperlichkeit und Psyche[10], zum transzendenten anderen überhaupt – was alles auf die Beziehung zwischen den Geschlechtern zurückwirkt. Darum teilen Riane Eisler und Terence McKenna die Kulturen nur in »partnership societies« und »dominator societies« ein – die letzteren sind hierarchisch, paternalistisch, materialistisch und männerdominiert.[11] Unter »Macht« sei hier ein prinzipielles, auf abgewehrter Angst vor Ohnmacht basierendes Überlegenheitsbewußtsein verstanden, welches beziehungsunabhängige Verfügungsgewalt beansprucht, durchsetzt und institutionalisiert.

Dabei geht es aber auch darum, daß nicht nur die sexuelle Beziehung herrschaftlich konstruiert wird, sondern auch andere Arten der ekstatischen Begegnung mit dem Anderen (wie im Tanzen, im Schmerz, im Drogenrausch, in der Askese, im Gebet und anderen Zuständen). Macht strebt Kontrolle über die Ekstase an, meist verstanden als Sorge für die rechte Ordnung – im Bannkreis der Herrschaft des gegengeschlechtlichen Paars für die rechte sexuelle Ordnung.[12] Sie kontrolliert die Ekstase, indem sie sie marginalisiert, unterdrückt oder Gewinn daraus schlägt.

Wo ein Teil aber den anderen beherrschen soll, muß der Unterschied zwischen beiden der Verdrängung der Gleichheit dienen. So wird im Spannungsfeld der Macht der Geschlechtsunterschied zum jederzeit wichtigsten Unterschied zwischen einem Mann und einer Frau, zum beherrschenden Unterschied, dem gegenüber alle Gleichheit und Verwandelbarkeit verschwinden. Interessanterweise kolludieren die beiden Seiten des Herrschaftsverhältnisses in dieser Gewichtung des Unterschiedes. Igor Caruso redet in diesem Zusammenhang von der »Gefahr einer mehr differentiellen als vergleichenden Betrachtungsweise«. Selbst Wissenschaftlerinnen, schreibt er, blieben »bis zu einem gewissen Grad in den Kategorien alter Mystifikationen verhaftet, und der Mythos einer ›arteigenen‹ Weiblichkeit kann noch immer Siege feiern. Die geheimnisvolle Opazität des ›Weiblichen‹ bleibt nicht nur die nämliche, sondern sie wird durch emanzipierte Vertreterinnen des Geschlechtes mitunter noch bestätigt und sogar gesteigert. Hier wiederholt sich die Herr-und-Knecht-Dialektik Hegels...«[13] Gegengeschlechtliche PartnerInnen können einander wie ein Ei dem anderen gleichen, dasselbe Alter, denselben Beruf, Geschmack und Stand haben, dieselben Vorurteile und dieselbe Hautfarbe, und doch wird ihnen geschlechtshalber gewöhnlich fundamentale Verschiedenheit attestiert.[14] Die scharfe Ausprägung des geschlechtlichen Dimorphismus gilt ja im Machtbereich des Geschlechtsunterschiedes auch als Merkmal höherer Kulturen.[15]

Aufbau von Macht dient zweifellos immer gleichzeitig dem Wunsch nach Begegnung mit dem Fremden und der Angst davor – in der Geste der Macht sind Aneignung und Abwehr vereint. Dabei pflegen Herrschende und Beherrschte zu kolludieren – in der Herrschaftsbeziehung bauen auch die Beherrschten Machtstrukturen auf. Der Mann muß sich dank seiner Machtposition gegenüber der Frau durch ihre weibliche Präsenz, seine Potenz- und seine Impotenzangst nicht allzu verunsichert fühlen. Aber auch die Frau weiß im Rahmen dieser Beziehung ungefähr, mit wem sie es zu tun hat, und beide müssen nicht weiter herauszufinden suchen, wer sie sind und was sie wollen. So kolludieren sie in der Abwehr des das Bekannte transzendierenden Anderen. Der Geschlechtsunterschied wird dabei in den Dienst der Verschleierung des Herrschaftsverhältnisses genommen, worin wiederum beide Seiten kolludieren. Der Unlust der Machtseite, sich imaginativ in die Ohnmachtsseite hineinzuversetzen (gerade das sollte durch einen Machtaufbau ja vermieden werden), entspricht das Interesse der Ohnmachtsseite, die eigene Ohnmacht hinter dem Ergänzungsmodell etwas zu vergessen oder zum mindesten der Macht, welcher sie sich ausgeliefert fühlt, ein Gesicht zu geben. So kann das transsexuelle Imaginationsverbot greifen, das Verbot beziehungsweise die Marginalisierung gegengeschlechtlicher Imagination. Nie kann und darf, so heißt es dann, ein Mann eine Frau wirklich verstehen, geschweige denn eine Frau einen Mann.[16] Die Imagination, welche die Geschlechtergrenze überschreitet, wird also psychisch und sozial aus- oder in einen Geheimbereich eingeschlossen, sei es als sündig, schmutzig oder pathologisch, KünstlerInnen und PriesterInnen wird sie allenfalls zugestanden. Dies führt zu dem von Jessica Benjamin beklagten Zustand der Blockierung der intersubjektiven Kommunikation zwischen den Geschlechtern, die schon den Kindern anerzogen wird. »Die Identifikation dient nicht mehr als Brücke zur Erfahrung eines anderen.« Daß damit das männliche Bedürfnis, Macht aufzubauen, perpetuiert wird, fügt sie später an: »Warum die Mutterfigur ihren bedrohlichen Charakter behält, läßt sich wenigstens teilweise aus dem Verbot der mütterlichen Identifikation erklären, da es dem Jungen die Möglichkeit nimmt, ein differenzierteres Bild der Mutter zu entwickeln.«[17]

So entbehrt die Machtbeziehung gerade dessen, was die Qualität einer Begegnung ausmacht, des »Erkennens« der Andersheit des Anderen. Macht macht gleich, indem sie nur ein Mehr oder Weniger kennt und kein anderes – dafür steht sie, und das ist ihr Preis. Wo sie herrscht, ist vielleicht sexueller Verkehr, vielleicht Gewalt, vielleicht Zusammenarbeit, vielleicht Verständnis, vielleicht ein Vakuum, aber keine Liebe im Sinne der formal nicht festgelegten verwandelnden und Drittes hervorbringenden Verbindung. Dies meint Irigaray, wenn sie klagt: »Alles widersetzt sich und verhindert, daß dieses Neue... sichtbar wird«, und: »die sexuelle Praxis ist... in zwei parallele Welten aufgeteilt: die Welt der Männer, die Welt der Frauen. Die einer nichttraditionellen, fruchtbaren Begegnung zwischen den Geschlechtern existiert praktisch nicht.«[18] So dient das Machtverhältnis unter den Geschlechtern der Entschärfung dessen, was gerade durch die Macht am meisten propagiert wird: der Andersheit des anderen Geschlechts und der Unio mystica in der sexuellen Begegnung. »Um die Erotik geheimnisvoll zu finden, darf man nicht in einem unfreiwilligen Leibeigenschaftsverhältnis zu ihr stehen«[19], schreibt Sichtermann. Man darf dazu auch nicht in einem Besitzverhältnis stehen.

2. Das mächtige Paar

Mächtig ist aber unter patriarchalen Verhältnissen nicht nur der Mann über die Frau, sondern auch das geschlechtsverschiedene, sexuell verbundene Paar von Mann und Frau – seiner Macht gegenüber müssen alle anderen Unterschiede und alle anderen Verbindungen zwischen unterschiedlichen Polen mindergewichtig, wenn nicht minderwertig erscheinen. Für das gegengeschlechtliche Paar, das nicht sexuell miteinander verbunden ist, gibt es in diesem mächtigen heterosexuellen Spannungsfeld kaum einen Begriff, wenn es nicht Geschwister sind.

Dabei ist interessanterweise eher wenig die Rede davon, daß das Fundamentale und Unersetzliche der sexuellen Verbindung zwischen Mann und Frau in ihrer Fortpflanzungsfähigkeit bestehe – dafür bedürfte es nämlich nicht der speziellen Form der bürgerlichen Familie. So bleibt von der Lehre der Zusammengehörigkeit der Geschlechtsverschiedenen nur mehr das über dem Fundament der Fortpflanzung errichtete Luftschloß übrig, welches die Geschlechter als umfassend, unersetzlich und im Zentrum geheimnisvoll[20] aufeinander bezogen konstruiert. In diesem Rahmen erscheint das homosexuelle Paar nicht deshalb als Mindervariante, weil es keine Kinder hervorbringt, sondern weil seine Sexualität nicht richtig oder zumindest nicht reif erscheint, indem homosexuellen Paaren unterstellt wird, daß sie es nicht wagten, sich dem Ganz-Anderen des anderen Geschlechts zu stellen. Die psychoanalytische Metatheorie von den prägenitalen Partialtrieben und der reifen Genitalität kann diese Sicht zum wissenschaftlichen Befund erheben. Dabei wird davon ausgegangen, daß das Erleben des befremdlichen anderen im Wahrnehmen eines Gegengeschlechts gegeben sei, als ob dieses Erleben nicht im sexuellen Erleben selbst wurzelte, als ob es zu verbergen gälte, wie sehr die institutionalisierte Heterosexualität die ekstatische Begegnung gerade beschneidet, und als ob die Begegnung mit Homosexuellen für Heterosexuelle nicht womöglich befremdlicher wäre als die mit ihresgleichen.[21] Als ob, schließlich, gleichgeschlechtliche Personen gleich wären. Dies letzte allerdings ist ein mächtiger Pfeiler des patriarchalen Gebäudes: daß alle Frauen gleich sind und alle Männer, wo es Frauen gibt, ebenfalls, so daß niemand Angst vor Überraschungen zu haben braucht.

3. Das Geschlecht der Kleinen

Auch im Rahmen der Begegnung mit dem transzendenten anderen im Umkreis von Geburt und Tod[22], den beiden Pforten, die lange von Frauen gehütet wurden, bevor herrschaftlich organisierte Institutionen sie besetzt haben, kommt dem Reden vom anderen Geschlecht und den Geschlechtsunterschieden eine abwehrende, verschleiernde Funktion zu. Das Jenseits kann dann hinter dem Gesicht »des Mannes« oder »der Frau« verschwinden, die Unterschiede zwischen Kindern und Erwachsenen, Kleinen und Großen, Alten und Jungen, Lebenden und Toten hinter dem des Geschlechts.

Im Umgang mit Kindern hat die Aufmerksamkeit auf das Geschlecht – blau oder rosa – seit langem eine assimilierende, die Befremdung dämpfende, das Neue der bestehenden Ordnung eingemeindende Funktion gehabt. Psychoanalytisches Denken – welches ja in der »Entdeckung der kindlichen Sexualität« einen entscheidenden Ausgangspunkt hat – wiederholt, verstärkt und verwissenschaftlicht diese sexuelle Frühsozialisierung. Dabei kann der Aspekt des Neugeborenen als eines Fremden, das aus Medien, die dem lebenden Erwachsenen unzugänglich sind, ans Licht der Welt tritt, unter den bekannten Kategorien des Geschlechts ganz vergessen werden. So kann Hendrika Halberstadt-Freud 1987 schreiben: »Das Mädchenbaby benutzt die Mutter selbstverständlich als narzißtisches Objekt, sie ist ja vom selben Geschlecht, und die homosexuelle Objektbesetzung wird damit zur Tatsache.« Und zur Begründung ihrer Auffassung über die Eigenart der Beziehung zwischen Mutter und Tochter: »Sowohl dem bewußten als auch dem unbewußten Erkennen von Ungleichheit wird bei Mutter und Tochter durch keinen Unterschied geholfen«, »die Gleichheit des Geschlechts« und »das Fehlen von Unterschieden« machten »die Separation zwischen Mutter und Tochter problematischer als zwischen Mutter und Sohn«.[23] Und Jessica Benjamin beklagt zwar die Blockierung der gegengeschlechtlichen Imagination und Identifikation durch das Gebot »Identifiziere dich nur mit dem gleichgeschlechtlichen Elternteil« – damit könne die Identifikation nicht mehr als Brücke zur Erfahrung eines gegengeschlechtlichen »anderen« dienen.[24] Aber selbst sie nennt dieses Gebot »die entscheidende ödipale Grenze«, und selbst bei ihr scheinen die gegengeschlechtlichen Ähnlichkeiten und die mannigfaltigen Unterschiede zwischen dem Elternpaar einerseits, den Kindern beiderlei Geschlechts andererseits wenig zu bedeuten gegenüber der Frage der Geschlechtsdifferenzen. So zum Beispiel der Größenunterschied zwischen Kindern und Erwachsenen.

Größenunterschiede zwischen verschiedenen Menschen genießen zur Zeit im Spannungsfeld von Macht und Machtkritik auffällig wenig Aufmerksamkeit, wiewohl die Praxis der patriarchalen Herrschaft ja mit der Erscheinung von Größe innig verschränkt ist – Dominanz hat womöglich mit Größe mehr zu tun als mit Geschlechtszugehörigkeit. In diesem Sinne wäre die herkömmliche Deutung von Turmbauten, welche solche nur als Imagines vom erigierten Penis versteht und nur von männlichen Architekten vorbehaltlos zu akzeptieren bereit ist, unvollständig. Eine Verkennung und Verschleierung der Praxis männlicher Gewalt ist auch gegeben, wenn der gewohnte Größenunterschied zwischen Männern und Frauen, der in der Realität der Beziehungen mit einigem Aufwand immer wieder neu gewahrt wird, als selbstverständlicher Geschlechtsunterschied gilt. Es ist denkbar, daß mit dem Unbewußtmachen von Größenunterschieden das Erlebnis des abhängigen Kindes angesichts seiner großen Eltern weggeschoben wird – und das Befremden der gegenabhängigen Eltern gegenüber dem aus ihrer Assoziation hervorgegangenen anderen der kindlichen Existenz. Psychoanalytisches Denken erfaßt zwar die besondere Situation des kleinen Kindes gegenüber den Erwachsenen – unter den Kategorien der Ohn- und Allmachtssituation. Freilich lokalisiert es diese wiederum geschlechtsasymmetrisch vorwiegend in der Beziehung zur Mutter als der Ernährerin und Lustpartnerin, während »der Vater für die Lösung des Kindes aus der Dyade mit der Mutter die Stellung des Dritten, ein Alternativobjekt darstellt, das aus der Abhängigkeit von der Mutter heraushelfen kann. Es schafft als die dritte Person die notwendige Distanz zu den Mutterbildern, um eine freiheitliche und personale Entwicklung zu ermöglichen.« In dieser Sicht hat der Vater »die bedeutende Aufgabe, die Dyade von Mutter und Kind zu sprengen, das Kind zu hindern, sich in einer dualen Beziehung zu erschöpfen, und es durch das väterliche Verbot zu zwingen, sich der Realität und dem anderen zuzuwenden« – armer Vater: »Indem er zu dem Verlust der Mutterbilder befähigt, macht er den Menschen frei« – ohne sein Eingreifen würden »die Ängste in dieser frühen ohnmächtigen Abhängigkeit gegenüber der Mutter« zu groß[25] (wessen Ängste?) – lauter Sätze, die der Abwehr der Angst dienen können, die sich aus der Begegnung mit der Andersheit der Kinder und der Identifikation mit ihnen ergibt, und die die Machtverhältnisse in der Familie verschleiern können.

4. Das Geschlecht des Todes

Im Umgang mit dem Ganz-Anderen des Todes hat die Geschlechtermetaphorik eine altehrwürdige Bedeutung. Das »andere Geschlecht« ist ein häufiges aufzeigend-verschleierndes Bild für den Tod, welches der Adoleszenz besonders naheliegt und damit unserer stark adoleszentenidentifizierten Kultur. Vieles ist zusammengefaßt in der Bezeichnung »la petite mort« für den Orgasmus.

Im Umgang mit dem Tod scheint Abwehr funktionell und unvermeidlich zu sein – Thomas Macho redet von der »bösen Differenz« zwischen Toten und Lebenden.[26] Hades, der »Hüter des

Ortes, an den die Menschen nach ihrem Tode gingen... wurde von den Griechen... in der Kunst ebensowenig wie im Mythos behandelt«. »Hades' Name... bedeutete vermutlich ›Der nicht Sichtbare‹«, und es »zögerten die Griechen, ihn auszusprechen...«[27] »Das Bewußtsein vermag das persönliche Betroffensein durch den Tod (jetzt gilt der Tod mir) nicht zu verarbeiten«, schreibt Caruso, der »mit Nachdruck« geltend macht, »daß die ›Abwehrmechanismen‹ als Funktion des Lebendigen auch ›Austauschmechanismen‹ genannt werden könnten«.[28] Sigmund Freud, der sich der Abwehr als einem Widerstand entgegenstellt, nennt unser Verhältnis zum Tod daher konsequenterweise »kein aufrichtiges... Wir haben versucht, ihn totzuschweigen... Unser Unbewußtes ist gegen die Vorstellung des eigenen Todes unzugänglich...«[29]

So macht es Sinn, das psychoanalytische Reden über Kastrationsangst und Kastration gewissermaßen wieder auf die Füße beziehungsweise auf den Boden des Todes zu stellen und als ein verschleiernd-aufzeigendes Reden über die Angst vor dem Tod und die eigene Sterblichkeit zu lesen. »Die Kultur wurde auf Verdrängung aufgebaut«, schrieb E. Becker, »nicht weil der Mensch nur ein Sucher nach Sexualität, Lust, Leben und Überschwang ist, wie Freud meinte, sondern weil Männer primär auch... Vermeider des Todes sind. Das Bewußtsein vom Tod ist die erste Repression, nicht die Sexualität.«[30] Das Reden von Kastration und Kastrationsangst dient der Verschleierung der Todesangst da, wo es, sozusagen als das geringere Übel, die Todesangst unbewußt macht – wobei die Angst vor Kastration dann jeweils mit dem typischen, durch verdrängte Todesangst gespeisten panischen Einschlag behaftet ist. In diesem Zusammenhang bedeutet nun aber die Geschlechtsdifferenz bezüglich der Kastration – der Penisträger muß ständig fürchten, kastriert zu werden, die Penisneidische ist es von vornherein[31] –, daß die Frau mit dem Tod assoziiert ist, stellvertretend oder ihn verkörpernd, während der Mann kraft seiner sexuellen Potenz tötend, überlebend und zeugend gegen die Bedrohung antritt. »Und weil dieser Kultur der weibliche Körper als Inbegriff des Andersseins... gilt, benutzt sie die Kunst, um den Tod der schönen Frau zu träumen. Sie kann damit, (nur) über ihre Leiche, das Wissen um den Tod verdrängen und zugleich artikulieren, sie kann ›Ordnung schaffen‹ und sich dennoch ganz der Faszination des Beunruhigenden hingeben«, schreibt Elisabeth Bronfen, die weibliche Leiche in der Kunst als die – tote – Verkörperung des »Anderen« identifizierend.[32] Frauen können am Verdrängungsprivileg der Macht partizipieren, indem sie mit diesem Konzept bis in den Tod kolludieren. Im Sinne einer Rettung des Lebens – und des Todes – argumentiert Bronfen mit Irigaray, »daß die Privilegierung des ›Phallus‹ als Sinnbild für den Verlust und die Trennung... dazu dient, ... eine ›sichere‹ Position in der Welt wiederzugewinnen, gerade indem sie sich auf sexuelle Kastration als eine Frage der Geschlechterdifferenz beschränkt und damit das allgemeinere Thema des Todes ausschließt. Den ›Nabel‹ als Ort eines universellen, geschlechts-unspezifischen ›kastrativen‹ Moments tatsächlichen Seins in den Mittelpunkt zu stellen könnte eine Möglichkeit bieten, die vielfach verschleierte Subjektivität des Todes der anonymen Leiche... wiederzugewinnen.«[33] So kämen doch in diesem Nabelbild der Anfang und das Ende des Lebens wieder zusammen. Zugleich wäre die alte Würde der Frauen als Hüterinnen dieser Pforten wiederhergestellt, die Männer freilich etwas peripherisiert. Stehen nämlich im phallokratischen Denken die penislosen Frauen gewissermaßen als Sackgassen der Generationenfolge da, sind es im umbilizentrischen Denken die Männer – was den Widerstand der Herrschenden gegen die »Nabelschau« verstärken dürfte.

5. Das Geschlecht der Natur

Die Herrschaft des Geschlechtsunterschiedes über alle anderen Unterschiede ist schließlich von enormer ökologischer Relevanz – die hier nur gestreift werden kann. Die nicht-menschlichen Kreaturen und Präsenzen scheinen ihren Zauber wie ihren Schrecken für uns verloren zu haben. Wir verstehen uns nicht als Kinder der Steine, des Schlamms oder aus Erde gemacht, wir begegnen nicht unseren Ahnen im Luchs oder im Eichhörnchen, wir werden nicht als Ziegen oder Muscheln wiedergeboren werden, oder als Farne, wir und unsere Mitmenschen werden sich nachts nicht in Katzen oder Werwölfe verwandeln. Wenn wir ratlos sind, befragen wir nicht die Eule, lesen nicht den Vogelflug, kaum orientieren wir uns tageszeitlich an der Sonne. Die Wölfe, Bären, giftigen Schlangen vor der Stadtmauer, die Drachen im Gebirge, die Basilisken, die durch ihre bloßen Schreie und Blicke töten konnten, den todbringenden Baumgeist und den giftigen Atem der Kröte, wenn wir uns ins Gras legen, und den krankmachenden Anblick der Tarantel haben wir nicht zu fürchten, kaum mehr den Blitz, die Wespen und die Mücken. Unseren Insektiziden sind aber auch die Elfen und die Engel zum Opfer gefallen. Es fällt uns kaum ein, uns als nicht-menschlich – was immer wir darunter verstehen – zu imaginieren. Wir scheinen nicht-menschlichen Präsenzen in ihrer Andersheit und Befremdlichkeit kaum mehr zu begegnen oder mindestens solchen Begegnungen kaum mehr angemessenen Ausdruck verleihen zu können – und entsprechend können wir auch deren Reichtum an Bildern für das »Andere« nicht mehr wahrnehmen. Mit der Erringung der menschlichen Herrschaft über die Natur sind sie domestiziert, ausgerottet, geschützt, jedenfalls bekannt und von reduzierter Befremdlichkeit. »Die Natur« wird in diesem Zusammenhang mit Vorliebe als weiblich gedacht.[34] Zweifellos hat der sexualisierende Blick auf die »Um«-Welt, der sich im 19. Jahrhundert mit den evolutionistischen Ideen vom Überleben der Überlegenen paarte, diese Entwicklung mitbewirkt. Auch der Tendenz, die Vielfalt der Baumstämme, Münder, Karotten, Höhlen, Muscheln und Schlangen über denselben trivialanalytischen Leisten der Deutung als männliches oder weibliches Genitale zu schlagen, kann hier gedacht werden. Andererseits sind die Neigung, die Frau in diesem Zusammenhang als ein Stück »Natur« zu denken, sowie die Auffassung, daß die Beziehung zwischen den Geschlechtern keinem historischen Wandel unterliege, sondern naturgesetzlich geregelt werde – durch Magnetismus, elektrische Flüsse, Triebe, Chemie, Reize und Reflexe –, durch ein Verständnis von Naturhaftigkeit gespeist, wie es eben diese Entwicklung mit sich brachte.[35] Spuren der Andersheit nicht-menschlicher Kreaturen sind in die katzenartige, wolfsähnliche, sonnenhafte oder elementare Andersheit des anderen Geschlechts übergegangen. Die Tierliebe aber wird den »alten Jungfern« überlassen, Frauen, welche ohne Mann alt geworden sind.

So scheint die Auffälligkeit des Geschlechtsunterschiedes im Spannungsfeld einer Machtkultur ebenso paradox wie folgerichtig der Verschleierung und Verdrängung anderer Unterschiede zu dienen. Indem das transzendente Andere auf das »andere Geschlecht« reduziert und von diesem gewissermaßen aufgesaugt wird, ist es entschärft und wird uns demnach auch in anderer Form – in Form des Anderen unserer übrigen Mitkreaturen, des Lebens und des Todes, unser selbst – nur noch reduziert bedrohen oder entzücken. Wo der Geschlechtsunterschied auf diese Weise herrscht, wächst kein Gras mehr – allenfalls Rasen.

Für unersetzliche, hilfreiche und weiterführende Kritik danke ich Marie Luise Könneker, Angelika Baum, Karin Hausen und Judith Janoska.

1 Norbert Bischof, *Das Rätsel Oedipus*, München und Zürich 1989, S. 403-413.

2 Vgl. Carol Hagemann-White, *Thesen zur kulturellen Konstruktion der Zweigeschlechtlichkeit*, in: Barbara Schaeffer-Hegel/Brigitte Wartmann (Hg.), *Mythos Frau*, Berlin, ²1984, S. 137-139; Stefan Hirschauer, *Die soziale Konstruktion der Transsexualität*, Frankfurt a. M. 1993. Hirschauer betrachtet sein Studium der Transsexualität wie seinen Gegenstand selbst als verfremdende Darstellung der Heterosexualität, als »künstliche Distanzierung vom allzu vertrauten Alltagsleben« (S. 12). Vgl. Judith Butler, *Das Unbehagen der Geschlechter*, Frankfurt a. M. 1991, bzw. die »Queer Theory«, welche den Geschlechtsunterschied nur noch als Folge einer bestimmten »kulturellen Performanz« anerkennt.

3 Bischof (Anm. 1), S. 540-543.

4 In dieser Tradition wünscht sich Luce Irigaray von der sexuellen Differenz eine »noch unbekannte Fruchtbarkeit« – »unbekannt zumindest im Okzident, denn es wäre eine Fruchtbarkeit, die sich nicht auf die Reproduktion der Körper und des Fleisches reduziert [aber wie kann sie so über Kinder reden! E. F.-H.], Fruchtbarkeit von Geburt an und Erneuerung für die Liebenden, aber auch Entstehen einer neuen Epoche des Denkens, der Kunst, der Poesie, der Sprache... Erschaffen einer neuen Poietik.« Luce Irigaray, *Ethik der sexuellen Differenz*, Frankfurt a. M. 1991, S. 11.

5 Simone de Beauvoir hat dies 1949 für die männliche Perspektive beschrieben, wobei sie herausarbeitete, wie die Frauen unter der Herrschaft des Mannes sich selbst ebenfalls als das »andere«, nämlich als das »zweite« Geschlecht wahrzunehmen neigen bzw. gezwungen sind. Das Bild vom Mann als das andere der Frauen, welches ebenfalls in den Dienst männlicher Herrschaft genommen werden kann, war nicht Gegenstand ihrer Untersuchung. Simone de Beauvoir, *Das andere Geschlecht. Sitte und Sexus der Frau*, Hamburg 1992, S. 12: »Die Kategorie des Anderen ist so ursprünglich wie das Bewußtsein selbst. ... Dualität: die des Gleichen und des Anderen. Diese Zweiteilung stand zunächst nicht im Zeichen der Geschlechtertrennung...«

6 Vgl. Annette von Droste-Hülshoff, »Das Spiegelbild« (1841/42):

»...
Es ist gewiß, du bist nicht Ich,
Ein fremdes Dasein, dem ich mich
Wie Moses nahe, unbeschuhet,
Voll Kräfte, die mir nicht bewußt,

Voll fremden Leides, fremder Lust;
Gnade mir Gott, wenn in der Brust
Mir schlummernd deine Seele ruhet!
...«

Zitiert nach: Farideh Akashe-Böhme (Hg.), *Reflexionen vor dem Spiegel*, Frankfurt a. M. 1992, S. 7-8; vgl. Farideh Akashe-Böhme, *Die Fremde suchen und die Fremde sein. Naturschwärmerei, Exotismus und die Ideologie von der fremden Frau*, in: *Frausein – Fremdsein*, Frankfurt a. M. 1993, S. 33-58; vgl. auch Julia Kristeva, *Fremde sind wir uns selbst*, Frankfurt a. M. 1990, spez. S. 197-202.

7 Barbara Sichtermann, *Verschiedenheit und Gleichheit der Geschlechter*, in: *Weiblichkeit. Zur Politik des Privaten*, Berlin 1983, S. 102-113, spez. 107, 112.

8 Julia Kristeva, *Geschichten von der Liebe*, Frankfurt a. M. 1989, S. 351-357 (»Die Sonne Bataille« – Kristeva bezieht sich mit diesem Titel auf La Rochefoucauld: »Weder die Sonne noch der Tod lassen sich unverwandt anblicken«). Vgl. Hildegard von Bingens *Vom Werden im Licht*: »Und ich schaute im Geheimnisse Gottes... ein wunderschönes Bild. Es hatte die Gestalt eines Menschen. Sein Antlitz war von solcher Schönheit und Klarheit, daß ich leichter in die Sonne hätte blicken können als in dieses Gesicht...« Zit. nach Jutta Ströter-Bender, *Engel*, Stuttgart [3]1993.

9 Vgl. Christina von Braun, *Der Einbruch der Wohnstube in die Fremde*, in: *Die schamlose Schönheit des Vergangenen. Zum Verhältnis von Geschlecht und Geschichte*, Frankfurt a. M. 1989, S. 14-35.

10 Vgl. Akashe-Böhme 1992 (Anm. 6).

11 Riane Eisler, *The Chalice and the Blade: Our History, our Future*, San Francisco 1987, zit. nach Terence McKenna, *Food of the Gods*, New York, Toronto etc. 1992, spez. S. XX-XXI.

12 Michel Foucault, *Sexualität und Wahrheit*, Bd. 1, Frankfurt a. M. 1983, S. 175-176: »Lange Zeit war das Blut ein wichtiges Element in den Mechanismen, Manifestationen und Ritualen der Macht... Wir hingegen leben in einer Gesellschaft... der ›Sexualität‹: die Mechanismen der Macht zielen auf den Körper, auf das Leben und seine Expansion... ab.«

13 Igor A. Caruso, *Die Trennung der Liebenden. Eine Phänomenologie des Todes*, Frankfurt a. M. 1986, S. 221-222.
Hirschauer (Anm. 2), S. 62, macht zusätzlich darauf aufmerksam, daß die Dominanz des Geschlechtsunterschieds Gelegenheit biete, »jede Differenz auf Geschlechtsverschiedenheit zuzurechnen«, andererseits die »Chance einer kollektiven Geschlechtsdarstellung« biete, indem Differenzen vernachlässigt werden können.

14 Im Metropolitan Museum, Michael C. Rockefeller Wing (New York), wurde vor einigen Jahren einer Besuchergruppe, zu welcher auch ich gehörte, bei einer Führung das »Dogon Couple« gezeigt, eine in den

Rahmen einer Fruchtbarkeitszeremonie gehörige sakrale Schnitzerei von einem Mann und einer Frau, welche durch ihre Ähnlichkeit auffallen, wiewohl sie genital und durch ein Kind bzw. einen Köcher voller Pfeile auf dem Rücken klar geschlechtsverschieden sind. Unsere Führerin aber beeilte sich, uns von weitergehenden Unterschieden zwischen den beiden Figuren zu überzeugen. Mit diesen scheinbaren Brüsten, sagte sie, habe der Künstler nur die starken Muskeln des Mannes abbilden wollen, und was bei der Frau wie ein Bart aussehe, sei lediglich ein Stück ihrer ausgeschnittenen Unterlippe...

15 Esther Fischer-Homberger, *Neue Materialien zur »Krankheit Frau« (19. und 20. Jahrhundert)*, in: Luise F. Pusch (Hg.), *Feminismus, Inspektion der Herrenkultur*, Frankfurt a. M. 1983, S. 308-338, spez. S. 313; Hirschauer (Anm. 2), S. 77.

16 Daß dieses Verbot nicht universell ist, zeigt auch die Zusammenstellung von transvestitischen, transsexuellen, intersexuellen, homosexuellen und androgynen (Ordnungskriterien, welche eine separate Untersuchung verdienen) Erscheinungsformen gegengeschlechtlicher Imagination in verschiedenen Kulturen und Zeiten bei Johanna Kamermans, *Mythos Geschlechtswandel. Transsexualität und Homosexualität*, Hamburg 1992, spez. S. 111-167, 277-360.

17 Jessica Benjamin, *Die Fesseln der Liebe. Psychoanalyse, Feminismus und das Problem der Macht*, Basel und Frankfurt a. M. 1990, S. 164-171.

18 Irigaray (Anm. 4), S. 11-12.

19 Sichtermann (Anm. 7), S. 111.

20 Zur machttechnischen Funktion des Geheimnischarakters dieser Bezogenheit vgl. Foucault (Anm. 12), S. 11: »Das legitime... Paar... bewahrt das Recht zu sprechen, indem es sich das Prinzip des Geheimnisses vorbehält«; Hirschauer (Anm. 2), S. 26, der die Unsichtbarmachung der Geschlechtsteile »das subtilste Mittel der Konstruktion genitaler Signifikanz« nennt.

21 Hirschauer (Anm. 2), S. 53-57.

22 Thomas H. Macho, *Todesmetaphern. Zur Logik der Grenzerfahrung*, Frankfurt a. M. 1987, S. 234-249 (Grenzerfahrungen 1. Geburt: Der mütterliche Tod).

23 Hendrika C. Halberstadt-Freud, *Die symbiotische Illusion in der Mutter-Tochter-Beziehung*, in: *Bei Lichte betrachtet wird es finster, Frauen Sichten* (Hg. Psychoanalytisches Seminar Zürich), Frankfurt a. M. 1987, S. 139-163, spez. S. 140, 143, 152.

24 Benjamin (Anm. 17), S. 165.

25 Jochen Stork, *Die seelische Entwicklung des Kleinkindes aus psychoanalytischer Sicht*, in: *Die Psychologie des 20. Jahrhunderts*, Bd. II: *Freud und die Folgen (I)*, hg. v. Dieter Eicke, Zürich 1976, S. 868-932, spez. S. 918-927 (Das Konzept der Vater- und Mutterimagines), S. 920, 921, 925, 926; vgl. das kritische Referat dieser Lehre bei Dieter

Schnack, Rainer Neutzling, *Kleine Helden in Not. Jungen auf der Suche nach Männlichkeit*, Hamburg 1993, S. 25-34; vgl. Peter Blos, *Sohn und Vater. Diesseits und jenseits des Oedipuskomplexes*, Stuttgart 1990. Der Psychoanalytiker Blos kämpft um die Anerkennung der Möglichkeit einer liebenden dyadischen Beziehung zwischen Vater und Sohn als eines integrierenden Teils der männlichen Entwicklung. Er setzt sich auch für die Entpathologisierung und Positivierung des sogenannten »negativen Oedipuskomplexes« ein, im Rahmen dessen ein Kind sich in der triadischen Konstellation dem gleichgeschlechtlichen Elternteil liebend zuwendet (S. 15-26). Ein gedeihlicher Ansatz ist es, den Wandel von der dyadischen zur triadischen Konstellation, die »Triangulierung«, als Entwicklungsprozeß aufzufassen und es grundsätzlich offenzulassen, welche Formen dieser konkret annimmt (Vater-Mutter-Kind ist eine häufige und gebräuchliche Form), und gleichzeitig den Oedipusmythos, indem er geschlechtsdifferenzierend ist, als Pubertätsmythos und nicht als Triangulierungsmythos aufzufassen.

26 Macho (Anm. 22), S. 11 und 267-284 (Grenzerfahrungen 3. Das andere Geschlecht).

27 Edward Tripp, *Reclams Lexikon der antiken Mythologie*. Stuttgart 1991; vgl. Anm. 8. Georges Bataille »führt diesen Satz an, als der junge Icherzähler in ›Meine Mutter‹ die sexuellen Ausschweifungen eben dieser Mutter schildert«.

28 Caruso (Anm. 13), S. 31 und 34.

29 Sigmund Freud, *Unser Verhältnis zum Tode*, in: *Zeitgemäßes über Krieg und Tod* (1915), II, in: *Gesammelte Werke*, Bd. X, Frankfurt a. M. 1973, S. 341-355, spez. S. 341 und 354.

30 Ernest Becker, *The Denial of Death*, New York 1975, zit. nach Elisabeth Bronfen, *Nur über ihre Leiche. Tod, Weiblichkeit und Ästhetik*, München 1994, S. 60, vgl. auch S. 56. Vgl. Luigi de Marchi, *Der Urschock. Unsere Psyche, die Kultur und der Tod*, Darmstadt 1988, Kap. 6: »Die psychologische Abwehr: Todestrieb und Repression«, S. 138-178.

31 Renate Schlesier, *Konstruktionen der Weiblichkeit bei Sigmund Freud. Zum Problem von Entmythologisierung und Remythologisierung in der psychoanalytischen Theorie*, Frankfurt a. M. 1981, spez. S. 167-172; Bronfen (Anm. 30), S. 56.

32 Bronfen (Anm. 30), S. 10.

33 Ebd., S. 82-84, 56-58.

34 Carolyn Merchant, *The Death of Nature. Women, Ecology and the Scientific Revolution*, San Francisco 1979; vgl. Akashe-Böhme 1993 (Anm. 6).

35 Zur »unterstellte(n) Ahistorizität von Geschlechterbeziehungen« vgl. Heide Wunder/Christina Vanja, *Wandel der Geschlechterbeziehungen zu Beginn der Neuzeit*. Frankfurt a. M. 1991, S. 7.

III.

Zur Geschichte der Leiblichkeit

Pia Schmid

Sauber und schwach, stark und stillend
Der weibliche Körper im pädagogischen Diskurs der beginnenden Moderne

Der weibliche Körper stellt im pädagogischen Diskurs der beginnenden Moderne[1] kein Zentralthema dar wie etwa Bildung, Perfektibilität oder Nützlichkeit. Wohl aber kommt ihm als weiblichem Körper innerhalb der Theorien zur weiblichen Erziehung und Bildung eine zentrale Bedeutung zu, während der männliche Körper als männlicher Körper in den Theorien zur Erziehung und Bildung des männlichen Geschlechts, die allerdings als allgemeine Erziehungs- und Bildungstheorien formuliert werden, keinen vergleichbaren Stellenwert hat.[2] In diesen Theorien kommt der Körper insofern zur Sprache, als Gesundheit für das Gelingen von Erziehung als Voraussetzung gilt (Kersting 1992: S. 132). So heißt es in der *Allgemeinen Revision des gesammten Schul- und Erziehungswesens*, der ersten pädagogischen Enzyklopädie in deutscher Sprache[3], daß Erziehung neben »Klugheit, Tugend, Lebensart und Kenntnissen« auch auf »eine gesunde und starke Leibesbeschaffenheit und eine zur Heiterkeit und Fröhlichkeit gestimmte Gemüthsart« (*Allgemeine Revision*, Bd. 9, S. 406f.) zielen müsse[4], aber der Körper, um den es hier geht, ist anders als der in den Mädchenbildungstheorien nicht explizit geschlechtlich spezifiziert. Während Theorien zur Erziehung des männlichen Geschlechts also ohne Bezug zum männlichen Körper auskommen, geht das bei den Theorien zur Erziehung des weiblichen Geschlechts nicht. Sie ruhen immer auch auf Deutungen des weiblichen Körpers auf.

Bedeutsam ist der pädagogische Diskurs, um den es im weiteren gehen wird, weil er – und zwar maßgeblich – dazu beigetragen hat, die neue bürgerliche Geschlechtertheorie durchzusetzen. In ihm finden wir die bürgerliche Deutung des Geschlechterverhältnisses für den Haus- und Schulgebrauch durchdekliniert. Theorien zur Erziehung und Bildung des weiblichen Geschlechts, so meine These, kommen nicht umhin, den weiblichen Körper zu deuten, und bieten uns damit einen wichtigen Einblick in das Denken über den weiblichen Körper, das für die Neupositionierung der Geschlechter in der Moderne und weitergehend für die moderne Gesellschaft überhaupt prägend und folgenreich ist.

Mich interessiert, wie der weibliche Körper in pädagogischen Theorien der beginnenden Moderne, vor allem in Mädchenbildungstheorien, thematisiert wird. Zuerst stelle ich dar, wie die Leibesbeschaffenheit des weiblichen Geschlechts, sozusagen der Ist-Zustand des weiblichen Körpers, zur Sprache kommt (I), um dann vier Felder des pädagogischen Diskurses über den weiblichen Körper nachzuzeichnen (II). In einem weiteren Schritt gehe ich der Frage nach, in welche allgemeinen gesellschaftlichen Themen dieser pädagogische Diskurs eingebunden ist (III).[5]

I. Der Ist-Zustand: »Entkräftung des weiblichen Geschlechts«

Glauben wir den Zeitgenossen und Zeitgenossinnen, so ist es um die Leibesbeschaffenheit der Frauen schlecht bestellt. Die Lebensweise der Frauen, so der Tenor, mache sie schwächlich und kränklich und damit untauglich, ihren Pflichten nachzukommen. Für Rousseau (1762/1979: S. 478) ist es eine ausgemachte Sache, daß Mädchen in einem gewöhnlichen, das heißt, in einem bürgerlichen oder adligen Elternhaus an »Leib und Herz (...) zugrunde gerichtet (werden)«. Im *Väterlichen Rath an meine Tochter*, der erfolgreichsten zeitgenössischen Schrift zur Mädchenerziehung, schreibt Campe (1789/1988: S. 34f., 37), »daß zufolge unserer Sitten, Moden, Vorurtheile und Lebensart, fast alles, was euer Geschlecht insbesondere betrifft, darauf abzielt, euch schwach, kleinlich, furchtsam, ängstlich und unbehülflich zu machen. (...) Alle euren gepriesenen weiblichen Künste von der feinen Art, wozu man euch nicht früh genug anführen und worin man euch nicht weit genug bringen zu können glaubt, führen dahin; eure ganze Art zu sein, euer Stillsitzen, eure zwangvolle Kleidung, eure tändelnde Geschäftigkeit, eure Körper- und Geistesnahrung zielen dahin ab!« Bei Mary Wollstonecraft, die ansonsten Campes Position zur Mädchenerziehung keineswegs teilt, fordert sie doch anders als der Braunschweigische Edukationsrath eine umfassende Bildung für Frauen, finden wir die gleiche Argumentation. In ihrer *Vindication of the Rights of Women* kommt sie immer wieder darauf zu sprechen, daß »Muskeln und Nerven geschwächt (werden)..., um den Glanz der Frau, die körperliche Schönheit zu bewahren« (Wollstonecraft 1792/1989: S. 86). Und in Rousseaus *Emile* erscheint das obenerwähnte gewöhnliche Elternhaus als ein ausnehmend trostloser Ort, an dem das Mädchen dauernd unter den Augen ihrer Mutter in einem dichtverschlossenen Zimmer stillsitzen muß und notgedrungen körperlich und in der Folge auch seelisch verkümmert. Wichtiger noch ist aber ein anderer Punkt in Rousseaus Diagnose des Ist-Zustandes, nämlich seine Klage bzw. Anklage, daß die Frauen ihre Kinder nicht mehr selbst stillen, sei es doch so, daß »die Mütter ihre erste Pflicht verachtet und ihre Kinder nicht mehr haben säugen wollen«, um sich, das liegt für den Zivilisationskritiker Rousseau auf der Hand, »dem Zeitvertreib der Stadt freudig (zu) überlassen«, ja noch schlimmer: sie hören überhaupt auf, Kinder gebären zu wollen (Rousseau 1762/1979: S. 19f.).

Mit Johann Peter Frank soll noch ein Nicht-Pädagoge zu Wort kommen. Im Vorwort seiner einflußreichen Schrift *System einer vollständigen medicinischen Polizey*, in der er die Sorge für die Gesundheit der Untertanen bzw. des Volkskörpers als Angelegenheit des Staates propagiert und beschreibt, wie dies en détail zu geschehen habe, geht er auch auf die »Entkräftung des weiblichen Geschlechts« ein. Er schreibt: »Das viele Thee- und Coffeetrinken, die übertriebene Neigung zum täglichen, und bis in die späte Nacht anhaltenden Spielen, die seltsamen Kleidertrachten [die Schnürbrust, P. S.], die neuerfundenen Arten bis zum Schwindel und Niedersinken zu tanzen [eine Anspielung auf den neuen Modetanz, den Walzer, P. S.], das vernachläßigte Stillen eigener Kinder, das viele die Einbildungskraft und das Blut erhitzende Lesen besonderer Bücher, der haut gout, und andere tausend Ursachen, womit sich die itzigen Frauen von ihren Müttern ausgezeichnet haben, ziehen einer großen Menge von Frauenzimmern fremde Krankheiten zu, welche den schlimmsten Einfluß auf das itzige Gesundheitswohl der Menschen äußern. [...] Wo man hinsiehet, trifft man in allen städtischen Gesellschaften kleine blasse Gesichter mit breiten blauen Ringen um beyde Augen, und entweder aufgedunsene, oder ausgemergelte Körper an; welche die Fortpflanzung ihres gleichen gewiß nichts weniger, als erwünschlich machen können.« Wenn Frank direkt anschließend auf die »vermehrte Sterblichkeit der Kinder« eingeht, benennt er, warum die körperliche Verfassung der Frauen derart besorgniserregend ist: »Von solchen Ursachen kömmt es hauptsächlich, daß die Sterblichkeit der Kinder so groß ist, und daß in den ersten zehen Lebensjahren, nach Süsmilch vom 1000 bis 418 [...] schon wieder abgehen, oder dahin sterben [es folgt statistisches Material, P. S.], weil nämlich die Schwäche erschöpfter Aeltern mehr und mehr auf ihre Nachkommen fortgepflanzet wird.« (Frank 1786: S. 61 ff.) Insgesamt also sieht es nach unseren Gewährsleuten miserabel um die Leibesbeschaffenheit und Gesundheit der Frauen aus, wobei hier die höheren und mittleren Stände gemeint sind: Kraftlos sind die Frauen, ungesund, und besonders gravierend macht sich das bei der Gebärfähigkeit und beim Stillen bemerkbar.

II. Der weibliche Körper im pädagogischen Diskurs

Nach dieser Darstellung des Ist-Zustandes komme ich zum ersten Feld des pädagogischen Diskurses über den weiblichen Körper, in dem dieser im Zusammenhang mit Sauberkeit thematisiert wird. Sauberkeit ist in den Mädchenbildungstheorien zwar kein besonders umfängliches Thema, aber ein ausgesprochen pointiertes. So legt Campe im *Väterlichen Rath* seiner Tochter »die allersorgfältigste Vermeidung alles dessen« eindringlich ans Herz, »was unangenehme oder gar Ekel erregende sinnliche Eindrücke machen kann; also vornehmlich Reinlichkeit, die höchste Reinlichkeit in jedem Betracht, zu jeder Zeit und unter allen Umständen!« Denn, so weiter, die Vernachlässigung dieser Tugend stoße jeden Mann zurück, rufe Widerwillen, unwiderstehlichen Widerwillen hervor (Campe 1789/1988: S. 257). Rousseau kommt im Rahmen seiner Schilderung von Sophie, der für Emile bestimmten Frau, im fünften Buch des *Emile* auch auf Sophies Verhältnis zur Sauberkeit zu sprechen. Er schreibt: »Die Küchenarbeit hat etwas, wovor ihr ekelt; sie findet niemals genug Sauberkeit dabei. Sie ist darin von einer überaus großen Empfindlichkeit, und diese Überempfindlichkeit ist einer von ihren Fehlern geworden. Sie würde viel eher das ganze Mittagessen verbrennen lassen als ihre Manschetten beflecken. Aus dem gleichen Grund hat sie niemals die Aufsicht über den Garten haben wollen. Die Erde kommt ihr unsauber vor. Sobald sie ein Mistbeet sieht, glaubt sie den Geruch davon wahrzunehmen. Sie hat diesen Fehler den Lehren ihrer Mutter zu verdanken. Nach deren Meinung ist unter den Frauenpflichten die Sauberkeit eine der ersten, eine besondere, unumgängliche, von der Natur auferlegte Pflicht. Es gibt auf der Welt nichts Ekelhafteres als eine unsaubere Frau, und der Mann, der einen Ekel davor empfindet, hat niemals unrecht. Sie hat ihrer Tochter diese Pflicht von Kindheit an [...] gepredigt [...]. Indessen ist doch all dies [Achten auf Sauberkeit, P. S.] nicht in eitles Geziere und in Verweichlichung ausgeartet. [...] Niemals ist in ihr Zimmer etwas anderes als reines Wasser gekommen. Sie kennt kein anderes Parfum als das der Blumen, und niemals wird ihr Mann ein lieblicheres einhauchen als ihren Atem.« Und am Schluß dieser Passage heißt es: »Sophie ist mehr als sauber, sie ist rein.« (S. 519f.) Was hier aufmerken läßt, ist Rousseaus Heftigkeit. Begnügt er sich bei anderen weiblichen Negativbildern wie der Gelehrten und der Kokotte damit, sie der Lächerlichkeit preiszugeben, so schüttelt es ihn bei der Vorstellung einer unsauberen Frau vor Ekel; er zeigt einen vehementen Affekt. Ja, es reicht nicht, daß die Frau sauber ist, sie soll rein sein. In diesem ersten Feld des pädagogischen Diskurses finden wir Sauberkeit, Reinheit als weibliche Primärtugenden formuliert. Erziehung soll darauf zielen, daß der weibliche Körper sauber, daß er rein ist.

Im zweiten Feld des pädagogischen Diskurses wird der weibliche Körper im Zusammenhang mit Schwäche thematisiert. Beispielhaft dafür ist Campes Argumentation in seinem Vergleich von männlichem und weiblichem Körper. »Der Schöpfer«, schreibt er, gab »in der Regel dem Manne die stärkere Muskelkraft, die straffern Nerven, die biegsamern Fasern, das gröbere Knochengebäude; dazu den größern Muth, den kühnern Unternehmungsgeist, die auszeichnende Festigkeit und Kälte und – in der Regel meine ich – auch die unverkennbaren Anlagen zu einem größern, weiterblickenden und mehr umfassenden Verstande. Dazu ward bei allen gebildeten Völkerschaften die ganze Erziehungs- und Lebensart der beiden Geschlechter dergestalt eingerichtet, daß das Weib schwach, klein, zart, empfindlich, furchtsam, kleingeistig – der Mann hingegen stark, fest, kühn, ausdauernd, groß, hehr und kraftvoll an Leib und Seele würde. [...] Es ist also der übereinstimmende Wille der Natur und der menschlichen Gesellschaft«, fährt Campe fort, »daß der Mann des Weibes Beschützer und Oberhaupt, das Weib hingegen die sich ihm anschmiegende, sich an ihn haltende und stützende treue, dankbare und folgsame Gefährtinn und Gehülfinn seines Lebens sein sollte – er die Eiche, sie der Efeu, der einen Theil seiner Lebenskraft aus den Lebenskräften der Eiche saugt, [...] – ohne sie ein niedriges Gesträuch, das von jedem Vorübergehenden zertreten wird. Hierin nun«, so Campe abschließend, »ist an sich gar nichts Böses; nichts, was deinem Geschlechte auch nur im Geringsten zur Unehre oder zum Nachtheile gereichen kann. Abhängig zu sein, ist ja im Grunde das Loos aller Menschen.« (Campe 1789/1988: S. 22f.)

Bemerkenswert finde ich Campes doppelte Sicht auf die physische Schwäche der Frauen: Er bezeichnet sie zum einen als natürlich, zum anderen als Produkt von Lebensart und Erziehung, und das sind eigentlich gegensätzliche Deutungen. Den argumentativen Kontext der Thematisierung des weiblichen Körpers als schwacher Körper bildet die Abhängigkeit der Frauen von den Männern. Aus ihrer physischen Schwäche ergibt sich für Campe, daß Frauen sich unterzuordnen haben, und im weiteren auch, daß sie sich nicht mit Wissenschaft und Kunst beschäftigen sollten. Sonst drohe ihnen »eine geschwächte Leibesbeschaffenheit, ein zerrüttetes Nervengebäude, [...] Verlust ihrer ganzen irdischen Glückseligkeit«, ja, »weibliche Gelehrsamkeit und Kränklichkeit« sind für ihn »unzertrennliche Gefährten« (ebd. S. 54f.).

Diese Argumentation, daß Frauen schwach, konstitutionell schwach seien, mit der ihre Abhängigkeit von den Männern als den an Körper und Geist Stärkeren wie auch ihre Abstinenz von den Wissenschaften begründet wird, ist nicht unwidersprochen geblieben. So setzt sich Amalia Holst in ihrer Schrift *Ueber die Bestimmung des Weibes zur höhern Geistesbildung* (1802) ausführlich mit dem Schwächeargument auseinander. »Sind wir«, fragt sie, »auf der Wesensleiter den Männern an physischen und intellektuellen Kräften untergeordnet? An physischen Kräften der Stärke: ja! [...] Wenn wir aber zugeben müssen, daß die Weiber am Körper schwächer als die Männer sind, folgt hieraus denn schon notwendige Schwäche des Geistes? Noch mehr, ist denn eins die Folge des andern? Ist denn unser Gehirn anders als das der Männer organisiert? Noch bis jetzt hat dies kein Anatomiker zu behaupten gewagt. [...] Man wende mir nicht ein, daß gerade dieses strenge Denken ihren Körper schwächt [...] Große Denker [...] waren reizbar und schwach wie die Weiber. Und nur aus dieser Reizbarkeit der Gelehrten kann man sich jene Empfindlichkeit, jenes Aufbrausen über die Kritik ihrer Schriften, ihre oft unartigen

Schmähungen gegen einander erklären.« Für Amalia Holst kann also »der Satz nicht erwiesen werden [...], daß Körperkräfte und Geisteskräfte im gleichen Verhältnis stehen. Noch weniger [sei zu verstehen, P. S.], wie gebildete Männer der Körperkraft noch einen so hohen Wert beilegen mögen, da sie doch, sobald der Mensch aus dem Stande der Natur in den Stand der Kultur übergeht, ihren Wert verliert, und gar nicht mehr als Basis irgend eines Gesetzes gebildeter Völker gelten kann« (Holst 1802/1984: S. 18 ff.). Nur im Naturzustand, so ihr Argument, zähle Stärke, nicht aber unter den Bedingungen des Gesellschaftsvertrags, und damit weist sie die Analogiesetzung von körperlicher Schwäche, geistiger Schwäche und Abhängigkeit zurück. Auch wenn Amalia Holsts Argumentation stringent – und auf der Höhe zeitgenössischer politischer Theorien – war, blieben doch Positionen wie die von Campe dominant, in denen die körperliche Schwäche der Frauen zur Begründung ihrer Abhängigkeit dient wie auch dazu, Frauen dringend von den Wissenschaften abzuraten bzw. sie davon fernzuhalten, eine Argumentation übrigens, der man hundert Jahre später bei den Gegnern des Frauenstudiums wieder begegnet.

Das dritte Feld des pädagogischen Diskurses steht in einem gewissen Gegensatz zum zweiten. Ging es dort um den weiblichen Körper als konstitutionell schwachen Körper, so wird er hier im Zusammenhang mit der, wie es zeitgenössisch heißt, Bestimmung des Weibes, besonders der Bestimmung zur Mutter, als ein Körper thematisiert, der kräftig und gesund sein soll. Die Frau, so Campe (1789/1988: S. 35 f.) bedarf der Gesundheit und Stärke als Hausfrau, »um überall selbst zugegen sein, überall mit eingreifen und mitwirken zu können«, als Gattin, »um dem Manne [...] die Mühseligkeiten des Lebens zu erleichtern, sie ihm tragen zu helfen, nicht aber durch eigene Kränklichkeiten zu vermehren«, und sie bedarf ihrer »im vollen Maße, als Mutter, um dem Willen und der Ordnung der Natur gemäß, ohne eigene Lebensgefahr, gesunde Kinder zur Welt gebähren und aus eigenem Busen sie nähren zu können«.

Auf diesen letzten Punkt, den Mutterkörper, geht Campe ausführlich in seiner Schrift *Ueber die früheste Bildung junger Kinderseelen* von 1785 ein, einem Klassiker frühkindlicher Erziehungstheorie. Um die Erziehung in der frühen Kindheit war bis dahin wenig Aufhebens gemacht worden. Das will Campe ändern, denn, so seine Grundthese, die früheste Bildung junger Kinderseelen sei ein ernstzunehmender Bereich, und sie sei der Bereich der Mütter. Früheste Eindrücke seien körperliche Eindrücke – wir würden heute sagen: sie beruhen auf körperlichen Interaktionen zwischen Mutter und Kind –, und diese prägten das Kind für sein ganzes weiteres Leben. Um ihre Aufgabe als Bildnerin junger Kinderseelen auch richtig wahrnehmen zu können, müsse die Mutter gesund und kräftig sein. Der gesunde Mutterkörper bildet die Conditio sine qua non gelingender frühkindlicher Entwicklung. »Je nachdem also die Mutter«, schreibt Campe (1789/1988: S. 87), »während ihrer Schwangerschaft, gesund oder kränklich, ruhig und heiter, oder heftigen Leidenschaften unterworfen ist, wird auch das Kind, welches unter ihrem Herzen liegt, angenehme oder unangenehme, vortheilhafte oder nachtheilige sinnliche Eindrücke erhalten, und sowohl der Seele als auch dem Leibe nach eine vorzügliche Empfänglichkeit zu gleichartigen Empfindungen mit sich mit auf die Welt bringen. [...] Mütter, denen das künftige Wohl ihrer Kinder am Herzen liegt, können daher von dem ersten Augenblicke ihrer Empfängniß an, nicht zu aufmerksam auf die Erhaltung der Gesundheit ihres Leibes und ihres Geistes seyn, können vor jeder Unpäßlichkeit, vor jeder Ausschweifung aus der graden Straße der Tugend und Rechtschaffenheit, und vor jedem widrigen Affekte, nicht zu sorgfältig sich in Acht nehmen. Nie wird auf einem kränklichen, faulenden, oder durch Sturmwinde zersplitterten Stamme das zarte, so eben erst hervorgequollene Knöspchen zu einem gesunden und starken Fruchtaste gedeien können.« Gesunde Stämme, gesunde Fruchtäste; starke Mütter, starke Kinder: in diesem dritten Feld des pädagogischen Diskurses geht es darum, daß die Frau sich Gesundheit und Stärke des Körpers zu ihrem dringenden Anliegen machen soll, um ihrer Bestimmung als Hausfrau, Gattin und ganz besonders als Mutter nachkommen zu können. Sie muß auf ihren Körper achten, auf seine Gesundheit, damit die früheste Bildung junger Kinderseelen gut verläuft. Indem sie sich um ihren Körper kümmert, sorgt sie für ihr Kind.

Eng verknüpft mit diesem dritten Feld des pädagogischen Diskurses, dessen Radikalisierung und Ausweitung, ist das letzte Feld, in dem der weibliche Körper im Zusammenhang mit dem Stillen thematisiert wird, wobei das Stillen nicht einfach Stillen ist, sondern als Ausgangspunkt für Gesellschaftsveränderung konzipiert wird. Eine der programmatischen Äußerungen dazu finden wir bei

Rousseau im ersten Buch des *Emile*: »Es geruhen aber die Mütter nur, ihre Kinder zu säugen, und die Sitten werden sich von selbst bessern, die Empfindungen der Natur in aller Herzen wiederum erwachen; der Staat wird sich wieder bevölkern; dieser erste Punkt, diese Änderung allein, wird alle wieder vereinigen. Der Reiz des häuslichen Lebens ist das beste Gegengift wider die schlechten Sitten. [...] Aus der Abschaffung dieses einzigen Mißbrauchs würde also bald eine allgemeine Verbesserung entstehen; die Natur würde bald wieder zu ihrem Recht kommen. Würden die Frauen nur einmal wieder Mütter; die Männer würden bald wieder Väter und Ehemänner werden.« (Rousseau 1762/1979: S. 22) Mit genau dieser Passage läßt Campe seine obenerwähnte Schrift *Ueber die früheste Bildung junger Kinderseelen* enden und schließt sich damit Rousseaus Utopie einer gesellschaftlichen Erneuerung an, die von der körperlichen Interaktion zwischen Mutter und Kind ihren Ausgang nehmen soll. Die stillende Mutter wird als Ausgangspunkt einer guten Gesellschaft konzipiert. Anders gesagt: am Busen der Mutter gelangt die Gesellschaft zur Genesung.

Diese Utopie wurde auch in Bildern festgehalten, wie in Augustin Claude Le Grands um 1785 entstandenem Kupferstich *Jean-Jacques Rousseau oder der natürliche Mensch* (Abb. 1). In einem ländlichen Ambiente sitzt eine Mutter und stillt ihr Kind. Ihr älterer Sohn weist auf Rousseau, der der Mutter anerkennend einen Blumenstrauß reicht. Daß ihr Stillen natürlich ist, zeigt das Schaf, das sein Junges säugt. Beide – das Schaf und die Mutter – folgen der Natur, und so soll es auch sein. Die Legende unterstreicht dies: »Er [Rousseau, P. S.] gibt den Müttern ihre Pflicht zurück und den Kindern das Glück.« Nehmen die Mütter ihre (Still-)Pflicht wahr, wird die Welt, wie auf unserem Bild, zur Idylle.

Um zusammenzufassen, wie der weibliche Körper im pädagogischen Diskurs der beginnenden Moderne thematisiert wird: Die körperliche Verfassung des weiblichen Geschlechts wird als schlecht dargestellt, von Verweichlichung und Kränklichkeit geprägt, und das sei besonders im Hinblick auf die Gebärfähigkeit sehr bedenklich. In diesen vier Feldern des pädagogischen Diskurses finden wir den weiblichen Körper als einen Körper thematisiert, der sauber, ja rein sein soll, und weiter als einen Körper, der konstitutionell schwach sei, schwächer als der der Männer, woraus

Abb. 1
Augustin Claude Le Grand
Jean-Jacques Rousseau oder der natürliche Mensch, um 1785
Kupferstich. Coburg, Kupferstichkabinett der Kunstsammlungen Veste Coburg

sich mit Notwendigkeit die Abhängigkeit des weiblichen Geschlechts ergebe wie auch, daß es sich nicht den Wissenschaften widmen könne. Gleichwohl soll dieser konstitutionell schwache Körper gesund und kräftig sein, um die weibliche Bestimmung, besonders die zur Mutter, erfüllen zu können, gewährleiste doch nur ein gesunder Mutterkörper das Gedeihen des kleinen Kindes. Schließlich soll, dies ein utopisches Moment, vom weiblichen Körper, von der stillenden Mutter die Verbesserung der Gesellschaft ihren Ausgang nehmen.

III. Der Kontext des pädagogischen Diskurses

Der pädagogische Diskurs über den weiblichen Körper ist eingebunden in allgemeine gesellschaftliche Themen der Zeit. Um diesen Kontext soll es im weiteren gehen.

Der saubere, reine Körper: Die Bedeutung der Sauberkeits- und Reinheitsforderung wird verständlich, wenn wir uns fragen, was es denn ist, das unsauber und unrein ist am weiblichen Körper. Vor allem ist es die Menstruation, die nicht umsonst als »monatliche Reinigung« bezeichnet wird. Der Sauberkeitsimperativ richtet sich gegen den Volksglauben, gegen das, was in den Augen der Aufklärer Aberglaube ist. Im Volksglauben nämlich finden wir die Überzeugung, daß Frauen eine symbolische Macht zu eigen sei, die in ihrer spezifischen Körperlichkeit begründet liege. Dazu hat Yvonne Verdier mit *Drei Frauen. Das Leben auf dem Dorf* (1982) eine eindrückliche Studie vorgelegt, die auf ethnographischen Studien im burgundischen Dorf Minot (360 Einwohner) beruht. Verdier rekonstruiert die Zeit vom Beginn dieses Jahrhunderts bis zu der Zeit zwischen den Weltkriegen. Neben den Gesprächen mit den Frauen stützt sie sich auf ethnographische Fakten aus der französischen Volkskunde, Werke von Romanciers des 19. Jahrhunderts und von Malern wie Chardin, Courbet, Millet, um den besonderen Charakter der Stellung der Frau in der traditionalen ländlichen Gesellschaft Frankreichs zu erforschen. Auch wenn das 18. Jahrhundert nicht ihr Untersuchungszeitraum ist, wird uns doch Einblick in eine Kultur gewährt, die dem 18. Jahrhundert ungleich näher ist als unsere eigene. Um auf die symbolische Macht der Frauen, »die einzigartigen Kräfte ihres Körpers« (Verdier 1982: S. 10), zurückzukommen: sie wirken sich besonders während der Menstruation aus. Dann verderben die Frauen das Fleisch, das im Pökelfaß konserviert wird; sie müssen es gar nicht berühren, schon ihr Atem reicht aus. »Wenn man seine Tage hat«, berichtet eine Frau, »darf man dem Pökelfaß nicht zu nahe kommen, sonst wird der Speck schlecht, das ganze Pökelfaß verdirbt, alles, alles ist umsonst.« (Ebd.: S. 17) Auch Saucen, Mayonnaisen, Cremes gelingen nicht; für das Kochen gilt das allerdings nicht – woraus sich eine Ordnung dieser zerstörerischen Kräfte der Frau ableiten läßt: Sie umfaßt alle Umwandlungen, bei denen das Feuer nicht beteiligt ist. Frauen sind also »regelmäßig zu bestimmten Zeiten in ihren Ernährungsfunktionen und in ihren ›Bindungsfunktionen‹ blokkiert, also gerade in den Rollen, die auf den ersten Blick zu ihren ureigensten gehören« (ebd.: S. 20). Diesen Kräften wird mit »einer Verhaltensethik der unpäßlichen Frau« begegnet, die sie in ihrer Beziehung zur Umwelt einschränkt. Während ihrer Menstruation dürfen Frauen nicht in den Keller zu Pökelfaß oder Eingemachtem, sie unterliegen vielfältigen Verboten. Wichtig ist, daß »die Frauen [untereinander] indessen durchaus über ihre Macht sowie ihre teilweise zeitlichen Einschränkungen [sprechen]« (ebd.: S. 41f.).

Mit der Menstruation also wird im traditionalen Denken der Volkskultur eine spezifische verderbliche Macht verknüpft. Die Pädagogik dagegen, ein Kind der Aufklärung, entsteht jenseits dieser Volkskultur und in Abgrenzung zu ihr. Sie ist Teil der Kultur der neuen Eliten. Wenn in den Mädchenbildungstheorien so dringlich auf Sauberkeit und Reinheit insistiert wird, so richtet sich das auch und nicht zuletzt gegen die Volkskultur und ihr Denken. Sozial- und mentalitätsgeschichtlich betrachtet, steht dies somit im Kontext der Entmächtigung des (weiblichen) Körpers (Duden 1987: S. 20ff.) bzw. aus der Warte der Aufklärer im Kontext von dessen Entmystifizierung. Der saubere, reine weibliche Körper als der Körper ohne Menstruation ist ein Körper ohne symbolische Macht; von ihm geht keine Bedrohung mehr aus.

Hiermit hängt vielleicht auch ein Wandel in den Kleidermoden der beginnenden Moderne zusammen. War das Festkleid der Frauen zuvor immer bunt gewesen, so wird es gegen Ende des 18. Jahrhunderts antikisch weiß. Auf vielen Porträts finden wir Frauen in weißen Kleidern, wie Frau von Cotta (Abb. 2) oder die obenerwähnte Mary Wollstonecraft (Abb. 3). Es war modern geworden, Weiß zu tragen. Nun ist weiß bekanntlich die Farbe der Reinheit und der Unschuld. Daß das Brautkleid bis heute weiß ist, steht übrigens in der Tradition des Festkleides der beginnenden Moderne[6]; zuvor war es bunt gewesen, und in der bäuerlichen Kultur blieb die Hochzeitstracht weiterhin farbig (vgl. Bringemeier 1981: S. 39, 64ff.; Weber-Kellermann 1989: S. 86ff.).

Der konstitutionell schwache Körper: Sigmund Freud steht in der Tradition, vielleicht sogar am Endpunkt einer Entwicklung im Denken über Frauen und Körper, deren Anfänge in der beginnenden Moderne liegen, wenn er zu Beginn unseres Jahrhunderts schreibt: »Anatomie ist Schicksal«. In der Moderne nämlich *wurde* Anatomie Schicksal für Frauen, was sie keineswegs immer war. Ein

Abb. 2
Christian Gottlieb Schick: *Frau von Cotta*, 1802
Staatsgalerie Stuttgart

Blick in den *Brockhaus* von 1834 zeigt, daß bald nicht mehr ohne Rekurs auf Anatomie bzw. Körper über Geschlecht geredet werden konnte: »Daher erscheint der Mann schon im Physischen als der Stärkere, sein Knochenbau ist ansehnlicher und hat mehr Masse, sein Muskelsystem ist fester und kräftiger, die Brust weiter, die Lungen sind größer und robuster, die Umrisse seines Körpers schärfer, eckiger und das Ganze desselben ist größer und stärker. Dagegen ist das Weib das Zärtere, die Knochen sind dünn, zur Weichheit geneigt, die Muskeln weicher und schwächer, die Brusthöhle enger, die Lungen kleiner, das Herz und das Arteriensystem schwächer, dagegen das Venen- und lymphatische System vorherrschend, die Zwischenräume unter der Haut und zwischen den einzelnen Theilen sind fettreicher, daher alle Theile mehr abgerundet, und das Maß des Körpers ist im Ganzen kleiner und zarter. Daher offenbart sich in der Form des Mannes mehr die Idee der Kraft, in der Form des Weibes mehr die Idee der Anmuth.« (Art.

Abb. 3
John Opie: *Mary Godwin, née Wollstonecraft*, ca. 1797
National Portrait Gallery London.

»Geschlecht«, Bd. 4, 1834, S. 669) Hier wird bei der Deutung von männlichem und weiblichem Körper die Logik des Quantifizierens deutlich, in der Differenz zu Defizienz wird. Vereinfacht gesagt: Frauen sind anders, vor allem unter dem Blickwinkel von »weniger«, wobei der Mann die unhinterfragte Bezugsgröße abgibt. Daß dies »weniger« auch weniger Rechte und geringeren Zugang zu öffentlichen und gesellschaftlichen Ressourcen und nicht zuletzt zu Erziehung und Bildung bedeutet, ergab sich für die Zeitgenossen von selbst. Indem die Letztbegründung weiblicher Abhängigkeit im schwächeren Körper gesehen wird, wird scheinbar sachlich argumentiert, läßt sich die Schwäche der Frau doch – wie in unserem Lexikon – naturwissenschaftlich vermessen, und das heißt beweisen. So wurde es möglich, das überkommene asymmetrische Geschlechterverhältnis im Rekurs auf die weibliche Physis neu zu begründen. Angesichts bürgerlicher Egalitätstheorien wurde das auch immer notwendiger. Argumentiert wurde, mit Ulrich Beck (1986: S. 173) zu sprechen, »nach der bewährten Regel, wo Gleichheit droht, muß Natur her«.

Der *starke Mutter-Körper*: Daß die Frau, obschon konstitutionell schwach, dennoch stark und kräftig sein soll – wie gesagt, ein gewisser Widerspruch –, liegt daran, daß sie für Staat und Gesellschaft als Mutter zunehmend an Bedeutung gewinnt. Das dritte Feld des pädagogischen Diskurses über den weiblichen Körper steht damit im Kontext bevölkerungswissenschaftlicher und -politischer Debatten. Für Merkantilismus und Physiokratismus, die beiden führenden ökonomischen Theorien der Zeit, hängen Reichtum und Macht des Fürsten und des Staates von der Zahl der Untertanen ab. Je mehr Menschen der Staat habe, so die Überzeugung, desto mehr Wohlstand habe er auch.[7] Peuplierung lautete die Parole, das hieß, für eine zahlreiche und gesunde Bevölkerung zu sorgen bzw. dafür, daß die Bevölkerung stetig wächst. Statistisch-demographische Erhebungen ergaben allerdings, daß die Kindersterblichkeit hoch war. Nur die Hälfte der Geborenen erreichte das Erwachsenenalter: ein Viertel starb im ersten Lebensjahr, ein weiteres Viertel vor dem Erwachsenenalter (Shorter 1977: S. 232).[8] Nach Lieselotte Steinbrügge (1987: S. 36) lebten »die Zeitgenossen des 18. Jahrhunderts in Frankreich mit dem Bewußtsein einer bevölkerungspolitischen Krise«. Das trifft auch auf Deutschland zu. »Man erkannte es als ein sicheres Naturgesetz«, so Justus Möser (1776/1978: S. 327), »daß die Hälfte der Kinder unter dem zehnten Jahr dahinsterben müßte.« Angesichts dieser Situation wird in der bevölkerungspolitischen Debatte immer wieder betont, daß die Geburtenrate erhöht und die Kindersterblichkeit gesenkt werden müsse. Praktisch bedeutete das, gegen Unter- bzw. Mangelernährung, Krankheiten und Seuchen, schlechte hygienische Verhältnisse und mangelhafte medizinische Versorgung vorzugehen, also auf eine Verbesserung der materiellen Lebensverhältnisse hinzuarbeiten und, was genauso wichtig war, Hand in Hand damit eine neue Einstellung zum Körper bzw. zur Gesundheit hervorzubringen. Den Motor dieser »hygienisch-sozialen Reform« (Kersting 1992: S. 282) bildeten zum einen die staatliche »medicinische Policey«[9], indem sie für die Verbesserung des Gesundheitswesens sorgte, zum anderen Ärzte, Pfarrer und Pädagogen, indem sie zur Volksaufklärung in Sachen Körper und Gesundheit beitrugen.

Zentrale Adressaten dieser Bemühungen sind die Frauen als Mütter. Wie wir sahen, wird ihnen seitens der Pädagogen die Sorge für ihre Gesundheit, für einen starken und kräftigen Körper dringlich ans Herz gelegt, denn nur eine gesunde Mutter könne gesunde Kinder gebären, sie selbst stillen und sich selbst um ihr Gedeihen kümmern. Eine möglichst große und gesunde Bevölkerung bzw. eine stetige Vermehrung der Untertanen, das sahen wir weiter, lag im Interesse des Staates, ja, er fordert sie regelrecht ein, beispielsweise indem er, wie es im Allgemeinen Landrecht für die Preußischen Staaten von 1794 geschah, die Stillpflicht rechtlich kodifiziert, war doch erwiesen, daß Kinder, die gestillt werden, erheblich bessere Überlebenschancen hatten.[10]

Insgesamt erscheint der gesunde Frauenkörper als Garant des gesunden Volkskörpers. Darin liegt seine Bedeutung für den Staat, und deshalb gilt ihm die Aufmerksamkeit der Pädagogen. Ökonomisch-politisch wird der weibliche Körper damit – und das war neu – als ein produktiver Körper gefaßt. Besonders deutlich wird dies in der Uminterpretation des Gebärens, wie Barbara Duden gezeigt hat. Mit der Medikalisierung der Geburtshilfe und dem Entstehen der »medicinischen Polizey« unterliegt der Vorgang selbst einer »grundlegenden kulturellen Transformation [...]: aus der Entbindung von Frauen wird die Geburt eines Kindes. Das Gebären, ein vormals primär soziales, halböffentliches Ereignis zwischen Frauen, wird idealtypisch zu einem privaten Geschehen, dessen Betreuung sich an der Logik eines physiologischen Mechanismus zu orientieren hat. Die Reduktion der Entbindung auf einen körperlichen Mechanismus geht einher mit der Verschiebung der Sinngebung: aus einem ›Übergang‹, aus einer Grenzsituation [...] wird nun ein produktiver Vorgang« (Duden 1987: S. 31). Aus der alten »generatio«, der Fruchtbarkeit, wird mit Hilfe der Bevölkerungs- und Staatswissenschaft wie der Medizin die »reproductio«, die Produktion eines neuen Menschen.[11] Diese neue Sicht des weiblichen Körpers als produktiver Körper findet auch in der Biologie ihren Niederschlag in Linnés Klassifikation der Lebewesen, wie Londa Schiebinger gezeigt hat. In der zehnten Auflage seines bekannten Werkes *Systema naturae* von 1758, das erstmals 1735 erschienen war, führte Linné für die höchste Gruppe der Lebewesen, bis dahin in aristotelischer Tradition »quatrupedia« genannt, einen neuen zoologischen Terminus ein, nämlich »mammalia«, Säugetiere. Charakteristikum wird damit die Tatsache milchproduzierender »mammae«, ein Charakteristikum, das bekanntlich nur die weibliche Hälfte dieser Lebewesen aufweist. Solch ein Bezug auf die Reproduktion wird einzig bei dieser Klasse von Lebewesen vorgenommen. »Indem er die mammae als Zeichen und Symbol der höchsten Klasse von Lebewesen würdigte, schrieb Linné dem Weiblichen einen neuen Wert zu, besonders der einzigartigen Rolle von Frauen in der Reproduktion.« (Schiebinger 1993: S. 393) Linnés neuer Terminus »Mammalia« fand nahezu umgehend Akzeptanz. Das könnte daran gelegen haben, daß Zeitgenossen bis in wissenschaftliche Terminologien hinein die neue Sicht auf den weiblichen Körper als (re)produktiven Körper bestätigt finden wollten wie auch, daß es für weibliche Wesen – menschliche wie nicht-menschliche – nur natürlich sei, ihren Nachwuchs selbst aufzuziehen und zu säugen.[12]

Der stillende Körper: Ist der gesunde Mutterkörper in den bevölkerungspolitischen Debatten Garant für den gesunden Volkskörper, so ist der stillende Mutterkörper in den pädagogischen und sozialen Theorien Garant oder vielleicht eher Symbol einer besseren Gesellschaft. Das Stillen wird dabei als Beitrag zur moralischen und ökonomischen Regeneration des Staates verstanden im Sinne einer Rückkehr zur Natur. Die stillende Mutter wird als Mittelpunkt einer glücklichen Familie, ja, eines guten Lebens entworfen: Sie stillt ihr Kind und weitergehend die Bedürfnisse ihrer Familie, ihrer Umwelt, und eigentlich die Leiden ihrer Zeit. Sind die Familien erst intakt, so die Überzeugung, dann wird wie von selbst auch die ganze Gesellschaft genesen. Ihren Ausgang, um es nochmals zu sagen, soll diese gesellschaftliche Erneuerung vom Stillen nehmen.

Diese Utopie fand auch bildliche Umsetzungen. Eine der ersten und eine sehr bekannte, popularisiert vor allem als Kupferstich, stellt Jean-Baptiste Greuzes *Die vielgeliebte Mutter* (Abb. 4) dar. Als das Bild 1765 im »Salon« ausgestellt wurde, war es eine der größten Attraktionen und wurde als Motiv bald rege nachgeahmt und variiert. Es sprach die Zeitgenossen und Zeitgenossinnen an, sagte ihnen etwas Neues. Wir sehen einen Vater, der von der Jagd heimkehrt, und eine Mutter, die glücklich, fast verzückt die Liebkosungen ihrer sechs Kinder – das jüngste hat sie gerade gestillt, ein wichtiges Detail – erfährt. Die ganze Bewegung des Bildes und damit die Aufmerksamkeit der Betrachter und Betrachterinnen ist auf die stillende Mutter gerichtet: ihr Mann schaut sie entzückt an, die Großmutter mit inniger Freude, die Kinder schmiegen sich eng

Abb. 4
Jean Massard d. Ä. nach Jean-Baptiste Greuze:
Die vielgeliebte Mutter, 1775
Kupferstich, Radierung. Coburg, Kupferstichkabinett der Kunstsammlungen Veste Coburg

an sie, ja sogar die Jagdhunde wenden sich ihr zu. Diese vielgeliebte Mutter ist deutlicher Mittelpunkt dieser glücklichen Familie. Alle zieht es zu ihr hin – die Mutter bildet das Zentrum, und das Zentrum der Mutter ist ihre Brust. Carol Duncan (1982: S. 202) hat darauf hingewiesen, daß die Protagonisten eine neue Idee verdeutlichen: »schlichte Mutterschaft und Vaterschaft in einer glücklichen ehelichen Gemeinschaft«. Sie zeigen, wie schön Familie und Privatsphäre sein können.

Und das mußte auch gezeigt werden in dieser Umbruchszeit zwischen traditionaler und moderner Gesellschaft. In der traditionalen Gesellschaft war die Familie – und das blieb sie für alle Bevölkerungsgruppen außer Bürgertum und Teilen des Adels auch weiterhin – vor allem eine Zweckgemeinschaft, eine Arbeits- und Lebensgemeinschaft. Vorherrschende Produktionsweise war die

Familienökonomie, und hier ging es nicht um Glück, sondern um das gemeinsame Wirtschaften, darum, über die Runden zu kommen. Nicht gefühlsmäßige Bindungen hielten die Familienmitglieder primär zusammen, sondern die gemeinsame Arbeit. Erst im Bürgertum und erst in der Moderne erfährt die Familie jene ihr bis heute eigene emotionale Aufladung. Als Gegenbereich zur Erwerbssphäre konzipiert, soll hier der rauhe Wind von Zweckrationalität, Konkurrenz und Eigennutz nicht wehen. Harmonie und Liebe sollen herrschen. Als gesellschaftlicher Bereich nun wird die Familie in der Moderne den Frauen zugeschrieben. Aufgrund ihres Geschlechtscharakters, vor allem ihrer Emotionalität, seien sie von Natur aus für den Familienbereich prädestiniert, der Mann dagegen aufgrund seines Geschlechtscharakters, vor allem seiner Rationalität, für den Erwerbsbereich (Hausen 1976).

Die Denkfigur, eine stillende Mutter als Zentrum einer glücklichen und intakten Familie garantiere eine glückliche und intakte Gesellschaft, hat zwei Seiten. Eine utopische, weil in ihr eine Ahnung zum Tragen kommt, daß die Moderne bzw. der Fortschritt ihren Preis haben, können sie doch nur auf Kosten der Mitmenschlichkeit, des Mitgefühls realisiert werden (Steinbrügge 1987). Und eine legitimatorische, weil hier die historisch neue Arbeitsteilung zwischen den Geschlechtern, die Familie als Bereich den Frauen, Erwerb den Männern zuschreibt, naturalisiert wird – als Rückkehr zur Natur wie auch als deren gebieterische Forderung.

Um zu resümieren, in welche allgemeinen gesellschaftlichen Themen der Zeit der pädagogische Diskurs über den weiblichen Körper eingebunden ist: Der reine Körper steht im Kontext der aufklärerischen Auseinandersetzung mit der Volkskultur, die dem weiblichen Körper und besonders der Menstruation eine symbolische Macht zuschreibt; am sauberen Körper soll nichts mehr an diese symbolische Macht erinnern. Die Deutung des weiblichen Körpers als konstitutionell schwach steht im Zusammenhang mit der Neubegründung der, ungeachtet bürgerlicher Gleichheitspostulate, weiterhin als wünschenswert erachteten weiblichen Abhängigkeit, die in der physischen Schwäche ihre Neu- und Letztbegründung erfährt. Daß die Frauen gleichwohl stark sein sollen, verweist auf die bevölkerungspolitischen Debatten, denen der gesunde Mutterkörper als Garant des gesunden Volkskörpers gilt. Die Emphase für den stillenden Körper steht in ihrer utopischen wie legitimatorischen Dimension im Kontext der Neubestimmung der Familie als Locus amoenus der bürgerlichen Gesellschaft wie auch als natürlicher angestammter Ort des weiblichen Geschlechts.

Verknüpft man den pädagogischen Diskurs über den weiblichen Körper mit allgemeinen gesellschaftlichen Themen der beginnenden Moderne, so wird deutlich, daß der Bestimmung des weiblichen Körpers bei der Hervorbringung wie im Selbstverständnis der modernen Gesellschaft ein zentraler Stellenwert zukommt. Indem den Frauen auf den Leib geschrieben wird, daß sie sauber und schwach, stark und stillend sind, entwirft sich die bürgerliche Gesellschaft ein Stück weit selbst. Dies in zwei Richtungen. Indem Frauen ohne symbolische Macht und weiter zur Abhängigkeit bestimmt gesehen werden, wird die Mann-Frau-Beziehung normativ gefaßt; indem sie die Gesundheit des Volkskörpers garantieren und allgemein zur gesellschaftlichen Erneuerung beitragen sollen, wird der Beitrag der Frauen bei der Hervorbringung der modernen bürgerlichen Gesellschaft normativ geregelt – wie auch eingefordert. Wieweit sich dieser Beitrag indes wirklich einfordern ließ, steht auf einem anderen Blatt – zumindest wurde in Weiß gefeiert sowie bald auch geheiratet, und ein beliebtes Hochzeitsgeschenk (und wohl auch deswegen Goethes bei weitem populärstes Werk) war *Hermann und Dorothea*, wo ja das bekannte »Dienen lerne beizeiten das Weib« nachzulesen ist; andererseits wies, Peuplierung hin oder her, das Bürgertum die geringsten Geburtenraten auf, und ein, zwei Generationen nach unseren Debatten finden wir, spätestens in der Auseinandersetzung mit der Konvenienzehe beispielsweise bei Fanny Lewald und definitv dann bei Strindberg und Ibsen die vorfindbare Familie nicht mehr umstandslos als Locus amoenus verhandelt, sondern eher als Locus horribilis.

Für Anregungen und Kritik danke ich Reinhard Hörster, Juliane Jacobi, Ria Puhl und Thomas Schmid.

1 Unter der beginnenden Moderne – das Epochedatum bildet die Französische Revolution – verstehe ich die »Sattelzeit« (Koselleck), die den Übergang von der traditionalen zur modernen Gesellschaft markiert.

2 Der Männerkörper wird im Zusammenhang von Militär(tauglichkeit) sowie von Gymnastik und Turnen verhandelt, und körpergeschichtlich wird der moderne Männerkörper sicher maßgeblich über Militärdienst und Turnen bzw. Gymnastik hergestellt. Turnunterricht als gezielte körperliche Schulung und Ertüchtigung (teils mit deutlichen Anleihen an militärische Übungen) entsteht, sofern er überhaupt in Lehrpläne aufgenommen wird, ausschließlich als Unterricht für Knaben und wird es bis Ende des 19. Jahrhunderts bleiben. In der Ende des 18. Jahrhunderts entstehenden Turnliteratur dominiert die Überzeugung, daß »ein förmlicher gymnastischer Kursus (...) für die weibliche Jugend nicht seyn könne«, so GutsMuths in seiner *Gymnastik für die Jugend* (1793/1970: S. 273), dem ersten einschlägigen Lehrbuch.

3 Das Revisionswerk erscheint zwischen 1785 und 1792 in sechzehn Bänden und wird von Joachim Heinrich Campe, einem der führenden philanthropischen Pädagogen, herausgegeben.

4 Der Körper, so die Überzeugung, beeinflusse die Seele, und deshalb sei die Entwicklung von Vernunft und Verstand, zumal in der als bedeutsam entdeckten frühen Kindheit, nur durch die Einwirkung auf den Körper möglich (z. B. Campe 1785). Christa Kersting (1992: S. 195 ff.) hat darauf hingewiesen, daß die philanthropischen Pädagogen sich explizit auf die Medizin beziehen, indem »Heilen und Erziehen als analoge Künste« gesehen werden bzw. richtige Erziehung als Therapie verstanden werde. Die zeitgenössische medizinische Lehre, auf die die Pädagogen Bezug nehmen, ist die Humoralpathologie, die Säftelehre. Deren Kernstück bildet die Diätetik, die Lehre von der richtigen Lebensführung. Auch den Pädagogen ging es um die richtige Lebensführung als Voraussetzung für die Entwicklung der seelischen und geistigen Kräfte des Kindes.

5 In diesen Beitrag sind frühere Überlegungen von mir eingeflossen. Vgl. Schmid 1988, 1993.

6 »Als zu Beginn des 19. Jahrhunderts, zur Zeit, als die weiße Frauenkleidung allgemein eine bedeutende Rolle spielt (Klassizismus), weiße Hochzeitstoiletten schlagartig populär sind, werden sie auch sofort symbolisch ›überhöht‹. [...] Die weiße Hochzeitsrobe wird zum Zeichen der Unschuld (...). Dies gilt zunächst nur für die obere Bürgerschicht, setzt sich jedoch schließlich bei allen Schichten durch: Mit der

neuen Brautmode wird zugleich die Symbolik übernommen.« (Hörandner 1985: S. 332) Die Farbe, die die intakte Unschuld symbolisierte, war nicht-schwangeren Bräuten vorbehalten, und die Einhaltung dieser Regel wurde sozial kontrolliert; dies bis weit in unser Jahrhundert: So berichteten Studentinnen in Siegen, daß noch in der Generation ihrer Mütter schwangere Bräute nicht in Weiß vor den Altar treten durften, sondern den Verlust ihrer Unschuld in dunkler Kleidung nach außen hin sichtbar machen mußten.

7 Diese Überzeugung herrschte bis zu Malthus' »Bevölkerungsgesetz«, 1798 in seiner Streitschrift *An essay on the principle of population* formuliert, vor. Die natürliche Vermehrung der Menschen, so Malthus, vollziehe sich in geometrischer Progression, die der Nahrungsmittel dagegen nur in arithmetischer. Werde die Bevölkerungsvermehrung nicht eingeschränkt, vordringlich durch sexuelle Enthaltsamkeit, so führe diese naturgesetzliche Entwicklung notgedrungen zu Elend, Hunger, Seuchen, also erhöhter Sterblichkeit.

8 Kuczynski (1981, Bd. 2: S. 191) veranschlagt die Sterblichkeit vor dem Erwachsenenalter noch höher. Die Müttersterblichkeit war ebenfalls hoch. »Etwa jede zwölfte Frau starb gegen Ende des 18. Jahrhunderts an den Folgen ihrer Mutterschaft.« (Frevert 1986: S. 48)

9 Zum Stand der »medicinischen Polizey« äußert sich Frank in der Einleitung zu seinem *System einer vollständigen medicinischen Polizey* (1786: S. 8ff.): Auch wenn es mittlerweile Gesundheitsräte gebe, öffentliche Hebammenschulen errichtet seien, die Friedhöfe außerhalb der Städte angelegt würden, die Spitäler bessere hygienische Verhältnisse aufwiesen, anatomische Theater und Vieharzneischulen eine bessere Ausbildung gewährleisteten, also eine Verbesserung des Gesundheitswesens zu verzeichnen sei, so sei doch weiter die Abnahme des menschlichen Geschlechts zu beklagen, denn bei den Armen stünden der gesunden Vermehrung schlechte Ernährung, Krankheit, Aberglauben entgegen, bei den Reichen Verweichlichung durch Luxus.

10 »Eine gesunde Mutter ist ihr Kind selbst zu säugen verpflichtet« (ALR [1794/1970], S. 384, Theil II. Titel 2. Abschnitt 2, § 67). Auch in der Französischen Revolution finden wir diese Kodifizierung der Stillpflicht, wenn der Nationalkonvent 1793 beschließt, bedürftigen Müttern nur dann Unterstützung zu gewähren, wenn sie ihre Kinder selbst stillen (Schiebinger 1993: S. 408).

11 »Vor dieser Neudefinition gab es einfach keinen Begriff, in dem Besamung, Konzeption, Schwangerschaft, Geburt und Laktation zusammengefaßt werden konnten.« (Duden 1987: S. 43)

12 In der gleichen Auflage seiner *Systema naturae*, in der er »mammalia« neu einführte, führte Linné einen weiteren Terminus neu ein, nämlich »Homo sapiens«, als Unterscheidung des Menschen von anderen Primaten. Auch dieser Terminus wird rasch akzeptiert. »Damit verbindet,

innerhalb der Linnéschen Terminologie, ein weibliches Charakteristikum (die Milch absondernde Brust) die Menschen mit den unvernünftigen Tieren, während ein traditionell männliches Charakteristikum (Vernunft) unsere Getrenntheit markiert.« (Schiebinger 1993: S. 394)

Literatur

Allgemeines Landrecht für die Preußischen Staaten von 1794 (1794/1970). Mit einer Einführung von Hans Hattenhauer und einer Bibliographie von Günther Bernert. Textausgabe, Frankfurt a. M. und Berlin.

Beck, Ulrich (1986), *Risikogesellschaft. Auf dem Weg in eine andere Moderne*, Frankfurt a. M.

Bringemeier, Martha (1981), *Ein Modejournalist erlebt die Französische Revolution* (Rheinisch-Westfälische Zeitschrift für Volkskunde, Beiheft 2), Münster.

Campe, Joachim Heinrich (1785/1985), *Über die früheste Bildung junger Kinderseelen*, hg. und mit einem Essay von Brigitte H. E. Niestroj, Frankfurt a. M. und Berlin 1985.

Campe, Joachim Heinrich (1789/1988), *Väterlicher Rath für meine Tochter. Ein Gegenstück zum Theophron.* Neudruck der Ausgabe Braunschweig 1796. Mit Einleitung von Ruth Bleckwenn (Quellen und Schriften zur Geschichte der Frauenbildung, Bd. 3), Paderborn 1988.

Duden, Barbara (1987), *Geschichte unter der Haut. Ein Eisenacher Arzt und seine Patientinnen um 1730*, Stuttgart.

Duncan, Carol (1982), *Happy Mothers and Other New Ideas in Eighteenth Century French Art*, in: Norma Broude/Mary D. Garrard (Hg.), *Feminism and Art History*, New York 1982, S. 200ff.

Frank, Johann Peter (1786), *System einer vollständigen medicinischen Polizey. Erster Band. Von Fortpflanzung der Menschen und Ehe-Anstalten, von Erhaltung und Pflege schwangerer Mütter, ihrer Leibesfrucht und der Kindbetterinnen in jedem Gemeinwesen.* Dritte verbesserte Auflage. Mit einigen Zusätzen von F. August v. Wasserberg, Wien 1786.

Frevert, Ute (1986), *Frauen-Geschichte. Zwischen bürgerlicher Verbesserung und Neuer Weiblichkeit*, Frankfurt a. M.

GutsMuths, Johann Christoph Friedrich (1793/1970), *Gymnastik für die Jugend*, Frankfurt a. M. 1970.

Hausen, Karin (1976), *Die Polarisierung der »Geschlechtscharaktere« – Eine Spiegelung der Dissoziation von Erwerbs- und Familienleben*, in: W. Conze (Hg.) (1976), *Sozialgeschichte der Familie in der Neuzeit Europas*, Stuttgart, S. 363-393.

Hörandner, Edith (1985), *›Ganz in Weiß‹ – Anmerkungen zur Entwicklung des weißen Hochzeitskleides*, in: *Die Braut. Geliebt, verkauft, getauscht.*

Zur Rolle der Frau im Kulturvergleich, hg. von Gisela Völger und Karin v. Welck. Mit einer Einführung von René König. Bd. 1 (Ethnologica. NF. Band 11, Teil 1, im Auftrag der Gesellschaft für Völkerkunde), Köln, S. 330-335.

Holst, Amalia (1802/1984), *Über die Bestimmung des Weibes zur höhern Geistesbildung*. Neuausgabe des 1802 bei Heinrich Frölich in Berlin erschienenen Buches. Vorwort und Nachwort von Berta Rahm (²1984), Zürich.

Honegger, Claudia (1991), *Die Ordnung der Geschlechter. Die Wissenschaften vom Menschen und das Weib 1750-1850*, Frankfurt a. M.

Karpenstein-Eßbach, Christa (1984), *Saubere Weiber – authentische Frauen*, in: *Frauen Macht* (= *Konkursbuch* 12), Tübingen, S. 147-157.

Kersting, Christa (1989), *Prospekt fürs Eheleben. Joachim Heinrich Campe: Väterlicher Rath für meine Tochter*, in: *Sklavin oder Bürgerin? Französische Revolution und Neue Weiblichkeit 1760-1830* (Katalogbuch zur gleichnamigen Ausstellung vom 4.10. bis 4.12.1989). Historisches Museum Frankfurt, hg. von Viktoria Schmidt-Linsenhoff, Marburg, S. 373-390.

Kersting, Christa (1992), *Die Genese der Pädagogik im 18. Jahrhundert. Campes »Allgemeine Revision« im Kontext der neuzeitlichen Wissenschaft*, Weinheim.

Kuczynski, Jürgen (1981), *Geschichte des Alltags des deutschen Volkes*, Bd. 2, *1650-1810*, Berlin.

Möser, Justus (1786/1978), *Also sollte man die Einimpfung der Blattern ganz verbieten. Schreiben einer jungen Matrone*, in: ders. (1978), *Anwalt des Vaterlandes*, Leipzig und Weimar, S. 327ff.

Rousseau, Jean-Jacques (1762/1979), *Emile oder Von der Erziehung*, München.

Schiebinger, Londa (1993), *Why Mammals Are Called Mammals: Gender Politics in Eighteenth-Century Natural History*, in: *American Historical Review*, April 1993, S. 382ff.

Schmid, Pia (1988), *Zur Geschichte des weiblichen Körpers im 18. Jahrhundert. Besprechung einschlägiger Neuerscheinungen*, in: *Die Aufklärung und ihr Körper. Beiträge zur Leibesgeschichte im 18. Jahrhundert* (= Das achtzehnte Jahrhundert. Jg. 14. Heft 2), S. 159-180.

Schmid, Pia (1993), *Der Beitrag der Pädagogik bei der Durchsetzung der bürgerlichen Geschlechtertheorie*, Habilitationsschrift. Universität-GH Siegen.

Schöttler, Brigitte (1991), *Subjekt Frau. Erkenntnisschritte in der Psychoanalyse – die Verinnerlichung patriarchaler Herrschaft*, Diplomarbeit am Fachbereich Erziehungswissenschaften der Johann-Wolfgang-Goethe-Universität Frankfurt a. M.

Shorter, Edward (1977), *Die Geburt der modernen Familie*, Reinbek.

Steinbrügge, Lieselotte (1987), *Das moralische Geschlecht. Theorien und*

literarische Entwürfe über die Natur der Frau in der französischen Aufklärung, Weinheim und Basel.
Weber-Kellermann, Ingeborg (1989), *Die langen Hosen der Revolution*, in: *Vive la Révolution. Freiheit, Gleichheit, Brüderlichkeit*, hg. von Hans Joachim Meyer, Berlin.
Wollstonecraft, Mary (1792/1989), *Eine Verteidigung der Rechte der Frau*, hg. von Joachim Müller und Edith Schotte. Aus dem Englischen von Edith Schotte, Leipzig 1989.

Ruth Waldeck
Zur Produktion des »schwachen Geschlechts« Körpergeschichte eines Weiblichkeitsideals

Für Maureen Wennekers,
die mir durch ihre Tanzkurse
diese Überlegungen ermöglichte

In ihrer Erzählung *Ein Schritt nach Gomorrha* schildert Ingeborg Bachmann die Begegnung zweier Frauen. Charlotte ist verheiratet und eine bekannte Pianistin. Eines Nachts, während ihr Mann auf Reisen ist, bleibt nach einem Empfang mit vielen Gästen eine junge Frau zurück: Mara, die einfach nicht wegzuschicken ist. Charlotte läßt sich zunächst widerstrebend auf das Zusammensein ein, geht dann aber den Phantasien nach, die sich ihr durch den Schritt aus ihrem gewohnten Leben hinaus eröffnen: »Sie war frei. Nichts mehr erschien ihr unmöglich. Wieso sollte sie nicht mit einem Wesen von gleicher Beschaffenheit zu leben beginnen?« (Bachmann 1982: S. 198) Aber als Charlotte sich auszumalen versucht, wie ein neues, anderes Leben aussehen könnte, zeigen ihre Wünsche und Vorstellungen doch wieder nur das alte hierarchische Muster: Charlotte würde sich Mara unterwerfen, so wie sie sich bisher ihrem Mann unterworfen hatte: »Ich will mein Geschöpf, und ich werde es mir machen.« (Ebd.: S. 205) Als Mara nach Zärtlichkeiten verlangt, versagt Charlottes Vorstellungsvermögen gänzlich. »Charlotte dachte: wie aber kann ich Mara berühren?« (Ebd.: S. 194) »Sie suchte in ihren Gefühlen nach einer Anweisung, in ihren Händen nach einem Instinkt, in ihrem Kopf nach einer Kundgebung. Sie blieb ohne Anweisung.« (Ebd.: S. 196) Mara verhält sich so wie Charlotte sonst ihrem Mann gegenüber, verführerisch und verlangend, zugleich aber passiv und abwartend. In die aktive Rolle gedrängt, hat Charlotte keine Vorstellung davon, wie sie handeln könnte, wie sie Zärtlichkeit geben, sexuelle Wünsche ausdrücken sollte.

»Ich bin in kein Bild hineingeboren, dachte Charlotte. Darum ist mir nach Abbruch zumute.« (Ebd.: S. 211 f.) Charlotte weiß nicht weiter, weil sie keine Bilder im Kopf und keine Anweisungen im Körper findet für eine Liebesbeziehung zwischen zwei Wesen von gleicher Beschaffenheit. Ihre Phantasien und Handlungsmöglichkeiten versagen in dem Moment, als sie einen Schritt aus dem traditionellen hierarchischen und polarisierenden Muster hinausgehen möchte, in dem Dominanz und Aktivität dem Mann, Unterwerfung und Passivität der Frau zugeteilt sind. Schließlich lehnt Charlotte eine weitere Annäherung zwischen Mara und sich ab, weil sie keine hierarchische Beziehung will, nicht als männliche und nicht als weibliche Dominanz: »Nicht das Reich der Männer und nicht das der Weiber. Nicht dies, nicht jenes.« (Ebd.: S. 212)

Ingeborg Bachmann schrieb diese Erzählung in den fünfziger Jahren. Zwei Jahrzehnte später sah sich auch die Frauenforschung mit dem Problem konfrontiert, daß das weibliche Begehren bisher vor allem darauf gerichtet war, begehrt zu werden, Objekt männlichen Begehrens zu sein. Zwar hieß es schon Anfang der siebziger Jahre im Song einer Frauenband: »Frauen, zerreißt eure Ketten, ... Schluß mit dem Objektsein in Betten!«, doch, wie Barbara Sichtermann in einem 1982 erschienenen und immer noch aktuellen Aufsatz feststellt, bringt die feministische Theorie wenig dazu vor, wie denn die Frau zum Subjekt ihrer Sexualität werden könnte. »Wie kommen die Frauen, die ›befreiten Objekte‹, dazu, *selbst Objekte zu bilden*? Können sie es? Versuchen sie es? Dürfen sie? Wollen sie?« (Sichtermann 1983: S. 71, Hervorhebung i. O.) Frauen sind, so Sichtermann, beim Bilden von Objekten durch eine »historische Schwäche behindert« (ebd.: S. 72). Es fällt ihnen schwer, sich selbst in »ein aktives Verhältnis zur Welt zu setzen« (ebd.: S. 71), die Welt zu ergreifen und zu begreifen, etwas aktiv anzueignen und festzuhalten ebenso wie etwas loszulassen, abzutrennen und wegzustoßen. Indem Sichtermann über die Folgen dieser Schwierigkeiten für die Liebe nachdenkt, geht es ihr ebensowenig wie jener Charlotte in Bachmanns Erzählung um eine Neuauflage von Herrschaftsstrukturen. Sichtermann denkt nicht an eine Umkehrung des Geschlechterverhältnisses, so daß nun die Frauen Männer zum Objekt machen, bezwingen und unterwerfen würden, sondern es geht um ein wechselseitiges Spiel von Aktivität und Passivität, von Zugreifen und Hingeben, von Begehren und Sich-begehren-Lassen. Dazu hätten beide, Frauen wie Männer, etwas Neues zu entdecken und einzuüben: jeweils den Anteil an Verhaltensmustern und Gefühlen, der durch die Polarisierung der Geschlechtscharaktere abgespalten und nur einem Geschlecht zugesprochen ist.

Die mit biologistischen Argumenten begründete Vorstellung, die Frau sei passiv, der Mann sei aktiv, hat die historische Schwäche der Frau im aktiven Umgang mit der Welt massiv gefördert. Denn die Polarisierung der Geschlechtscharaktere ist nicht nur eine Ideologie, die in den Köpfen sitzt und durch Umdenken zu überwinden wäre, sondern ist, wie Eberhard Schorsch (1988: S. 21) betont, »ein Phantasma«: etwas, das sich im Unbewußten und damit auch im Körper eingeschrieben hat. Demnach ist die Behinderung der Frau, aktiv mit der Welt umzugehen und Objekte zu bilden, nicht nur eine historische, sondern auch eine körperliche Schwäche.

Eine Szene in Ingeborg Bachmanns Erzählung macht diese Schwäche sehr anschaulich: Als Charlotte es hinnimmt, daß Mara sie küßt, ist sie überrascht über die »Küsse, die der kleine Mund gab« (Bachmann: S. 195). Sie erinnert sich daran, wie sie als Kind manchmal ihre Katze geküßt hat: »(...) auf die Schnauze, das feuchte, kühle, zarte Etwas (...) So ähnlich feucht, zart, ungewohnt waren die Lippen des Mädchens. An die Katze mußte Charlotte denken und die Zähne zusammenpressen. Und zugleich versuchte sie doch zu bemerken, wie diese ungewohnten Lippen sich anfühlten. So also waren ihre eigenen Lippen, so ähnlich begegneten sie einem Mann, schmal, fast widerstandslos, fast ohne Muskel – eine kleine Schnauze, nicht ernst zu nehmen.« (Ebd.: S. 196)

Küsse »fast ohne Muskel« entsprechen dem Phantasma der Weiblichkeit: Sanft, zart und schwach sollen sie sein, ohne verlangende, fordernde, drängende oder gar saugende Muskelaktivität. Und hier denke ich nicht nur an die oralen Küsse, sondern auch an andere körperliche Ausdrucksformen weiblichen Begehrens. Charlotte also sucht wohl deshalb vergebens nach einem Instinkt, nach einer Kundgebung dazu, wie sie Mara berühren soll, weil ihre Muskeln zu schwach und zu wenig geübt darin sind, aktiv und kraftvoll ihr Begehren zu äußern.

Denn was im Körper als muskulärer Bewegungsablauf nicht eingespielt ist, kann auch als Handlungsanweisung nicht abgerufen werden. Was der Körper nicht erlernt und erfahren hat, kann er auch der Phantasie nicht als umsetzbare Vorstellung anbieten.

Nun stimmt es nicht ganz, daß Frauen nie geübt haben, ihr Begehren kraftvoll, aktiv und fordernd zu äußern. Sehen wir einem Säugling zu, während er an der Brust trinkt, so ist bei Mädchen wie bei Jungen eine höchst aktive Muskeltätigkeit zu beobachten. Dabei kommen nicht nur die Mund-, Gesichts- und Halsmuskeln zum Einsatz, auch die Bauch- und Beckenmuskeln unterstützen das Saugen, und die Bewegungswelle des Anspannens und Loslassens ist bis in die Arme und Beine, bis in die Finger und Zehen zu verfolgen. Ähnliche Bewegungswellen, die den gesamten Körper rhythmisch durchlaufen, sind beim Erwachsenen, wie Wilhelm Reich (1987: S. 249) beschreibt, Kennzeichen eines Orgasmusreflexes, wenn er nicht durch psychische und körperliche Sperren behindert wird.

Doch wird die Möglichkeit oft schon früh gestört, Lust und Befriedigung mit allen Muskelfasern zu erleben, so daß sie nicht im ganzen Körper lebendig bleiben können. Zum Beispiel beobachtete Elena Belotti, daß manche Mütter beim Stillen das aktive Saugen je nach Geschlecht des Kindes unterschiedlich wahrnehmen und entsprechend verschieden reagieren. Kraftvolles Nuckeln wird beim männlichen Säugling eher toleriert, denn es stimmt ja mit der kulturellen Erwartung überein, daß aus ihm später ein Mensch mit einem »energischen Sexualtrieb« werden soll, wie es Sigmund Freud einmal formulierte. Das gleiche kraftvolle Nukkeln einer kleinen Tochter empfinden manche Mütter dagegen als gierig und unschicklich. Dann versuchen sie, wie Belotti bei einigen Müttern beobachtete, durch kurze Unterbrechungen des Saugens, durch Entziehen der Brust oder Flasche also, das kraftvolle Verhalten abzuschwächen. So läßt sich schon beim kleinen Mädchen erreichen, »daß es seinen Impuls kontrollierte und den Sauger bzw. die Brustwarze nur noch mit großer Vorsicht zwischen die Lippen nahm, und nach und nach löste kontrolliertes Saugen die energischen Bewegungen ab, bis schließlich das Baby seine Sicherheit und seine Kraft verloren hatte« (Belotti 1975: S. 28). Was Belotti hier beschreibt, wäre, mit Ingeborg Bachmann gesagt, eine frühe Einübung in einen Kuß »fast ohne Muskel«.

In der frühen Sozialisation wird die Fähigkeit, Bewegungsimpulse den ganzen Körper durchlaufen zu lassen, häufig dadurch gestört, daß Kinder genötigt werden, Wut und Angst zu unterdrücken. Das veranlaßt sie, den Atem anzuhalten, wenn sie Aggressionen oder auch »Lustempfindungen im Bauch oder in den Genitalien verspüren und Angst davor haben« (Reich: S. 232). Um Wut, Angst und Lust nicht fühlen zu müssen, wird die Bauchdecke angespannt, und die Gesäßmuskeln werden eingezogen. Eine von

Wilhelm Reichs Patientinnen sagte dazu: »Ich mache den Bauch tot, dann spüre ich nichts mehr.« (Ebd.)

Ein solches »totes Becken« oder zumindest ein Becken fast ohne Muskel ist in unserer Gesellschaft keine Seltenheit. Wie groß der Bedarf an der Wiederbelebung der Beckenmuskulatur ist, zeigt z. B. das wachsende Angebot an Kursen zur Schwangerschaftsgymnastik. Auch für Frauen mit Harninkontinenz, Senkungs- und Menstruationsbeschwerden gibt es inzwischen Gymnastikkurse. Schwangere und kranke Frauen lernen dabei, das zu schwache oder verkümmerte Muskelgeflecht im Bereich der Vagina, der Blase, des Anus und der Innenseite der Oberschenkel zu stärken, zu aktivieren oder auch überhaupt zu entdecken. Die Erschlaffung der Beckenbodenmuskulatur ist also kein vereinzeltes und zufälliges Phänomen, sondern ein Leiden, das in tiefem Zusammenhang mit dem Weiblichkeitsbild unserer Gesellschaft steht.

Die praktischen Übungen, die in solchen Kursen gemacht werden, übernehmen zur Aktivierung der Beckenmuskulatur viele Elemente aus dem orientalischen und afrikanischen Tanz. Das erfordert nicht nur ein wirklich anstrengendes Krafttraining, sondern auch die Überwindung psychischer Hemmungen, denn diese Tanzformen präsentieren eine Art der weiblichen Erotik, die sehr anders ist als die europäische. Als ich im Senegal zum ersten Mal afrikanische Frauen tanzen sah, wußte ich vor Verlegenheit kaum, wo ich hinsehen sollte. Ähnlich geht es mir noch heute zuweilen bei orientalischen Tänzerinnen, denn was Bauchtanz genannt wird, ist ein Tanz des Beckens, eines höchst lebendigen Beckens, das aus sich selbst heraus, nur von den Beckenmuskeln getragen und bewegt, dem Rhythmus der Musik folgt. Beim orientalischen und afrikanischen Tanz bleibt der Körperschwerpunkt im Becken. Die Füße stehen nicht parallel, sondern leicht nach außen und treten flach und fest auf dem Boden auf. So entsteht ein erdverbundener Eindruck. Außerdem sind, was für europäische Frauen verpönt ist, die Knie geöffnet, und die Bauchmuskulatur ist völlig entspannt, so daß sich das Bauchinnere durch sein Eigengewicht vorwölbt. Diese Körperhaltung läßt den Beckenbodenmuskeln volle Bewegungsfreiheit, sie allein bringen den Bauch zum Tanzen, ohne daß etwa Beine oder Rückenmuskeln aktiv werden müssen. Nun unterliegen die Beckenbodenmuskeln zwar der willkürlichen Kontrolle, sie sind aber auch imstande, sich reflexhaft zu bewegen, zu rollen, zu zucken und zu beben, während wir von Sinnen geraten – im Orgasmus. Ich denke, hier liegt der Grund für die Verlegenheit und Irritation europäischer Zuschauerinnen und Zuschauer: Daß wir zuweilen nicht mehr erkennen können, ob die Bewegungen der Tänzerinnen noch kontrolliert dem Rhythmus folgen oder in unwillkürliche orgastische Bewegungen übergehen.

Der europäische Tanz, wie er sich in der Renaissance entwikkelte, gründete in einer anderen Vorstellung über das Verhältnis von Mensch und Welt und prägte und festigte dies neue Menschenbild zugleich, wie Rudolf zur Lippe in seiner Arbeit *Naturbeherrschung am Menschen* (1974) ausführlich dargelegt hat. Durch eine »hohe Haltung« (ebd.: I, S. 222) sollte der Eindruck der Schwerelosigkeit erzeugt werden, die die Überwindung der Erdgebundenheit sichtbar machen sollte. Die Körperhaltung hat also der Erdanziehung entgegen in die Höhe zu weisen, wozu eine Verlagerung des, wie zur Lippe formuliert, »unwillkürlichen« Schwerpunkts, der im Becken liegt, nach oben in den Brust- und Schulterbereich nötig ist. Der Eindruck des Schwebenden läßt sich verstärken, indem man sich beim Tanzen oder auch beim Gehen auf die Fußspitzen erhebt, also von den Füßen aus in der Vertikalen auf- und abwippt. Bei solchen Bewegungen ist nun allerdings die Gefahr groß, aus dem Gleichgewicht zu geraten. Der künstlich nach oben verlagerte Schwerpunkt muß deshalb besonders gut ausbalanciert werden. Das erfordert ständige anstrengende Muskeltätigkeit: Bauch und Becken müssen eingezogen und nach hinten gedrückt werden, während Rücken- und Schultermuskeln unter voller Anspannung den »willkürlichen« (zur Lippe) Schwerpunkt oben zu halten haben.

Zur Lippe zitiert einige Renaissancetexte, die die Abkehr von der Erdgebundenheit ausdrücklich thematisieren. Eine Körperhaltung und ein Gang, die zeigen, daß man von der Erde getragen wird, sei Sache der plumpen Bauern, die selbst erdhaft sind (ebd.: I, S. 222). Beim Tanz habe man sich zu »brüsten«, nur leicht und graziös zu beugen und die Fersen anzuheben, sonst, heißt es einmal, sehe man aus wie ein Besessener, der sich beschwören läßt (ebd.: II, S. 196), also wie jemand, der sich unwillkürlichen Bewegungen überläßt. Wer beim Tanz, besonders beim Beugen, die Knie zu weit öffnet, sähe aus, »als ob man Wasser lassen will« (ebd.: II, S. 198), er oder sie erinnert damit also an einen Vorgang, bei dem die Beckenbodenmuskulatur aktiv sein muß und bei dem, besonders vom Mann, das Becken vorgeschoben wird. Alles, was dergleichen »rohe Anblicke« (ebd.) erzeugen könnte, gilt es nun, der höfischen Etikette gemäß, zu vermeiden.

Die Herstellung einer »hohen Haltung« durch einen künstlich nach oben verlagerten Schwerpunkt ist nur möglich, wenn der gesamte Körper »von einer Hülle gespannter Muskeln zusammengezogen« (ebd.: II, S. 238) wird. Die Einübung in diese Haltung dient der Verinnerlichung der vertikalen Ordnung, des Herrschaftsprinzips, denn »man suchte sich selbst nach den Augen des objektiven Zeitgenossen zu formen, wenn man sich bewegte, statt in originären Erfahrungen den eigenen Körper anzueignen« (ebd.: II, S. 228). Diese von zur Lippe postulierten »originären« Erfahrungen lassen sich durch die Gegenüberstellung mit dem orientalischen Tanz noch etwas genauer beschreiben. Dabei gehe ich allerdings nicht davon aus, daß das Verhältnis zum Körper in anderen Kulturen ursprünglich ist, wie es zur Lippes Formulierungen nahelegen. So meint er, daß die Fixierung eines willkürlich angehobenen Schwerpunkts die »Beherrschung eines Körpers materialisiert«, der sonst »nur den Impulsen von Lust und Unlust gefolgt wäre« (ebd.: S. 227). Auch die Tänze agrarischer Gesellschaften sind kein rohes und plumpes Ausleben von Triebimpulsen, sondern höchst differenzierte, kulturell geprägte Ausdrucks- und Erlebnisformen. Die Impulse von Lust und Unlust werden in jeder Gesellschaft kontrolliert – allerdings auf unterschiedliche Weise.

Als eine in Europa sozialisierte Frau vermag ich deshalb auch nicht zu sagen, was eine Araberin beim Tanz empfindet und ausdrückt, sondern lediglich, welche Erfahrungen mir solche Tanzübungen ermöglichen. Sich dem »unwillkürlichen Schwerpunkt« und seinen Schwingungen zu überlassen, also vom Becken aus zu tanzen, setzt für Europäerinnen zweierlei voraus: zum einen die Lockerung der muskulären Panzerung, zum anderen die Aktivierung der Beckenbodenmuskulatur. Dadurch wird etwas spürbar, das die europäische Körperhaltung sonst lähmt oder totstellt: das Bewegungsspiel am Übergang von Kontrolle und Kontrollverlust. Werden also, wie es die europäische Körperhaltung fordert, die Körperregionen und Muskelpartien stillgestellt, in denen willkürliche in unwillkürliche Bewegungen übergehen können, so läßt sich das Spiel von Kontrolle und Kontrollverlust nicht mehr am eigenen Leib bewußt erfahren.

Aus Körper und Bewußtsein wird dadurch das Wissen um den Übergang von Kontrolle und Auslieferung, von Macht und Ohnmacht gegenüber den sexuellen Impulsen ausgeschlossen. Wenn der Mensch diese eigene innere Grenze zwischen willkürlichen und unwillkürlichen Bewegungen nicht mehr körperlich erfahren kann und soll, ist er um so abhängiger von äußeren Instanzen, die Grenzen setzen und durch Normen und Ideale Sicherheit gewähren. Wenn der körperliche Halt, den der »unwillkürliche Schwerpunkt« bietet, verlorengeht, ist es nötig, sich an gesellschaftlichen Vorgaben zu orientieren, wie man sich zu halten und zu verhalten hat.

Ähnlich wie am Tanz läßt sich auch an der darstellenden Kunst das Körper- und Haltungsideal einer Epoche erkennen. In ihrer Studie über »weibliche« und »männliche« Körpersprache hat Marianne Wex (1979) die Veränderungen herausgearbeitet, die in der europäischen Skulptur seit der Renaissance zu erkennen sind. Was sie anhand einer großen Zahl von Figuren belegt, entspricht den Beobachtungen zur Lippes zur Veränderung der Körperhaltung.

So zeigt Wex, daß ab etwa 1300 bei weiblichen Figuren Knie und Füße immer enger zusammenrücken, während zuvor, zumindest bei sitzenden Figuren, eine so breitbeinige Stellung zu beobachten ist, wie wir sie seither nur bei Männern sehen können (ebd.: S. 272/273). Die engere Bein- und auch Armhaltung versteht Wex als Anzeichen dafür, daß Frauen im wörtlichen wie im übertragenen Sinne weniger Raum beanspruchen sollen und können (ebd.: S. 277). Außerdem bedeutet eine enge Körperhaltung, daß die (Sitz-)Position instabiler wird. Denn nur bei geöffneten Knien liegt das Gewicht des Rumpfes auf der ganzen Fläche der entspannten Gesäßmuskeln auf, Bein- und Rückenmuskeln sind lokker, und das Gleichgewicht ist stabil. Bei geschlossenen Knien dagegen werden die Gesäßmuskeln angespannt, die Sitzfläche wird kleiner, das Gleichgewicht labiler, so daß nach unten hin Unterschenkel und Füße die Position abstützen müssen und nach oben hin die Rückenmuskeln das Gleichgewicht zu sichern haben. Dadurch ist schon ein Teil der Kraft dafür aufzuwenden, die Position und die Haltung zu wahren.

Bei stehenden Figuren, so zeigt Wex weiter, wird die für das Mittelalter typische strenge Haltung mit parallelen Füßen und Beinen zunehmend durch eine Standbein-Spielbein-Haltung abgelöst. Beim Spielbein ist der Fuß locker aufgesetzt, beim Standbein ist das Knie meist durchgedrückt. Diese bewegtere Haltung ist zwar bei weiblichen und männlichen Figuren zu beobachten, doch macht Wex darauf aufmerksam, daß sich das Spielbein bei männlichen Figuren häufiger vorn, bei weiblichen häufiger hinten befindet. Ist aber das vordere Bein durchgedrückt, wirkt die Bewegung abgebremst, zum Stillstand gekommen. Für Frauen, so scheint diese Haltung anzudeuten, ist nach vorn kein Spielraum mehr vorhanden, kein Schritt mehr möglich. Männliche Figuren dagegen erwecken auch bei durchgedrücktem – hinterem – Standbein noch den Eindruck einer raumgreifenden Vorwärtsbewegung.

Das Bild des Gebremsten und des Stillstands bei den weiblichen Figuren wird wiederum durch einen Blick auf die muskulären Spannungen verständlicher. Bei den weiblichen Figuren fällt auf, daß das Becken meist seitlich gekippt ist, d. h., es wird auf der Seite des Spielbeins abgesenkt, während sich auf der Seite des Standbeins Hüfte und Gesäß nach außen wölben. So entsteht eine kokett wirkende Anbietpose, die gelegentlich auch bei Skulpturen nackter Jünglinge zu beobachten ist. Das auf einer Seite abgesenkte Becken bedeutet, daß die Beckenbodenmuskeln schlaff sind, sie tragen den Rumpf nicht mehr, und sein gesamtes Gewicht lastet auf dem Standbein, das dadurch regelrecht in den Boden gerammt ist. So ist kein Vorwärtskommen mehr möglich. Außerdem muß, wenn die Beckenbodenmuskeln keinen Halt bieten, das Gleichgewicht des Rumpfes durch Anspannung der Bauch- und Rückenmuskulatur gesichert werden. Damit ist die Körperkraft gefesselt. Eine Frau, die bei dieser Körperhaltung den Arm hebt, hat kaum noch Kräfte frei, um ein Gegenüber zu greifen, zu heben oder auch abzuwehren, sie wird eher Halt bei ihm suchen.

Marianne Wex stellt aufgrund ihrer Übersicht zur Körperhaltung von der Frühgeschichte bis heute fest, daß sich »nach meinen Untersuchungen zu keiner Zeit und nirgendwo Körpersprache und Körperformen beider Geschlechter so sehr [unterscheiden], wie wir es heute kennen« (ebd.: S. 286). Nur in der Spätzeit der griechischen Antike, etwa ab dem 4. Jahrhundert v. Chr., wiesen die Skulpturen schon einmal deutliche geschlechtsspezifische Unterschiede auf: »Die dort begonnene Entwicklung weist die ausgeprägtesten Vorläufer für die heutige ›weibliche‹ und ›männliche‹ Körpersprache auf.« (Ebd., vgl. auch S. 242 f.) Während sich seit dem Beginn der Neuzeit die männliche Körperhaltung zu raumgreifenden, ausladenden Machtgesten entwickelt, wird die weibliche Körperhaltung zur bescheidenen, oft ängstlich zurückgenommenen, demütigen Gebärde oder zur Anbietpose.

Auch wenn das Ideal der »hohen Haltung« für beide Geschlechter gilt, entstehen also geschlechtsspezifische Differenzen im Körperausdruck und im Körperverhältnis, die mit der wachsenden Ungleichheit zwischen Frau und Mann im sozialen und ökonomischen Bereich in einem Wechselverhältnis stehen.

Die Veränderungen am und im Körper sind Teil des komplexen Prozesses, der seit der Renaissance zu einer Verschärfung der Unterschiede zwischen den sozialen Schichten wie zwischen den Geschlechtern führt. Schon um das Jahr 1000 hatte sich das Verständnis von Verwandtschaft allmählich zu verändern begonnen. Die »horizontale« Gruppe der gleichzeitig Lebenden als soziale Einheit verlor an Bedeutung, während die »vertikale« Dimension der patrilinearen Abstammung wichtiger wurde: »Zur maßgeblichen Verwandtschaftseinheit wurde jetzt eine Abstammungslinie von Männern, in der die Stellung und das Recht der Frauen immer schwächer wurden.« (Duby 1985: S. 107) Das Erbrecht ändert sich jetzt dahingehend, daß der Grundbesitz nicht mehr geteilt wird, sondern als Ganzes dem ältesten Sohn übertragen wird. Jüngere Söhne und Töchter werden also vom Erbe ausgeschlossen; letztere erhalten allenfalls bei der Heirat eine Mitgift, die, als die Geldwirtschaft zunimmt, aus einem Geldbetrag besteht. Das Geld zerrinnt der Frau aber leicht, sei es, weil es im Besitz des Mannes aufgeht, sei es, weil die Kirche Spenden erwartet (dazu Goody 1985: S. 100). Endet die Ehe durch den Tod des Gatten oder durch Scheidung, so hat die Frau nun keinen Grund und Boden mehr, der ihre Existenz sichert, und keinen Ort, an den sie gehört. Während sich also beide Geschlechter in den Ausdruck der Schwerelosigkeit einüben, verlieren die Frauen zugleich im wörtlichen Sinne den Boden unter den Füßen.

Damit verlieren die Frauen auch mehr und mehr ihre Existenzbasis, geraten in Abhängigkeit und Benachteiligung. Ivan Illich (1983) nennt die alten Gesellschaften, in denen jedes Geschlecht einen je eigenen Lebensbereich mit eigener Ökonomie hatte, »Genus«-Kulturen. Und er zeigt, wie sich mit dem Zusammenbruch der Genus-Welten die moderne, »sexistische« Gesellschaft herausbildete. Der Schwund der weiblichen Subsistenzbasis vollzog sich in Europa über einen langen Zeitraum hinweg, noch bis ins 18. Jahrhundert hatten Bäuerinnen und Bürgersfrauen meist einen eigenen Arbeits- und Erwerbsbereich. Doch der Verlust eigener Produktionsmittel setzte Frauen, besonders der unteren Schichten, dem schwankenden Bedarf an Arbeitskräften aus. Im Bereich der Lohnarbeit, die ihre Anfänge um 1200 in den florentinischen Wollwebereien nahm, gerieten Frauen erstmals mit Männern in Konkurrenz um dieselbe Arbeit, um denselben Lohn, eine Konkurrenz, in der sie bis heute den zweiten Platz einnehmen (Illich 1983: S. 149). Ebenso allmählich wie der Verlust der weiblichen Subsistenzbasis vollzog sich auch die Einübung in die »hohe Haltung«. Bis das Körperideal der florentinischen Oberschicht sich in Europa ausbreitete und schließlich auch von anderen Schichten übernommen wurde, vergingen Jahrhunderte. Und wie sich diese Veränderung am je eigenen Leibe spüren ließ, ist kaum zu ergründen, denn, so zitiert Barbara Duden einen französischen Historiker, die Geschichtsforschung ist mit »schweigenden Körpern« (1991: S. 79) konfrontiert. Um also weitere Aspekte aufzugreifen, die zur »historischen Schwäche« der Frau beitrugen, möchte ich nun dem wissenschaftlichen Diskurs über die weibliche Sexualität nachgehen.

Theologen, Philosophen und Mediziner haben sich über Jahrhunderte hinweg mit der Frage befaßt, welche Bedeutung der weibliche Orgasmus für die Fortpflanzung hat. Diese Frage konnte auch theologischen Gelehrten keineswegs gleichgültig sein, denn, so vermutet Flandrin (1984: S. 159), die Priester an der Basis bekamen in der Beichte viele Details aus dem ehelichen Leben, nicht zuletzt Beschwerden von Frauen über ihre Männer, zu hören und verlangten deshalb nach Richtlinien für ihre Beratungspraxis. Die trockenen Debatten reflektieren also noch etwas von der Lebendigkeit des Leibes. Zwar galt schon in der Antike die Unabhängigkeit des weiblichen Orgasmus von der Empfängnis als wissenschaftlich gesichert, aber trotz Aristoteles und Alltagserfahrung hielt sich in Eheratgebern und Hebammenbüchern hartnäckig die Ansicht, daß der Orgasmus notwendig oder zumindest förderlich sei für die Empfängnis. Basis dieser Theorie war ein Analogieschluß: So wie der Mann durch heftiges Schütteln und Ausstoßen des Samens seinen Beitrag zur Fortpflanzung leiste, seien auch bei der Frau Lust und Erschütterung, ein Beben des Leibes notwendig (Laqueur 1992: S. 119). Frau und Mann wurde also eine gleichermaßen aktive und befriedigende Beteiligung am Fortpflanzungsgeschehen zugemessen (ebd.: S. 118).

Thomas Laqueur zeigt in seinem Buch *Auf den Leib geschrie-*

ben, daß solche Analogien auf der Vorstellung basierten, daß es im Grunde nur ein Geschlecht gebe: In diesem »Ein-Geschlecht-Modell« war der Mann die Krone der Schöpfung, während die Frau als ein weniger ausgereiftes, weniger vollkommenes Exemplar derselben menschlich-männlichen Spezies galt. Sie hatte die gleichen Eigenschaften und Fähigkeiten wie der Mann, nur eben weniger ausgeprägt, und stand deshalb in der Hierarchie unter ihm. Aus der Perspektive des Ein-Geschlecht-Modells erschienen auch jene Körperteile und -prozesse als ähnlich, die für uns heute die Verschiedenheit markieren. Auch die Frau habe demnach Penis und Hoden, nur liegen sie noch innen und bilden Vagina, Gebärmutter und Eierstöcke. Denn die Frau besitze nicht soviel Hitze wie der Mann, um die Geschlechtsorgane nach außen zu stülpen. Die geringere Hitze galt auch als verantwortlich dafür, daß die Frau nur Menstrualblut absondert, während der Mann imstande ist, seine Körpersäfte zu hochwertigerem Samen zu kondensieren. Das Ein-Geschlecht-Modell ist als Paradigma also ausschlaggebend dafür, was gesehen wird und wie das Wahrgenommene interpretiert wird.

Doch mit den gesellschaftlichen Umwälzungen der Neuzeit verändern sich auch die Denkmuster, in denen das Verhältnis von Mann und Frau erfaßt wird. So wandelt sich z. B. die Bedeutung des Begriffs »Geschlecht«: Darunter wird nun nicht mehr das sozial eingebundene Genus verstanden, sondern der biologisch definierte Sexus. Zugleich verlagern sich im Bereich der Heilkunde Wissen und Macht zugunsten des herrschenden Geschlechts. Die expandierende Medizin trägt durch ihre Definitionsmacht und durch ihre Praxis wiederum zur Verschärfung der Geschlechterungleichheit bei. Dadurch, daß sie immer tiefer in den Körper eindringt und seine Geheimnisse erforscht, beschreibt sie den Körper nicht nur, sondern schreibt ihm neue Wahrnehmungs- und Erlebensmuster ein.

Seit der Renaissance sieht sich die Anatomie immer weniger durch Tabus beschränkt. Im Seziersaal stehen die Mediziner nun vor einem sprichwörtlich »toten Becken«, so daß es naheliegt, die Vagina als Schlauch und den Uterus als Beutel zu beschreiben, als schlaffe, passive, aufnehmende Organe. Aus dieser Sichtweise und den dazugehörenden Beschreibungen entstehen aber Vorstellungen, die Auswirkungen auf Körperbild und Körpererleben der Frau haben. Eine entsprechende Praxis kommt hinzu: Die Verfolgung der als »Hexen« ausgegrenzten Frauen führt zur Einschüchterung und Vernichtung weiser Frauen, so daß die Mediziner sich der Geburtshilfe bemächtigen können. Wenn sie nun mit Zangen und Scheren darangehen, der Schwangeren das Kind aus dem Leib zu ziehen, wird der weibliche Körper, insbesondere der Uterus, auch real zu einem Beutel, aus dem etwas herauszuholen ist, das die Frau aus eigener Aktivität angeblich nicht hervorbringen kann.

Für die Frauen der oberen Schichten, die nicht körperlich arbeiten, die ihren Leib in Korsetts einschnüren und sich in der »hohen Haltung« üben, trifft sicher auch zu, daß ihre Beckenbodenmuskulatur immer schwächer wird, so daß sie zunehmend auf medizinische Geburtshilfe angewiesen sind.

Doch in ländlichen Regionen haben sich aktive Geburtspraktiken lange gehalten. Edward Shorter (1987: S. 76f.) zitiert Quellen, denen zufolge noch im 19. Jahrhundert Frauen in der Gegend von Bad Tölz in der Hocke entbanden, im Lötschental sogar noch in den zwanziger Jahren dieses Jahrhunderts im Stehen, wobei die Gebärenden sich mit Hilfe einer Schlinge aufrecht hielten. Im städtischen Bereich waren jahrhundertelang Geburtsstühle gebräuchlich, auf denen die Frauen ebenfalls aus eigener Kraft gebären konnten. Auch diese Stühle verschwinden in ganz Europa um 1900 zugunsten der horizontalen Lage, bei der die Gebärenden nun gänzlich den Boden unter den Füßen verlieren.

Traditionelle Gebärstellungen setzen Kraft und Beweglichkeit gerade des Beckens voraus. Aber wie das wogende und zuckende Becken beim Tanz wird nun auch der unbeherrschte Körper der Gebärenden unter Kontrolle gebracht. Denn ihr Stöhnen und Schreien, das Stoßen und Pressen des Beckens sind Äußerungen des Leibes, die die Grenze zwischen Schmerz und Lust nicht klar erkennen lassen. Auch diese aktiven und unwillkürlichen Bewegungen des weiblichen Körpers werden nun den Medizinern überantwortet, die die Gebärenden schließlich mit Äther betäuben und ihre Wehenbewegungen mit Medikamenten regulieren.

Die Medizinalisierung der Geburtshilfe geht nicht nur mit einer Verdrängung weiblicher Kenntnisse und der Eigenaktivität der Gebärenden einher, sondern auch mit dem Verschwinden sinnlich-sexuellen Erlebens. So gehörte es z. B. zur Praxis der Hebammen, die Genitalien der Gebärenden mit ätherischen Ölen einzureiben und sie zu masturbieren (Fischer-Homberger 1984: S. 126). Dies diente, so die häufige Erklärung (z. B. in Becker u. a. 1979:

S. 110f.), zur Beruhigung und Entspannung der Gebärenden. Daß die Stimulierung der Genitalien auch den Zweck gehabt haben könnte, kräftige Beckenbewegungen zur Unterstützung des Geburtsvorgangs hervorzurufen, fand ich nirgends in Betracht gezogen, vielleicht weil es uns heute als zu anstößig erscheint.

In der traditionellen agrarischen Gesellschaft war die Geburt in einen rituellen Zusammenhang der Frauen eingebunden, der wiederum auf der weiblichen Genus-Gemeinschaft basierte. Geburten waren zugleich Feste, öffentliche Ereignisse im Rahmen der weiblichen Lebenswelt. Je mehr diese Genus-Gemeinschaft zerfiel, desto isolierter und intimer wurde die Geburtssituation, desto schambesetzter dürften sexuelles Erleben und sexuelle Praktiken anläßlich einer Geburt erschienen sein. In einem Handbuch für Geburtshilfe von 1794 hieß es schließlich, wie Laqueur zitiert, »in einer Nebenbemerkung, daß man sich mit der Klitoris und anderen äußeren Organen nicht beschäftige, weil sie für Hebammen irrelevant seien« (Laqueur: S. 187). Ab dem Moment, wo männliche Ärzte am Geburtsgeschehen beteiligt sind, können Praktiken wie die Stimulierung der Klitoris nicht mehr angewandt werden. Sie waren nur möglich im Rahmen der zugleich schützenden und kontrollierenden Frauengemeinschaft.

Yvonne Verdier, die das Leben der Frauen in einem burgundischen Dorf erforscht hat, erfuhr, daß die Geburt dort noch bis in unser Jahrhundert hinein im Kreis weiblicher Verwandter und Nachbarinnen stattfand. Die Frauen unterstützten die Gebärende und ermunterten sie zu schreien, wie eine der Frauen erzählt: »Damals schrien die Frauen noch! Oh, sie schrien! Ich weiß nicht recht, aber heute schreien die Frauen nicht mehr. Ich erinnere mich, daß ich noch kräftig geschrien habe.« (Verdier 1982: S. 98) Seit ab der Mitte dieses Jahrhunderts die Hinzuziehung eines Arztes möglich und üblich wurde, ist die Anwesenheit des Ehemannes erlaubt und wird von der Gebärenden vielleicht auch gewünscht. »Damit wurde zugleich der ausschließlich aus Frauen bestehende Kreis, der sich gewöhnlich bei der Geburt um die Mutter herum versammelte, aufgehoben – zur gleichen Zeit hörte auch das Schreien auf.« (Verdier 1982: S. 103) Die Beteiligung von Männern am Geburtsgeschehen verändert offensichtlich die Schamgrenzen dahingehend, daß die sexuelle Seite des Gebärens unsichtbar und stumm werden muß.

Weibliches Sexualerleben und Fortpflanzungsfunktion rücken

auch in der medizinischen Theorie immer weiter auseinander, je mehr die weibliche Anatomie und der Zyklus erforscht werden. Dabei halten die Mediziner bis ins 19. Jahrhundert weiter an der tradierten Vorstellung fest, daß ein Orgasmus zur Empfängnis nötig sei. Doch kann sich das orgastische Geschehen nun ganz unbemerkt im Körperinneren abspielen. In manchen Texten des 18. Jahrhunderts muten die noch weitgehend spekulativen Beschreibungen von Eisprung und Befruchtung wie Schilderungen stürmischer Liebesszenen der Geschlechtsorgane selbst an. Der Eileiter, so malte es Haller 1788 aus, umschlinge und drücke den Eierstock mit der »Wollust der künftigen Mutter« (zit. nach Laqueur 1992: S. 209), bis dieser ein Ei hervorbringe. »Der Orgasmus spielt auch weiterhin eine entscheidende Rolle bei der Empfängnis«, kommentiert Laqueur, »aber jetzt brauchen jene, die ihn haben, nichts mehr dabei zu empfinden.« (Laqueur 1992: S. 213)

Die medizinischen Theorien begründen und festigen folgenreiche Aussagen über die Frau: daß ihre Lust einzig auf die Mutterschaft gerichtet und nur in Verbindung mit der Empfängnis von Bedeutung oder gar existent ist und daß ihr Sexualtrieb ohne bewußte Wahrnehmung und Empfindung zur Befriedigung gelangen kann. Demnach hat die Frau keine Möglichkeit, ihr Triebleben zu kontrollieren und zu gestalten. Doch während sie keinen Einfluß darauf hat, bestimmt das zyklische Geschehen der Eierstöcke über Seele und Körper der Frau.

Um 1800 sind die Sexualtheorien nicht mehr darauf ausgerichtet, Analogien zwischen den Geschlechtern aufzuweisen, sondern ihre radikale Verschiedenheit zu beschreiben. Zu dieser Zeit entsteht ein völlig neues Modell, das von zwei gegensätzlichen Geschlechtern ausgeht. Das alte Modell hatte Frau und Mann in einer vertikalen, hierarchischen Linie angeordnet, das neue Zwei-Geschlechter-Modell siedelt beide auf einer horizontalen Ebene an, suggeriert also Gleichheit. In der praktischen Konsequenz fixiert es aber die Ungleichheit um so tiefgreifender, indem es dem Mann den öffentlichen, der Frau den häuslichen Bereich zuschreibt. Auf die Vorstellung aus Medizin und Biologie gegründet, werden nun polare Geschlechtscharaktere entwickelt, wie Karin Hausen (1978) dargelegt hat: Die Frau wird als emotional bis zur Unberechenbarkeit, dabei hingabebereit und passiv, fürsorglich und mütterlich dargestellt, der Mann dagegen als rational und zuverlässig, selbstbeherrscht und durchsetzungsfähig, aktiv und erobernd.

Diese Charaktereigenschaften prädestinieren zu je verschiedenen gesellschaftlichen Aufgaben.

Die polarisierten Entwürfe von Weiblichkeit und Männlichkeit bedeuten, daß jedes Geschlecht auf die Hälfte seiner Verhaltensmöglichkeiten und Wünsche verzichtet und sie ans andere Geschlecht delegiert. Der Mann darf sich nicht schwach zeigen, nicht die Kontrolle verlieren, nicht weinen und zerfließen, die Frau darf sich nicht bemächtigen, nicht aggressiv und zupackend handeln. Nur eine heterosexuelle Beziehung berechtigt dann zu der Hoffnung, noch etwas von dem teilhabend zu erleben, was man sich selbst nicht gestatten kann. Wie eine sexuelle Begegnung unter den Bedingungen beherrschter Körper aussieht, die nur ihre engbegrenzten, konträren Rollen zu spielen haben, beschrieb Wilhelm Reich aufgrund seiner Beobachtungen an Patienten. Was er von ihnen erfuhr, gelte »bei der überwiegenden Mehrzahl aller Menschen beiderlei Geschlechts«: »Die Bewegung im Geschlechtsakt ist künstlich forciert, ohne daß die Betreffenden es wissen. Bewegt wird gewöhnlich nicht das Becken für sich, sondern Bauch, Becken und Oberschenkel in einem Stück. Das entspricht nicht der natürlichen vegetativen Beckenbewegung beim Geschlechtsakt, sondern ist im Gegenteil eine Bremsung des orgastischen Reflexes.« (Reich 1987: S. 244)

Die Körper wirken steif und marionettenhaft. Das Becken hat keinen Raum, vielleicht auch keine Kraft mehr, sich von allein zu bewegen, sondern wird unter großem Kraftaufwand von anderen Körperteilen eingespannt und mitbewegt. Der Übergang von willkürlichen zu unwillkürlichen Bewegungen kann seine Aktivität nicht mehr entfalten und erfahrbar machen. Entsprechend eingeengt und lokal begrenzt ist der Orgasmusreflex: Er kann nicht mehr den gesamten Körper durchlaufen, sondern ist im Beckenraum eingesperrt und oft kaum noch spürbar, so daß er wie ein Kuß »fast ohne Muskel« erscheint.

Eine Lockerung der muskulären Anspannung und eine Wiederbelebung der lahmgelegten Muskelpartien würden nun nicht, wie es Wilhelm Reich wohl vorschwebte, einen »natürlichen«, also von jeder kulturellen Zurichtung befreiten Orgasmusreflex ermöglichen, aber doch ein variationsreicheres Handeln und Erleben. Je weniger die Beweglichkeit des Beckens erstarrt ist, desto mehr kann beiden Geschlechtern das Spiel von Kontrolle und Kontrollverlust, von Aktivität und Passivität, von Zupacken und Loslassen,

Vordringen und Zurückziehen als lustvolles Erleben erfahrbar werden. »Ekstase, Rausch, Tiefe, Genuß« hatte jene Charlotte mit einem Geliebten zum Greifen nahe gespürt, für Augenblicke sogar erlebt. Doch sie konnten es nicht zur Genüge auskosten, »weil ihre schon verbildeten Körper ein Hemmnis waren bei dem Aufbruch zu schon vergessenen oder noch unbekannten Zärtlichkeiten« (Bachmann 1982: S. 206). Den unter dem Ideal der Körperbeherrschung verbildeten Körpern bleibt nichts übrig, als wie Marionetten mit halber Kraft und halber Lust ihre Rollen zu spielen. Bricht, wie in der Begegnung zwischen Charlotte und Mara, dies eingeübte Rollenspiel zusammen, kann der eigene Leib keine anderen Anweisungen mehr geben, keine neuen Bilder zur Verfügung stellen.

Es »mag ein großes Stück Aktivität notwendig sein, um ein passives Ziel durchzusetzen«, meinte Freud in seiner Vorlesung über die Weiblichkeit (*GW* XV: S. 123). Und er betont mehrfach, daß der »Einfluß der sozialen Ordnungen nicht zu unterschätzen« (ebd.) sei, die das Weib in die passive Situation drängen. Ich habe hier an einige Aspekte der kulturellen Aktivität erinnert, die die Frau in die passive Position brachte und zu ihrer historischen und körperlichen Schwäche führte. Zugleich sollte deutlich werden, daß im Körper mehr Wünsche, Bewegungs- und Verhaltensmuster angelegt sind, als die Polarisierung von Weiblichkeit und Männlichkeit zuläßt. Doch wenn wir bedenken, wie tief die sozialen Ordnungen in die Körper eingedrungen sind, läßt sich auch erahnen, wieviel Aktivität und Anstrengung aufzubringen sind, um die historische und körperliche Schwäche zu überwinden und sich von den einschränkenden Phantasmen von Weiblichkeit und Männlichkeit zu lösen.

Literatur

Bachmann, Ingeborg (1982), *Ein Schritt nach Gomorrha*, in: *Werke*, Bd. 2, München.

Becker/Bovenschen/Brackert u. a. (1977), *Aus der Zeit der Verzweiflung. Zur Genese und Aktualität des Hexenbildes*, Frankfurt a. M.

Belotti, Elena Giannini (1975), *Was geschieht mit kleinen Mädchen?*, München.

Duby, Georges (1985), *Ritter, Frau und Priester*, Frankfurt a. M.
Duden, Barbara (1991), *Geschichte unter der Haut. Ein Eisenacher Arzt und seine Patientinnen um 1730*, Stuttgart.
Fischer-Homberger, Esther (1984), *Krankheit Frau*, Darmstadt.
Flandrin, Jean-Louis (1984), *Das Geschlechtsleben der Eheleute in der alten Gesellschaft*, in: Ariès/Béjin/Foucault u. a., *Die Masken des Begehrens und die Metamorphosen der Sinnlichkeit*, Frankfurt a. M.
Freud, Sigmund (1933), *Neue Folge der Vorlesungen zur Einführung in die Psychoanalyse*, in: *GW*, Bd. XV, Frankfurt a. M.
Goody, Jack (1985), *Entwicklungsgeschichtliche Überlegungen zu Brautpreis und Mitgift*, in: Völger, Gisela/Karin v. Welck (Hg.), *Die Braut. Geliebt – verkauft – getauscht – geraubt. Zur Rolle der Frau im Kulturvergleich*, Köln.
Hausen, Karin (1978), *Die Polarisierung der »Geschlechtscharaktere«*, in: Rosenbaum, Heidi (Hg.), *Seminar: Familie und Gesellschaftsstruktur*, Frankfurt a. M.
Illich, Ivan (1983), *Genus. Zu einer historischen Kritik der Gleichheit*, Reinbek.
Laqueur, Thomas (1992), *Auf den Leib geschrieben. Die Inszenierung der Geschlechter von der Antike bis Freud*, Frankfurt a. M./New York.
Lippe, Rudolf zur (1974): *Naturbeherrschung am Menschen*, 2 Bde., Frankfurt a. M.
Reich, Wilhelm (1987), *Die Funktion des Orgasmus*, Köln.
Schorsch, Eberhard (1989), *Versuch über Sexualität und Aggression*, in: *Ztschr. f. Sexualforschung*, 2. Jg., S. 14-28, Stuttgart.
Shorter, Edward (1987), *Der weibliche Körper als Schicksal*, München.
Sichtermann, Barbara (1983), *Weiblichkeit. Zur Politik des Privaten*, Berlin.
Verdier, Yvonne (1982), *Drei Frauen. Das Leben auf dem Dorf*, Stuttgart.
Wex, Marianne (1979), *»Weibliche« und »männliche« Körpersprache als Folge patriarchalischer Machtverhältnisse*, Hamburg.

Christina von Braun
»Frauenkrankheiten« als Spiegelbild der Geschichte

Das Abendland kennt nur zwei Mächte, die aus dem Nichts sichtbare Wirklichkeit zu schaffen vermögen. Die eine ist der liebe Gott, die andere die große Frauenkrankheit Hysterie. Beide lassen aus Worten und ohne organische Substanz materielle, physische, sichtbare Wirklichkeit entstehen. Aber während in diesem Schauspiel die eine Macht die Rolle des Meisters einnimmt, der über den Verlauf der Geschichte bestimmt, spielt die andere die Rolle der Närrin, die ihrem »Herrn« ein verzerrtes Spiegelbild »seiner« Geschichte entgegenhält. Natürlich war die Närrin in diesem Bühnenstück keine ebenbürtige Partnerin. Dennoch brachte sie Unordnung in die saubere Welt von Eindeutigkeiten, die der *logos spermaticos* zu begründen versuchte. Noch eines mehr verdanken wir der Hysterie: Im Zerrbild, das sie dem Meister entgegenhielt – und dieses Zerrbild fand seinen Ausdruck sowohl in den Vorstellungen über die Ursachen der sogenannten »Frauenkrankheiten« als auch in den Symptomen des hysterischen Frauenkörpers, der diese Vorstellungen reproduzierte –, in diesem Zerrbild offenbarte sich das »kollektive Imaginäre«[1] jedes Zeitalters: vor allem die Wunschbilder von »Weiblichkeit« und »Männlichkeit«, vom »Selbst« und vom »anderen«, die ihrerseits über das Wechselverhältnis von Natur und Kultur bestimmten.

Hysterische Vielseitigkeit

Es gibt keine Disziplin abendländischen Denkens – ob es sich um die Medizin oder die Philosophie, die Theologie oder die Psychologie, die Naturkunde oder Literatur und Kunst handelt –, in der nicht an irgendeiner Stelle der Begriff der Hysterie auftaucht. Zumeist geschah es dann, wenn vom »Weiblichen« – als anatomischer Kategorie oder als Metapher für das »andere« – die Rede war. Dabei diente der Begriff als Definition von »Krankhaftigkeit« wie auch von »Normalität«: Mal diagnostizierte eine Epoche in der

Hysterika »das Weib an sich«[2], mal die Unfähigkeit zum »Vollweib«[3]. Um 1900 konkurrierten beide Bilder miteinander.

So bietet sich die Begriffsgeschichte der Hysterie als Leitfaden einer Betrachtung der abendländischen Phantasien über den weiblichen Körper und über Weiblichkeit überhaupt an. Zugleich offenbart sie einige grundlegende Muster, die das Denken und die Geschichte des Abendlandes geprägt haben. Durch die Brille hysterischer Zweideutigkeit gesehen – und das große »Verdienst« der Hysterie mag genau darin bestanden haben: über Jahrhunderte die Vorstellung vom anderen, von der Zweiheit und damit auch vom Zweifel[4] zu erhalten –, eröffnen sich Aspekte abendländischer Geistesgeschichte, die die klassischen Geschlechterrollen (insbesondere die Vorstellung von der »Männlichkeit« des »universellen Subjektes« der Geschichte) fragwürdig erscheinen lassen. Darüber hinaus offenbart der Blick durch diese Brille auch, wie tief die Geschichte vom Verhältnis der Geschlechter und von Sexualfragen geprägt ist – nicht nur die Geistes- und Wissenschaftsgeschichte, sondern auch das, was wir als politische Geschichte bezeichnen.

Logik und Hysterie

Im 19. Jahrhundert sagte ein französischer Psychiater, daß die Symptome der Hysterie »enzyklopädisch« seien[5] – ein anderer meinte, die Hysterie sei ein Papierkorb, in den man alles wirft, was man nicht erklären kann.[6] An der Hysterie erweist sich zunächst einmal, wie nahe beieinander im Abendland die Enzyklopädie, der Versuch, das Gesamtwissen zu erfassen, und der Papierkorb stehen. Dieses parodistische Element im Umgang mit der Logik taucht im Zusammenhang mit der Hysterie sehr oft auf und ähnelt in mancher Hinsicht dem Paradoxon des Epimenides, der sich – als Kreter – das Sprichwort der alten Griechen »Alle Kreter lügen« zu eigen machte. Wenn aber ein Kreter – also ein notorischer Lügner – behauptet, daß alle Kreter lügen, so wird es schwierig zu entscheiden, wo die Wahrheit über die Wahrheitsliebe der Kreter liegt. Ähnlich verhält es sich mit der Hysterie: Diese »Frauenkrankheit«, die immer als Erscheinung der Verlogenheit galt, weil für ihre Symptome keine logischen, will sagen: organischen, Ursachen auszumachen waren, diente als Beweis dafür, daß alle Frauen lügen: Die Hysterie, so sagte Otto Weininger, »ist die organische

Krisis der organischen Verlogenheit des Weibes«.[7] Wenn aber die Hysterikerinnen durch ihre Symptombildung beweisen, daß alle Frauen lügen, dann steht die Frage im Raum, ob ihre Symptome Ausdruck von »Krankheit« oder von »Normalität« sind. Die Diagnostiker der Hysterie waren also mit einem ähnlichen Problem konfrontiert wie die Griechen mit ihrem Sprichwort über die Kreter. Tatsächlich haben die Hysterikerinnen immer wieder die Verärgerung ihrer Nosologen und Therapeuten auf sich gezogen, weil ihre Symptome so perfekt die Phantasien jedes Zeitalters über die Frau zu *bestätigen* schienen. Wie behandelt man eine Krankheitserscheinung, die zugleich zum Beweis für Normalität erklärt worden ist?

Wenn man sich mit der Begriffsgeschichte der »Frauenkrankheit« Hysterie auseinandersetzt, nehmen viele Begriffe unterschiedliche, sich gegenseitig ausschließende Bedeutungen an – vor allem jene, die sich auf die physische Wirklichkeit beziehen. Hinter dieser Vieldeutigkeit offenbart sich aber bei näherer Betrachtung auch eine vielschichtige »Wirklichkeit«: zunächst eine Realität, die einem – wie auch immer gearteten – vorschriftlichen Zustand angehört; dahinter eine zweite Realität, die sich in der Phantasie oder Utopie ansiedelt (gleichsam ein Entwurf zur Neugestaltung der Wirklichkeit); und schließlich eine dritte Realität, die nach diesem Entwurf erschaffen wurde und die in der Natur, im menschlichen Körper und in allen anderen sichtbaren Erscheinungen Form angenommen hat.

Daß diese verschiedenen Ebenen der Wirklichkeit dank der Hysterie erfaßbar werden, liegt u. a. daran, daß der Begriff der Hysterie selbst zwei Ebenen der Wahrnehmung erfordert: Auf der einen Seite gibt es die Wunschbilder, die jede Epoche mittels des hysterischen Krankheitsbildes auf den Frauenkörper projiziert hat; und auf der anderen Seite gibt es die Reproduktionen dieser Wunschbilder durch den Frauenkörper selbst, der sie jedoch als Symptome von »Krankheit« aus dem Bereich wirklicher Normalität verweist. Die Begriffsgeschichte der Hysterie reflektiert einen historischen Prozeß, der sich im Spannungsverhältnis zwischen den verschiedenen Wahrnehmungsebenen – man könnte fast sagen: dialektisch – voranbewegt und an dessen Ende These und Antithese zu einer Synthese verschmelzen. Wie »synthetisch« – in jedem Sinne des Wortes – das dabei entstehende »universelle Subjekt« ist, wird noch zu zeigen sein.

Um allen Mißverständnissen vorzubeugen: Mit dem historischen Prozeß und den Realitätsumwandlungen, die er beinhaltete, ist nicht etwa der Übergang von Natur zu Kultur gemeint, sondern die Verwandlung eines wie auch immer gearteten *Kultur*zustandes in einen Kulturzustand, der von den Gesetzen der Schrift geformt ist. Die Hysterie entstand mit der Geburt der Schrift, sie verbreitete sich in dem Maße, in dem sich die Gesetze, die das geschriebene Denken schuf, durchsetzten – und sie trat schließlich ab von der Bühne des historischen Geschehens, als die Schrift sozusagen obsolet geworden war. Die Hysterie verschwindet gegen Ende des 19. Jahrhunderts aus den psychiatrischen Krankenhäusern der Industrieländer – und zwar nur aus diesen –, ohne daß jemand eine überzeugende Erklärung dafür zu geben vermochte. In demselben historischen Moment betritt eine neue »Frauenkrankheit« die Bühne des Geschehens – und auch sie wird einen Gegenpol zu historischer Logik und geschichtlicher Planbarkeit bilden: die Magersucht, die Symptombildung der Entmaterialisierung und der Askese, die in eben jener geschichtlichen Epoche auftaucht, die wie keine andere die leibliche und sexuelle »Gesundheit« zur Religion erhoben hat.

Geschichte der Hysterie

Über rätselhafte Erscheinungsformen des weiblichen Körpers berichten schon einige Fragmente altägyptischer Papyrusschriften.[8] Das Krankheitsbild verweist dort auf den Bereich des Magischen oder sogar des Heiligen. Zur »Krankheit« wird die Hysterie erst in der griechischen Antike, mit Hippokrates, der den Begriff der »Hysterie« geprägt hat – übrigens der älteste unseres medizinischen Vokabulars. Das Wort ist eine Ableitung vom griechischen Wort für Gebärmutter: hystera. Die Antike hatte die Vorstellung, daß eine Reihe von Symptomen, die bei Frauen auftauchten, von der Gebärmutter ausgehen müßten. Zu den typischen hysterischen Symptomen gehören: ekstatische Körperverrenkungen und -krämpfe, Lähmungserscheinungen, die einen Teil oder die Gesamtheit des Körpers befallen, Erstickungsanfälle, der völlige oder partielle Verlust der Sprachfähigkeit. (Die berühmte Anna O. zum Beispiel, deren Behandlung Ende des letzten Jahrhunderts zur Geburt der Psychoanalyse führte, wurde unfähig, ihre Muttersprache zu sprechen, konnte sich aber noch perfekt auf Englisch und Französisch verständigen.[9]) Zu den Erscheinungsformen der Hysterie gehören weiter: Unsicherheiten beim Gehen und Stehen, die Empfindungslosigkeit der Haut, der teilweise oder völlige Verlust des Sehvermögens ... und noch viele andere, sehr unterschiedliche Symptome, denen aber durchweg zwei Merkmale gemeinsam sind: Erstens läßt sich keine organische Ursache für die Symptome ausmachen, und zweitens können diese ebenso schlagartig wieder verschwinden, wie sie aufgetaucht sind. Es blieb Freud überlassen, nachzuweisen, wie eng diese Symptome mit Sprache, Symbolik und allgemeinen kulturellen Phänomenen zusammenhängen.

Der Zusammenhang zwischen Kultur und Krankheit gilt aber nicht nur für die einzelne Hysterikerin, wie Freud es wollte, sondern er gilt auch für die Mediziner selbst, d. h. für die Deutungsmuster, die jedes Zeitalter für die sogenannten »Frauenkrankheiten« entwickelte. Rückblickend lassen sich diese Deutungsmuster ihrerseits wie die Metaphern eines Wunschbildes lesen, das seiner allmählichen »Realisierung« entgegenstrebte. In den Krankheitsbildern der Diagnostiker und Nosologen offenbart sich das Wunschbild eines omnipotenten Menschen, der »durch das Wort« materielle Wirklichkeit zu erschaffen vermag. Die Symptombildung der Hysterie aber erscheint wie die Parodie dieses Wunschbildes.

Geschichte eines Wunschbildes

Die Antike hatte die Vorstellung, daß die Symptome der Hysterie mit einer Nichtbefriedigung des Geschlechts- oder Muttertriebes zusammenhingen. Die Idee, daß sie vielleicht mit einem *geistigen* Verlangen von Frauen zusammenhängen könnten, wurde damals gar nicht in Betracht gezogen. Denn in der griechischen Klassik konstatierte das Abendland zum ersten Mal, daß sich der Geist im Körper des Mannes inkarniere, der Körper der Frau aber die Natur und Materie symbolisiere. Aus diesen Zuschreibungen sollte sich das Kulturverbot für Frauen entwickeln, das für die Geschichte der hysterischen Symptombildung von eminenter Bedeutung ist.

Interessant am Deutungsmuster der Antike ist die Tatsache, daß sich die Ärzte die Gebärmutter als ein von der Anatomie der Frau unabhängiges Organ vorstellten. Manche vertraten sogar die Ansicht, daß es sich um ein Tier im Körper der Frau handle, das manchmal rastlos zu wandern beginne. Dabei verstopfe es die Blutbahnen und Atemwege und verursache somit die Lähmungs- und Erstickungsanfälle der Befallenen. Dementsprechend sah auch die Therapie aus: Durch üble Gerüche, die der Nase der Patientin zugeführt wurden, versuchte man, das »Tier« – oder die wandernde Gebärmutter – von oben zu verscheuchen; und durch gute Gerüche, mit denen die Geschlechtsteile eingerieben wurden, ja sogar durch die »Verschreibung« von Geschlechtsverkehr und Mutterschaft bemühte man sich darum, das Tier wieder »nach unten« zu locken. Diese Metapher einer wandernden Gebärmutter – in der die Antike freilich keine Metapher, sondern eine physiologische Erklärung sah – besagt einiges über die Wunschbilder der Zeit. Die Vorstellung einer Gebärmutter, die als »Fremdkörper« in der Frau haust, offenbart das Wunschbild, daß die Gebärmutter – und mit ihr die Entscheidungsgewalt über die Entstehung neuen Lebens – aus dem Körper der Frau herauszulösen sei. Daß die Gebärmutter also nicht nur wandern, sondern auch »auswandern« kann. Der Entzug von Sprache und Kultur erscheint nun wiederum wie die Voraussetzung dafür, den Körper der Frau einer Fremddefinition zu unterwerfen – d.h., in ihm, dem Körper schlechthin, »das Wort Fleisch werden« zu lassen.

Diese Bilder – oder Wunschbilder – von den Ursachen der hysterischen Symptombildung entstanden beinahe gleichzeitig mit dem ersten utopischen Gesellschaftsentwurf des Abendlandes, Platons *Staat*. Platon schuf das Urmodell aller Phantasien, daß sich die Wirklichkeit verbessen ließe. Sein Entwurf siedelt sich im Nirgendwo an und wurde als *Denkmöglichkeit* begriffen – als Idee, daß die sichtbare Wirklichkeit nach rationalen, berechenbaren, menschengeschaffenen Gesetzen umgestaltet werden *könne*. Diese *Denk*möglichkeit verwandelte sich im Verlauf der abendländischen Geschichte zunehmend in eine Vorstellung von Machbarkeit. Wie tief das Denken Platons nicht nur die Philosophie, sondern auch die soziale und politische Wirklichkeit beeinflußt hat, sei an einem einzigen Beispiel dargestellt: In seinem *Staat* fordert Platon, daß die menschliche Fortpflanzung einer rationalen Auslese und Züchtung unterworfen werde und nur die »Besten« das Recht erhalten sollten, Nachkommen zu zeugen. Auch sollten die Säuglinge der »Besten« von ihren Müttern getrennt und von staatlichen Ammen aufgezogen werden, damit sie ganz dem Staate gehörten.[10] Für die Kinder, die aus einer unkontrollierten Zeugung von minderwertigen Mitgliedern der Gesellschaft hervorgingen, sah Platon die Aussetzung vor. Dieser utopische Entwurf, hinter dem die Phantasie einer »Verbesserung« des Schöpfungsaktes durch Beherrschung und Planung nach den Gesetzen der Logik stand, wurde im 20. Jahrhundert sowohl durch die nationalsozialistische Rassenpolitik als auch durch die moderne Gentechnologie in die Wirklichkeit umgesetzt, zum Teil wortwörtlich. Die Nationalsozialisten beriefen sich ausdrücklich auf Platon in ihrer »Rassenpolitik«.[11]

Mit Platons Utopie der Fortpflanzung entsteht das Modell einer menschlichen Herrschaft über die Zeugung; Hippokrates aber weist mit seiner Beschreibung der »Frauenkrankheit« einen der Wege zur Verwirklichung dieser Phantasie. Er entwirft eine physiologische Lehre, die die Gebärmutter zum »Fremdkörper« in der Frau erklärt, und bringt dabei die *Denkmöglichkeit* einer Kontrolle von außen ins Spiel.

Das christliche Mittelalter sollte solche Vorstellungen weiterentwickeln. Vielen Klerikalen und Denkern dieses Zeitalters galten die Erstickungsanfälle, Lähmungserscheinungen oder die Empfindungslosigkeit des weiblichen Körpers als untrügliches Zeichen der Besessenheit durch den Teufel. (Vielleicht gar nicht mal zu Unrecht: Die hysterische Symptombildung entsprach ja tatsächlich einer Art von »Geist, der stets verneint«. Nur war der Frauenkörper von diesem Geist keineswegs »besessen«. Er bildete vielmehr einen untrennbaren Bestandteil weiblicher Existenz.) Auch für das christliche Mittelalter stand die Frau also unter dem Einfluß eines »Fremdkörpers«. Aber hatte die Antike das »Tier« in der Gebärmutter angesiedelt, so war es nun der Teufel (der in den christlichen Darstellungen seinerseits oft eine tierische oder halbtierische Gestalt annahm). Diesen Teufel galt es »auszutreiben« aus dem Körper der Frau, und zwar mit aller Gewalt. Hier werden Wunschbild und »Therapie« ganz handgreiflich: Es erscheint nicht nur denkbar, sondern sogar *möglich*, die Gebärmutter aus dem Körper der Frau herauszulösen.

In der Renaissance tauchte wieder die weniger gewalttätige Vorstellung der Antike auf, laut der die Hysterikerin ein »unbefriedigtes« Tier oder Organ in ihrem Körper habe. Paracelsus und Rabelais, die zu den Haupttheoretikern dieses Krankheitsbildes gehörten, begannen aber auch schon auf die Zusammenhänge zwischen den Symptomen und kulturellen bzw. sprachlichen Entwicklungen hinzuweisen. Damit gaben sie dem Prozeß eine neue Richtung, die die Gebärmutter bei ihrer Wanderung weiter »nach oben« führen sollte. In den drei bis vier folgenden Jahrhunderten setzte sich zunehmend die Vorstellung durch, daß die hysterische Erkrankung weniger im *Unterleib* als im *Kopf* der Frau ihren Ursprung habe. Die Theoretiker sprachen zunächst noch vom Nervensystem, bis im 19. Jahrhundert die Vorstellung aufkam, daß es sich bei der Hysterie um eine Symptombildung der Psyche handle. Das heißt, betrachtet man den Verlauf des hysterischen Krankheitsbildes von der Antike bis ins Industriezeitalter, so ist zu konstatieren, daß eine Verlagerung der »Ursache« – und mit ihr des phantasierten »Fremdkörpers« – »nach oben« stattgefunden hat: Gegen Ende des 19. Jahrhunderts – besonders deutlich mit der Geburt der Psychoanalyse – ist die Gebärmutter ganz oben, im Kopf angelangt, wo sie sich in Worte und Symbole verwandeln und als solche den Leib der Frau (endlich) verlassen kann.

Das geschieht in mehrfacher Hinsicht: Im Verlauf der Aufklärung nimmt der Begriff »Weiblichkeit« eine zunehmend symbolische, allegorische Bedeutung an, die ihn für viele Belange anwendbar macht: Die Frau wird – als »République« oder als Allegorie der Freiheit – zum steinernen Symbol für die großen Werte der Gesellschaft oder für die Nation; als Germania steht sie für den deutschen »Volkskörper«.[12] Im Diskurs der Antisemiten wird »Weiblichkeit« wiederum zu einer Kategorie, die der Diffamation des »Juden« und der »jüdischen Rasse« dient.[13] Aber auch in anderer Hinsicht verwandeln sich die Symptome (oder die Weiblichkeit, für die sie stehen) in Worte: Es waren Hysterikerinnen selbst, die Freud das »Geheimnis« ihrer Krankheit mitteilten, nämlich die Verwandlung von Worten in Symptome. (So offenbart Cäcilie M. ihrem Therapeuten, daß ihre Gesichtsneuralgie in dem Moment entstand, in dem sie eine Bemerkung ihres Mannes »wie einen Schlag ins Gesicht« empfand.[14]) Die Gebärmutter verwandelt sich aber auch in einem anderen Sinne in Worte und Symbole: Erst im Verlauf des 19. Jahrhunderts wird endgültig das Geheimnis der Zeugung gelüftet, und dieses Wissen, nunmehr in Worten und Formeln faßbar, ermöglicht die Herrschaft über die Erzeugung – und Manipulation – neuen Lebens. Um es in einem paradigmatischen Bild auszudrücken: Mit der Moderne verwandelt sich die Gebärmutter in eine Art von Sprechblase, die (etwa als genetischer Code) den Körper der Frau verlassen und an den verschiedensten anderen Orten ihre neue Heimat finden kann.

Daß hier eine Aneignung von Weiblichkeit – oder weiblicher Zeugungs- und Gebärfähigkeit – stattfindet, zeigt sich auch an der Begriffsgeschichte der Hysterie selbst. Im Verlauf des 19. Jahrhunderts setzt sich die Vorstellung durch, daß auch der Mann hysterisch werden könne. Interessanterweise sind es nicht die Ärzte und Therapeuten, die den Mann zum Hysteriker erklären, sondern Künstler und Schriftsteller, also die »schöpferischen« Männer, die als erste den Begriff und die Symptombildung der Hysterie für die Männlichkeit in Anspruch nehmen.[15] Flaubert, Baudelaire, Mallarmé und viele andere schmücken sich gerne und geradezu lustvoll mit dem Begriff der Hysterie, während die Ärzte (eingedenk des Wortursprungs der Hysterie) noch zögern, den Begriff auf den männlichen Körper zu übertragen. Die Literaten zelebrieren die »Weiblichkeit« des männlichen Körpers – und sie erbringen damit auf ihre Weise den Beweis, daß der Mann über ebenso gute, wenn nicht bessere Formen von Weiblichkeit verfügt als jede Frau. Eine solche Aneignung von Frausein war nur möglich, weil »Weiblichkeit« zu einer *geistigen* Kategorie geworden war, die mit dem anatomischen Begriff »Frau« nur mehr wenig zu tun hatte. Anders als die hysterischen Frauen werden die »hysterischen Künstler« für ihre Symptombildung nicht ins Krankenhaus gesteckt und nicht als Lügner beschimpft. Im Gegenteil: Ihre Hypochondrie, ihre Migränen, die »Fallsucht« und die Erstickungsanfälle, die sie inszenieren, werden als Beweis ihrer besonderen schöpferischen Begabung, ja ihrer Genialität – und damit »Authentizität« – betrachtet.

Das Krankheitsbild der Naturwissenschaftler weist eine andere Entwicklung auf, die sich freilich bei genauerem Hinsehen als nicht so verschieden vom Hysteriebild der Künstler erweist. Mit dem frühen 20. Jahrhundert setzt sich die Vorstellung durch, daß die Hysterie die Krankheit der Ich- und Willenlosigkeit sei. Die Hysterikerin (und der Hysteriker) seien suggestibel; er oder sie lege sich, mangels eines »wirklichen« Ich, ein Pseudo-Ich zu, das von den Bildern der Außenwelt übernommen worden sei.[16] Dieses Krankheitsbild findet seine Entsprechung in der Tatsache, daß das 20. Jahrhundert zu dem großen Zeitalter der Massenhysterie werden wird, der freiwilligen, ja lustvollen Unterwerfung des Ich unter das Wir. Ein solches Erklärungsmuster für die »Hysterie«

steht in völligem Gegensatz zu allen Deutungsmustern der Vorzeit. War die Hysterie einst als die Krankheit der Unangepaßtheit, der Verweigerung gesehen worden – als »Geist, der stets verneint« und der ebendeshalb mit solcher Erbitterung verfolgt worden war –, so wird sie nunmehr als Krankheit der Überangepaßtheit interpretiert, als *Mangel* an Fähigkeit, »nein zu sagen«, gedeutet.

Auch in dieser Umkehr offenbart sich ein Wunschbild des »kollektiven Imaginären«: In dieser völlig neuen Zueignung des Begriffs Hysterie an die Masse oder die Ichlosigkeit spiegelt sich eine historische Entwicklung wider, bei der sich Worte wie »Ich« oder »Subjekt« auf ein Kollektiv (den »Volkskörper«, den Sozialstaat, das »Wir«) beziehen, von dessen Selbst- und Fremdbildern sich das individuelle Selbst- und Fremdbild ableitet. Es ist ein »synthetisches« Ich, das seine Existenz der »Synthese« der Geschlechter und der Aufhebung ihrer Unterscheidung verdankt. Die Geburt der männlichen Hysterie stellt also die Voraussetzung für dieses neue Deutungsmuster der Hysterie dar, in dem der Untergang des individuellen – dank seiner Geschlechtlichkeit »unvollständigen« – Ich phantasiert wird.

Zwei Ich

In diesen historisch-hysterischen Kehrtwendungen zeigt sich eine Entwicklung, die sich auch als allmählicher Wandel des Ichbildes umschreiben läßt – ein Wandel, bei dem zwei völlig konträre Vorstellungen vom Ich einander ablösen: An die Stelle eines Ich, das seine Definition in der Abgrenzung gegen den anderen, damit aber auch in der Akzeptierung von dessen Existenz sucht, tritt ein omnipotentes Ich, das über parthenogenetische Fähigkeiten verfügt, weil es den anderen auslöschen und erschaffen – und damit sich selbst reproduzieren – kann. Dieses Ich begreift sich als unsterblich, während hinter dem anderen Ich (das zur Unterscheidung im folgenden das »kleine ich« heißt bzw. *ich* geschrieben wird) das Bewußtsein von der eigenen Unvollständigkeit und damit auch Sterblichkeit steht. Dieses kleine, sich selbst als sterblich begreifende *ich* ist unserer Vorstellungskraft wahrscheinlich nur noch theoretisch zugänglich – und zwar bei der Betrachtung der Geschichte der »Frauenkrankheiten«, in deren Symptomen und Paradoxien, wenn nicht seine Existenz, so zumindest die Geschichte seines Verschwindens aufscheint. Das heißt, wir begreifen dank der Widersprüche, zu denen uns die Auseinandersetzung mit den Bildern der Hysterie geführt hat, daß es eine andere Vorstellung vom Ich gegeben haben muß; wir können – wiederum mit Hilfe der Begriffsgeschichte der Hysterie – erfassen, was dieses *ich* vom allmächtigen Ich (dem »universellen Subjekt«) des Abendlandes unterscheidet, aber als Struktur unseres Denkens oder unserer Libido ist uns dieses *ich* nicht zugänglich – allenfalls zum Preis der Psychose. (An dieser Stelle sei auf einen entscheidenden Unterschied zwischen Hysterie und Schizophrenie verwiesen, zwei Krankheitsbilder, die oft miteinander verglichen werden: Die Schizophrenie lehrt uns, daß es eine andere Welt des Denkens gibt, zu der wir keinen Zugang mehr haben und vor der wir uns ebendeshalb zu schützen versuchen. Die Hysterie dagegen zeigt uns mit Hilfe eines Instrumentariums, das in der geschriebenen Sprache und im Schriftdenken selbst verankert ist, *worin* der Unterschied zwischen diesem anderen Denken und dem unseren bestehen mag.)

Die Unterschiede zwischen den beiden Ich – und die Überlagerung des *ich* durch das Ich – möchte ich durch einen Vergleich zwischen den Lehren der beiden »Väter« der Psychoanalyse verdeutlichen, die bekanntlich aufgrund der Therapien hysterischer Frauen entstand: Der eine »Vater« ist Sigmund Freud, der andere sein väterlicher Freund Josef Breuer, dessen Behandlung der berühmt gewordenen Patientin, Anna O., Freud zum ersten Mal auf die »karthartische« Methode brachte.

Schon lange bevor die *Studien über Hysterie* erschienen (1895), herrschte allgemeines Einverständnis darüber, daß die Hysterie eines der letzten »Geheimnisse« zu enthüllen hatte. An den berühmten Dienstagsvorlesungen von Charcot, bei denen die Hysterikerinnen der Salpêtrière vorgeführt wurden, nahmen Bildhauer, Architekten, Literaten, ein Kardinal und sogar der Polizeipräfekt teil. Auch Freud gehörte während seines Parisaufenthaltes zu den Hörern (bzw. Voyeuren). Die Anatomie des Menschen barg keine großen Überraschungen mehr, man hatte sogar das Rätsel der Zeugung gelöst. Nun hieß es, die Gesetze der Psyche zu entschlüsseln – und von der Hysterie erhoffte man sich den Zugang zum Geheimnis des Unbewußten.

Rückblickend kann man sagen, daß Breuer diesem Geheimnis vielleicht näherkam als sein berühmter Schüler Freud – so widersprüchlich das klingen mag –, denn Breuer distanzierte sich von den Arbeiten Freuds, als dieser von der sexuellen Ätiologie der Hysterie beziehungsweise der Bedeutung der Sexualität für die Neurose überhaupt zu sprechen begann. Dabei spielte auch für Breuer die Sexualität eine wichtige Rolle, aber während Freud die Theorie eines geschlechtsindifferenten Sexualtriebs entwickelte – »die Zusammenstellung ›weibliche Libido‹«, so sagte er bekanntlich, lasse »jede Rechtfertigung vermissen«[17] –, stand im Mittelpunkt von Breuers Betrachtungen ein Ich, das sich durch Unvollständigkeit – die Wahrnehmung des anderen – auszeichnete, also dem *ich* sehr viel näherkam. Für Breuer ist die Hysterie Ausdruck eines »hypnoiden Zustands«, in dem sich ein Teil des Ich abspaltet. Für Freud ist sie Ausdruck der verdrängten Sexualität. Aber entscheidend ist nicht so sehr das unterschiedliche Krankheitsbild der beiden Therapeuten als vielmehr ihre unterschiedliche Einstellung zu den »Kranken« selbst. Freuds und Breuers Theorien und Erklärungsmuster für die Hysterie sind letztlich das Resultat ihrer Einstellung zur Patientin. So schreibt Breuer in den *Studien über Hysterie*:

Wir glauben, daß man unter den Hysterischen die geistig klarsten, willensstärksten, charaktervollsten und kritischsten Menschen finden kann! Kein Maß wirklicher, tüchtiger, psychischer Begabung ist durch Hysterie ausgeschlossen, wenn auch oft durch die Krankheit die reale Leistung unmöglich wird (...). Die Adoleszenten, welche später hysterisch werden, sind vor ihrer Erkrankung meist lebhaft, begabt, voll geistiger Interessen; ihre Willensenergie ist oft bemerkenswert. Zu ihnen gehören jene Mädchen, die nachts aufstehen, um heimlich irgend ein Studium zu betreiben, das ihnen die Eltern aus Furcht vor Überanstrengung versagten.[18]

Freud widerspricht ihm nicht, aber wenn er bei seinen Patientinnen geistiger Klarheit begegnet, so spricht er, wie im Fall von Emmy v. N..., von »geradezu männlicher Intelligenz und Energie«.[19] Von geistig interessierten jungen Mädchen sagt er, daß sie »bis in die Jahre der Vorpubertät bubenhaftes Wesen und Neigungen zeigten«. Mit dem hysterischen Anfall setze bei der Frau »ein Stück Sexualbetätigung wieder ein, das in den Kinderjahren bestanden hatte und damals exquisit männlichen Charakter erkennen ließ«.[20] Das heißt, Freud betrachtet die hysterische Erkrankung als das Resultat eines Verdrängungsschubes der »infantilen Männlichkeit«, den die Frau mit ihrer sexuellen Reifung vollzieht.[21] Breuer hingegen sieht die Ursache für die hysterische Erkrankung im Umgang der *anderen* mit der weiblichen Libido:

Die Ehe bringt neue sexuelle Traumen. Es ist zu wundern, daß die Brautnacht nicht häufiger pathogen wirkt, da sie doch leider so oft nicht erotische Verführung, sondern Notzucht zum Inhalte hat (...). Ich glaube nicht zu übertreiben, wenn ich behaupte, die große Mehrzahl der schweren Neurosen bei Frauen entstamme dem Ehebett.[22]

Es scheint paradox, daß sich Breuer ausgerechnet deshalb von Freud distanzierte, weil jener die sexuelle Ätiologie der Hysterie betonte. Paradox deshalb, weil Breuer, viel mehr als Freud, die Existenz weiblicher Andersartigkeit – und damit die Zweiheit – in seine Betrachtungen einbezog, indem er dem weiblichen Ich Begriffe wie »Lebendigkeit« oder »Aktivität« zugestand. Freud hingegen ordnete diese Begriffe der »Männlichkeit« zu. Seine Theorie war in dieser Hinsicht ein Spiegelbild des »Kollektiven Imaginären« seiner Zeit: Fast alle Begriffe, mit denen gegen Ende des 19. Jahrhunderts die weibliche »Normalität« umschrieben wurde – Passivität, Schweigen, Schwäche, Kränklichkeit etc. –, verweisen auf den Tod, während die Begriffe für Männlichkeit – Aktivität, Kraft, Tat etc. – Synonyma für »Leben« sind. Diese Zuschreibung des »Todes« an die Weiblichkeit sollte auch in den Masochismustheorien der Psychoanalyse, durch die die Lust am Tod zum Bestandteil der weiblichen Triebstruktur erklärt wurde, ihren Ausdruck finden.

Die unterschiedlichen Einstellungen von Breuer und Freud zu ihren Patientinnen schlagen sich auch in unterschiedlichen Vorstellungen über die Therapie nieder. Für Freud gibt es eigentlich nur die Symptome der Krankheit. Die Patienten werden letztlich nicht gebraucht, sind eigentlich sogar störend – und damit ist auch ihr Geschlecht bedeutungslos:

Sie werden mir ohne weiteres zugeben, daß es wünschenswert wäre, es gäbe einen zweiten Weg, zur Ätiologie der Hysterie zu gelangen, auf welchem man sich unabhängiger von den Angaben der Kranken wüßte. Der Dermatologe zum Beispiel weiß ein Geschwür als luetisch zu erkennen nach der Beschaffenheit der Ränder, des Belags, des Umrisses, ohne daß ihn der Einspruch des Patienten, der eine Infektionsquelle leugnet, daran irre macht. Der Gerichtsarzt versteht es, die Verursachung einer Verletzung aufzuklären, selbst wenn er auf die Mitteilungen des Verletzten verzichten muß. Es besteht nun eine solche Möglichkeit, von den Symptomen aus zur Kenntnis der Ursachen vorzudringen, auch für die Hysterie.[23]

So setzt Freud auch die »kathartische Methode« einem chirurgischen Eingriff gleich:

der Eröffnung einer eitergefüllten Höhle, der Auskratzung einer kariös erkrankten Stelle und dergleichen ...[24]

Das heißt, für ihn ist die Hysterie eine Art von »Fremdkörper« im Patienten – vergleichbar Freuds Vorstellung von der »männlichen« Klitoris im Körper der Frau und (vielleicht noch wichtiger) ebenfalls vergleichbar mit der Vorstellung der Antike über die wandernde Gebärmutter. Für Breuer hingegen geht die Hysterie von einem *ich* aus, in dem das andere, die Zweiheit präsent sind:

Die abgespaltene Psyche ist jener Dämon, von dem die naive Beobachtung alter, abergläubischer Zeiten die Kranken besessen glaubte. Daß ein dem wachen Bewußtsein des Kranken fremder Geist in ihm walte, ist richtig; nur ist es kein wirklich fremder, sondern ein Teil seines eigenen.[25]

Was Breuer bei seiner Patientin Anna O., wenn vielleicht auch unbewußt, zu erkennen schien, war das *ich*, das seine Definition aus der »Unvollständigkeit« bezieht. Dieses *ich* faszinierte ihn, und eben die Anziehungskraft, die es ausübte, erklärt vielleicht, warum er die Flucht vor Anna O. ergriff. Sie erklärt auch die Eifersucht seiner Frau, die die Berichte über diese interessante Patientin zunehmend beunruhigten. Von einem Tag auf den anderen beschloß Breuer, die Behandlung abzubrechen. Anna O. reagierte mit den Symptomen einer Scheinschwangerschaft. Sie verkündete ihm, daß sie nun »sein Kind« gebären werde. Breuer floh aus dem Haus seiner Patientin und fuhr mit seiner Frau nach Venedig (von wo letztere schwanger zurückkam). Er sah Anna O. nie wieder. Später, als einmal von ihrer Krankheit die Rede war, äußerte er den Wunsch, daß sie sterben möge, um von ihrem »Leiden« befreit zu sein. Die Heftigkeit seiner Reaktion, der Todeswunsch, der sich wie der Wunsch ausnimmt, durch ihren Tod selber vom »Leiden« erlöst zu werden; auch Breuers lange Weigerung, irgend etwas über den Fall zu veröffentlichen (die *Studien über Hysterie* erschienen erst zehn Jahre nach der Behandlung von Anna O.), und schließlich die Tatsache, daß er in den *Studien* das abrupte Ende der therapeutischen Beziehung wie auch Anna O.s Scheinschwangerschaft verschwieg – all das spricht dafür, daß er bei diesem Fall – nichtsahnend – an die Grenzen des Unheimlichen geraten war. Mit anderen Worten: Er war dem »Geheimnis« nähergekommen als Freud.

Freud hingegen wollte nichts über das Verlangen der *Hysterikerin* erfahren, sondern mit ihrer Hilfe den Schlüssel zum Unbewußten finden. So gelingt es ihm zwar, ein ganzes Lehrgebäude über die Funktionsgesetze der Psyche zu errichten, aber letztlich bleibt für ihn gerade die Hysterie, von der er ausgegangen war, ein ebenso »schwarzer Kontinent« wie die Weiblichkeit selbst. Sollte es wirklich ein Zufall sein, daß bei kaum einer von den berühmten hysterischen Patientinnen Freuds von einer Heilung die Rede sein kann? Entweder hatten sie Rückfälle (Emmy v. N...), oder sie brachen die Behandlung ab (Dora), oder sie wurden nur deshalb von ihrem Therapeuten als »geheilt« betrachtet, weil sie in den Hafen der Ehe entlassen worden waren (Elisabeth v. R...) – ein fragwürdiger Erfolgsbeweis, denkt man an die Ausführungen von Breuer. Im Gegensatz zu diesen Frauen wurde Breuers Patientin Anna O. (deren Behandlung nicht einmal abgeschlossen war) später zu einer aktiven und sozial engagierten Frau: Bertha Pappenheim. In demselben Jahr, in dem Breuers und Freuds *Vorläufige Mitteilungen* erschienen, übernahm sie die Leitung eines Waisenheims in Isenburg bei Frankfurt. Bertha Pappenheim wurde zu einer engagierten Frauenrechtlerin, die sich insbesondere für die Rechte der jüdischen Frau einsetzte. Daß es Freuds und nicht Breuers Erfahrungen waren, die in die moderne Psychotherapie eingeflossen sind, mag übrigens auch eine Antwort auf das Rätsel geben, warum die Hysterie heute in Analytikerkreisen als besonders psychotherapiegeeignet gilt, aber die Therapien von Hysterikern eine besonders hohe Rate an Erfolglosigkeit aufweisen.[26]

Das Verschwinden der Andersartigkeit

Warum aber soll das Verschwinden der Andersartigkeit eine derartig wichtige Rolle in der Geschichte des Abendlandes spielen? Warum soll die Aufhebung der Zweiheit zum Leitfaden einer historischen Entwicklung geworden sein, die sich in der Geschichte der »Frauenkrankheiten« offenbart? Ich will eine denkbare Antwort auf diese Frage skizzieren.

Man hat versucht, Geschichte mit Zweckmäßigkeiten zu erklären, mit materiellen Erwägungen und rationalen Entscheidungen. So zutreffend diese Erklärungen im Einzelfall oder bei der Betrachtung kürzerer Zeiträume auch sein mögen, so unbefriedigend erscheinen sie mir bei der Analyse des großen Bogens, in dem sich das Geschlechterverhältnis in der abendländischen Geschichte bewegt hat. Gegen die »Zweckmäßigkeitstheorie« spricht schon die Tatsache, daß nichts die gesellschaftliche Realität des Abendlandes so tiefgreifend verändert hat wie die Gesetze, die vom Monotheismus, also den Geboten eines unfaßbaren, unsichtbaren – auf jeden Fall nicht mit Rationalität und Zweckmäßigkeiten zu erklärenden – Gottes, abgeleitet wurden. Die großen Umwälzungen des Abendlandes offenbaren eine Dynamik, die ihren Ursprung nicht im Materiellen, sondern im Unsichtbaren, im Denken oder der Metaphysik hat und die zur Umgestaltung der Materie geführt hat. Aber auch wenn einzelne rationale Erklärungen wie Machtausübung oder Profit als historisches Deutungsmuster nur wenig tauglich sind, so könnte man dennoch sagen, daß der wichtigste Motor des abendländischen Fortschritts in der Rationalität an sich bestand, also auf dem Bedürfnis beruhte, den Zufall und die Unberechenbarkeit auszulöschen, durch die sich die Ohnmacht des Menschen definiert. Von diesem Bedürfnis leitet sich die tiefe Skepsis ab, die das christliche Abendland jeder Form von mystischer Erfahrung entgegengebracht hat[27], wie auch ein seltsamer Widerspruch, der der christlichen Kultur eigen ist: Keine andere Religion der Welt hat die Erkenntnisse der Wissenschaft so erbittert bekämpft wie das Christentum, und keine andere hat so viele Wissenschaftler und wissenschaftliche Neuerungen hervorgebracht wie dieses.

Ebensowenig hat mich eine der gängigen Thesen über die Entstehung der Gesellschaftsform, die als »Patriarchat« bezeichnet wird, überzeugt. Die These besagt, daß die Erkenntnis einer männlichen Beteiligung am Zeugungsakt das auslösende Moment für die männliche »Machtergreifung« gewesen sei. Tatsächlich zeigen aber die Arbeiten von Historikern und Anthropologen, daß es im vorchristlichen Abendland ein Wissen um die Zeugungsvorgänge gab, das verschüttet, wenn nicht sogar bewußt ausgerottet wurde.[28] Insgesamt erscheint mir diese Erklärung nicht sehr kohärent. Die abendländischen »Patriarchen« interessierten sich immer sehr viel mehr für ihre »überirdischen Väter«[29] oder »geistigen Kinder«, Bücher oder wissenschaftlichen Errungenschaften als für ihre leibliche Nachkommenschaft – ein weiterer Hinweis darauf, daß in der abendländischen Schriftkultur geistige Faktoren erheblich geschichtsmächtiger waren als materielle Bedingungen.

Wenn es aber weder die Erkenntnis einer männlichen Beteiligung am Zeugungsakt noch andere »materielle« Faktoren waren, die zur Entstehung des »Patriarchats« führten, so muß es dennoch Bedingungen gegeben haben, unter denen ein tiefgreifender gesellschaftlicher Wandel stattfand – ein Wandel, den ich allerdings nicht als die Herrschaft des einen Geschlechts über das andere, sondern als die Entstehung des »universellen Subjekts« (oder die Aufhebung der Zweiheit) definieren möchte. Mit anderen Worten: Es gab einen Faktor, der einen Wandel von Religion und die damit einhergehenden Veränderungen der sozialen Struktur einleitete – aber dieser Faktor machte den Mann nicht weniger als die Frau zur Marionette der historischen Entwicklung. Das soll nicht heißen, daß Mann und Frau die *passiven* Opfer des historischen Prozesses waren, daß jener gleichsam über ihren Kopf hinweg seinen Gang nahm. Vielmehr verlief er *durch* ihren Kopf hindurch. Mann und Frau wurden zugleich Subjekt wie Objekt der Geschichte, die sie vorantrieben und von der sie ihrerseits als »Sexualwesen« definiert wurden. Dieser andere auslösende Faktor aber war die Geburt der Schrift.

Geschriebene Körper

Im christlichen Abendland schuf die Schrift eine Denkstruktur, die sich in zwei Richtungen bewegte: Die eine Richtung bestand in der Abstraktion vom Sichtbaren, die andere in einer »Beleibung« oder Sichtbarmachung des Abstrakten. Ich möchte diese Denkstruktur mit sechs Punkten charakterisieren (die in verschiedenen Epochen von unterschiedlicher Bedeutung waren):

Erstens das Denken in einer Sprache, die für ihre Vermittlung keines lebendigen Leibes, keines sprechenden Körpers bedarf. In diesem Sinne nennt Sombart die Schrift »die Sprache des Abwesenden«[30];

zweitens der eng damit verbundene Glaube an die Existenz eines unsterblichen Geistes;

drittens die davon abgeleitete Hoffnung auf *menschliche* Unsterblichkeit. Will der Mensch die Sterblichkeit überwinden, so muß er werden wie die Schrift: Er muß zum »Abwesenden« werden und einen »verklärten Leib« annehmen;

viertens führte das Phantasma eines unsterblichen Geistes darüber hinaus zur Vorstellung einer *Überlegenheit* des Geistes über die sichtbare, sinnlich wahrnehmbare Wirklichkeit. Von diesem

Phantasma leitet sich die für das Abendland charakteristische Dichotomie zwischen Geist und Materie, Kultur und Natur ab.

Fünftens wurde in dieser Dichotomie die Frau zur Symbolträgerin menschlicher *Natur*bestimmung, damit aber auch der Vergänglichkeit. Das »Menschsein« wurde gleichsam zweigeteilt: auf der einen Seite die sterbliche »Materie«, verkörpert durch die Frau; auf der anderen der unsterbliche »Geist«, verkörpert durch den Mann. Das heißt, die Gegensätzlichkeit von Geist und Materie, die vorschriftlichen Gesellschaften fremd ist, suchte in der sichtbaren Geschlechterdifferenz ihr Spiegelbild und eine Anbindung an die Wirklichkeit: Die Geschlechterdifferenz, der ohnehin die Erfahrung des Mangels eignet, wurde gleichbedeutend mit der Dichotomie Leben und Tod.

Sechstens entstand schließlich durch die Schrift auch das Phantasma, daß die Heilsbotschaft der Vergeistigung ihre Erfüllung finden wird, wenn die sichtbare Wirklichkeit nach den Gesetzen des Logos, die die Unberechenbarkeit und den Zufall ausschließen, gestaltet ist – wenn also das göttliche »Wort Fleisch geworden« ist. (Die technischen Sehgeräte sollten diesem Aspekt einer »Beleibung« des Abstrakten wiederum eine quasireligiöse Bedeutung verleihen: »Die Fotografie«, so hat es Flusser ausgedrückt, »wurde als erstes technisches Bild im 19. Jahrhundert erfunden, um die Texte wieder magisch zu laden.«[31])

Während einige der zuerst genannten Charakteristika auch auf andere Schriftkulturen zutreffen, erscheint mir dieser letzte Aspekt – der sich auch als Verwirklichung der Utopie umschreiben ließe – bezeichnend für das christliche Abendland. Keine andere Kultur ist *diesem* mit der Schrift einhergehenden Phantasma so bedingungslos gefolgt wie die christlich-abendländische. Nur hier ist das entstanden, was Aleida Assmann eine »volle Schriftkultur« nennt.[32] (Von der Entstehung dieser »vollen Schriftkultur« – die sich auch als Sichtbarwerdung der Schriftgesetze definieren ließe – leitete sich wiederum die für die Neuzeit charakteristische Dominanz des Auges über die anderen sinnlichen Wahrnehmungsformen ab.[33])

Mit Schrift ist hier nicht jede Form von Schriftlichkeit gemeint, sondern unsere Alphabetschrift, bei der Phoneme in Zeichen übertragen werden (die also keinen Bezug zur sichtbaren Wirklichkeit herstellt). Wie eng die phantasmatische Welt des christlichen Abendlandes mit dieser Schrift zusammenhängt, läßt sich an zwei Gegenbeispielen hochentwickelter Schriftkulturen darstellen.

Das antike Ägypten zum Beispiel zeichnete sich durch eine ganz bedeutende Schriftkultur aus, aber das Phantasma einer Erlösung durch die Entleibung des Geistes war ihr fremd. Dabei spielte die Schrift gerade im Totenkult eine wichtige Rolle: Das Grab (mit seinen Inschriften), so schreibt Jan Assmann, »hat dem Verstorbenen zur ewigen Ruhestätte zu dienen, es hat aber vor allem diese Ewigkeit zuallererst zu ermöglichen, indem es das *Andenken* an den Verstorbenen wachhält«.[34] Es handelte sich also um einen *Gedächtniskult*, bei dem die Vorstellung von Ewigkeit eng an die physische Existenz *nachkommender* Generationen gebunden war: ein Kult, der sich natürlich von der zyklischen Zeitvorstellung nichtschriftlicher Kulturen – mit ihrer Ritualisierung von Untergang und Wiederkehr – zutiefst unterschied, dem aber das Phantasma einer Unsterblichkeit durch Vergeistigung gleichermaßen fremd war. Diese Religionsstruktur hing eng mit dem Schriftsystem selbst zusammen: Anders als das griechische Alphabet, von dem sich die lateinische Schrift ableitet, entsprach die Schrift des antiken Ägypten keiner rein phonetischen, abstrakten Zeichensetzung. Vielmehr bestand sie aus Lautsilbenzeichen, denen Piktogramme beigegeben wurden, die den Zeichen erst ihre inhaltliche Bedeutung verliehen. Es handelte sich also um eine Schrift, die eine Anbindung an die sichtbare Wirklichkeit einforderte. So ist in diesem Schriftmodell kaum Platz für ein Unsterblichkeitsphantasma, das die Entkörperung voraussetzt.

Ein anderes prägnantes Beispiel ist die hebräische Schriftkultur. In der hebräischen Schrift werden die Vokale nicht geschrieben. Das heißt, die hebräische Schrift kann nur lesen, wer sie auch laut zu sprechen vermag. Diese Schriftform spiegelt sich in der jüdischen Religion selbst wider, die durch das gekennzeichnet ist, was der Judaist Arnold Goldberg das »Dogma einer mündlichen Thora«[35] nennt. Auch wenn die geschriebene Form unverändert bleibt und jede Schriftrolle bis ins kleinste Detail mit den anderen identisch ist, muß die Thora laut gelesen werden: »Sofern die Rezeption nicht ein bloßes Auswendiglernen ist«, so Goldberg, »kann der Text nur *produktiv* rezipiert werden.«[36] Dementsprechend vollziehen sich das Vortragen und das Verstehen des Textes nicht in individueller Lektüre, sondern öffentlich: in der Synagoge oder im Gespräch mit einem Lehrer.[37] Die hebräische Schriftform und die aus ihr hervorgegangene Religionsform vermitteln also nicht das Phantasma einer Sprache ohne Sprecher, eines zur reinen

Schrift gewordenen, entleibten Geistes. Unter diesem Aspekt müssen auch einige jüdische Ritualgesetze gesehen werden, wie etwa die Beschneidung, die sich als symbolische Einschreibung der menschlichen Versehrtheit in den *männlichen* Körper interpretieren läßt, d. h. als Einschreibung der Sterblichkeit in *den* Körper, dem die Religion zugleich die Verkündung der Schrift anvertraut.[38] Der unsichtbare Gott der hebräischen Bibel offenbart sich einzig durch die Schrift – aber die hebräische Schrift und die mit ihr einhergehende religiöse Vorstellungswelt sind so beschaffen, daß der Gläubige kaum auf den Gedanken kommen kann, durch Vergeistigung und Entleibung die Vollständigkeit Gottes zu erringen.

Anders die Rolle der Schrift im christlich-abendländischen Denken, wo die Vorstellung entsteht, daß der Mensch zum Schöpfer der Wirklichkeit werden kann, wenn es ihm gelingt, die Materie nach den Gesetzen der Schrift zu formen. Diese Vorstellung hat die Phantasie von Frauen gewiß nicht weniger beflügelt als die von Männern. (Im Mittelalter, als die »volle Schriftkultur« noch in der Entstehung begriffen war, gab es mehr Frauen, die lesen und schreiben konnten, als Männer.[39]) Die Anziehungskraft, die die Vorstellung einer Macht über den Tod und über den Zufall auch auf Frauen ausübte, mag einer der Gründe sein für die bedeutende Rolle, die sie im frühen Christentum und bei der Mission einnahmen. Aber bald stellte sich auch die Erkenntnis ein, daß die »Überwindung« der Sterblichkeit nichts anderes sein konnte als die Abspaltung der Sterblichkeit und das hieß Zuweisung der Sterblichkeit an das weibliche Geschlecht. So wurden Sterblichkeit und Andersartigkeit zu Synonyma: Verschieden war nur, wer endgültig verschieden war. Die Rolle, das andere des »universellen Subjekts« zu verkörpern, hatte die Frau inne.

Daß »Weiblichkeit« zu einem Synonym für Tod werden konnte, hängt mit den kulturellen Mustern zusammen, die das Denken der Menschen vor der Geburt der Schrift beherrscht hatten. In diesem Denken – es gibt noch heute viele Relikte davon – symbolisierten die Menschen ihre Unterwerfung unter die Gesetze der Natur und ihrer eigenen Sterblichkeit durch Rituale, in denen ein zyklisches Zeitdenken zum Ausdruck kommt. Schuf die Schrift eine Vorstellung von einmaliger Ewigkeit und damit linearer Zeit, die sich immer weiter nach vorne bewegt, so zeichnete sich das zyklische Denken durch die »ewige Wiederkehr« aus, die Untergang und Neugeburt beinhaltete. In diesen zyklischen Ritualen symbolisierte die Weiblichkeit das Gesetz der Wiederkehr, der Mann aber das des Untergangs. (Der kretische Zeus z. B. war ein sterblicher Jüngling, dessen Untergang und Wiederkehr jedes Jahr zelebriert wurden – eine Vorstellung von der höchsten Gottheit, die dem Denken der Griechen schon völlig fremd war. Daher das Sprichwort: »Alle Kreter lügen...«) Diese Rollenzuweisungen an die Geschlechter entsprachen kulturellen Mustern, mit denen das Gesetz der Zweiheit und der »Unvollständigkeit« ritualisiert wurde.

Mit der Geburt der Schrift drehen sich die Rollenzuweisungen um: Die Männlichkeit, die bisher die Sterblichkeit symbolisiert hatte, symbolisiert nun die Überwindung der Materie; sie verweist auf das Jenseits, die Gesetze der unsichtbaren Welt. Der Mann, wie Platon und Aristoteles festhalten, wird zur Inkarnation des Geistes. Die Frau aber, die bisher die Wiederkehr symbolisiert hatte (und damit die Hoffnungen verkörperte, die sich an die Gesetze der sichtbaren, zyklischen Zeit knüpften), wird zur Inkarnation eben jener Materie, von der sich der Mensch zu lösen hat, will er die Unsterblichkeit erlangen. In dieser Zuweisung, die »falsche«, weil nicht dem utopischen Ideal zuzuordnende Materie zu verkörpern, sind das Geheimnis für die angebliche Verlogenheit der Frau und die Gefahren, die vom Verkehr mit ihr ausgehen, zu suchen – ein Mythos, der die Gedankengebäude und die soziale Wirklichkeit von Jahrhunderten geprägt hat und im hysterischen Krankheitsbild paradigmatisch wiederkehrt.

Der hier beschriebene historische Prozeß bezieht seine Wirkungsmacht also aus Neuerungen in Sprache und Kultur, die auf die Geschlechterrollen und die sichtbaren sozialen Gegebenheiten einwirken. Die Hysterie stellt ihrerseits einen – freilich ohnmächtigen – Gegenpol zu diesem Prozeß dar: Der Abstraktion vom Sichtbaren setzen die Hysterikerinnen ihre Körpersprache entgegen. Auf die Herauslösung der Sprache aus dem Körper der Frau – ebendas beinhaltete ja die Entstehung einer »vollen Schriftkultur« – reagierte sie mit Symptomen, durch die der *Körper sprach*. Die Symptome der Hysterie stellen den Versuch dar, die Sprache – oder den Geist – in den Körper der Frau *zurückzuholen*. Je mehr den Frauen der eigene Name und die Teilnahme an der Kultur entzogen wurden, desto deutlicher ließen die Hysterikerinnen den Körper sprechen. Dabei lehnten sie sich gegen die Gleichsetzung von Weiblichkeit und Tod auf; sie zeigten sich als »Verschiedene« und verleugneten zugleich die Analogie von Andersartigkeit und

Sterblichkeit. Sie wurden zum »anderen« des »universellen Subjekts«.

Der historische Prozeß, den die Schrift einleitete und bestimmte, beinhaltete aber nicht nur die Abstraktion von der sichtbaren Wirklichkeit, sondern auch die Neugestaltung der Wirklichkeit. Es entstand eine »geschriebene Materie« – und hier nähern wir uns wieder dem Jahr 1900, um das sich ein Paradigmenwechsel in der Geschichte der »Frauenkrankheiten« vollzieht. Diese »geschriebene Materie« entstand nach genau demselben Muster, nach dem auch die Hysterikerinnen ihre »Wirklichkeit« – ihre Symptome – fabrizierten. Sie verwandelten Worte, Sprache in Körper, Materie. Desgleichen die Schrift: Die großen utopischen Modelle, die im Verlauf der abendländischen Geschichte entworfen worden sind – ob es sich nun um Platons *Staat*, die totalitäre Gemeinschaft eines Campanella oder die Wissenschaftsutopien eines Francis Bacon handelt –, alle fanden im 20. Jahrhundert ihre »Realisierung«.[40] Nicht immer entsprach die Wirklichkeit den Wunschvorstellungen ihrer Architekten – vor allem die Gewalt, deren es bedurfte, um aus Utopie Realität werden zu lassen, hätte sie verblüfft. Aber daß es sich um die Materialisierung von Entwürfen handelt, die auf dem Reißbrett oder am Schreibtisch entstanden waren, hätten auch sie nicht bestritten. Das heißt, die Hysterie stellt einerseits das parodistische Zerrbild einer Kultur dar, die durch das Wort Wirklichkeit zu erschaffen bemüht ist. Gleichzeitig wird sie aber auch zum Beweis dafür, daß diese Natur – und vor allem der menschliche Körper – der Definitionsmacht des Wortes unterliegt. Kein Wunder also, daß alle Disziplinen abendländischer Kultur immer wieder wie gebannt auf diese »Frauenkrankheit« geblickt haben.

Um 1900, als der historische Prozeß einer Neugestaltung des Sichtbaren seine Erfüllung zu finden beginnt, wandeln sich aber auch die Zuschreibungen an die Weiblichkeit. In der zweiten Hälfte des 19. Jahrhunderts entsteht ein neues Frauenbild, das zwar eine verblüffende Ähnlichkeit mit den Hexen und anderen Frauenbildern aufweist, die den Tod symbolisierten. Nun aber ist dieses Bild umgeben von der Aura des Sakralen, des pulsierenden Lebens selbst. Es ist ein Weiblichkeitsentwurf, der in Gestalten wie Carmen, Lulu oder Salome alle Exzesse von Lust und Leidenschaft verkörpert. Aber dieses Frauenbild, das mittlerweile Vorbildcharakter für jede Frau angenommen hat, die »eine echte Frau« sein will, ist nicht weniger als die »Natur« selbst auf dem Reißbrett entworfen: Es ist ein »geschriebenes« Frauenbild, das nicht durch Zufall in den Köpfen von männlichen Schriftstellern entstand und im Körper der Frauen aus Fleisch und Blut seine Verwirklichung, Materialisierung finden sollte. Dahinter – vergleichbar den Weiblichkeitsinszenierungen der männlichen Hysterie – steht die Phantasie einer selbstgeschaffenen Andersartigkeit, mit der das Ich sich in einem parthenogenetischen Akt selbst erzeugen kann. Die Rückkehr der »Zweiheit«, von der dieses Frauenbild Zeugnis abzulegen scheint, enthält also nicht die Vorstellung menschlicher »Unvollständigkeit«, sondern die Phantasie, aus ein und demselben Subjekt im Akt der Spaltung zwei entstehen zu lassen: ein Spiegelbild des Ich. Bezeichnenderweise wird der Bruder-Schwester-Inzest zu einem Leitmotiv der Liebesliteratur in der Moderne[41] – ein Topos, der seinerseits für die Entstehung der weiblichen Eßstörungen von eminenter Bedeutung sein wird.[42]

Mit der Entstehung einer geschriebenen Wirklichkeit verliert die Schrift – Werkzeug eines Denkens in »unsichtbaren Möglichkeiten« – an Bedeutung. Genauer: Das abstrakte Denken, durch das der Mensch befähigt worden war, an der Wirklichkeit zu zweifeln, wird zum Feind der Wirklichkeit, die es hervorgebracht hat. So tritt die Schrift, die über Jahrtausende die Gesetze der Religion und des Fortschritts bestimmt hatte, hinter das Bild zurück. Mit der Geburt der Photographie verwandelt sich das »universelle Subjekt« endgültig in ein betrachtendes Auge – ein Prozeß, der schon in der Renaissance mit der Entstehung der Zentralperspektive begonnen hatte. War einst die Wahrheit im »Nirgendwo« gesucht worden, in den geschriebenen Offenbarungen des unsichtbaren Gottes, so wird nunmehr das zur »Wahrheit«, was man *sehen* kann. »Wenn ihr wollt, daß ich an Gott glaube«, so hatte schon der Theologiestudent Denis Diderot gesagt, bevor er sich der Philosophie zuwandte, »so muß ich ihn berühren können.«[43]

Bei diesem Prozeß, der zugleich Säkularisierungsprozeß war, spielten die neuen technischen Sehgeräte eine wichtige Rolle. Charcot (der Leiter der französischen Anstalt Salpêtrière, in der sehr viele Hysterikerinnen – oder solche, die dafür gehalten wurden – untergebracht waren) nannte sich selbst einen »Künstler« und bezeichnete sein Krankenhaus als ein »lebendiges Museum der Pathologie«.[44] Zwischen 1870 und 1880 richtete er in der Salpêtrière regelrechte Photolabors ein, in denen die hysterischen Symptome auf die Platte gebannt wurden. Mit Charcot wurde die

Hysterie »reproduzierbar« – und zwar in mehr als einer Hinsicht: Nicht nur wurden die Bilder vervielfältigt; auch die Anfälle selbst der Patientinnen wurden durch den Akt des Photographierens suggeriert und ausgelöst. »Unter bestimmten Bedingungen«, so schreibt Charcot über hysterische Paralysen,

»können wir sie künstlich reproduzieren. Das ist das Erhabenste der Art und das Ideal der physiologischen Pathologie. Einen pathologischen Zustand reproduzieren zu können, ist die Perfektion selbst, denn man hält die Theorie in den Händen, wenn man über die Mittel verfügt, die Krankheitssymptome zu reproduzieren.«[45]

In der Salpêtrière des späten 19. Jahrhunderts wurde die Reproduzierbarkeit des Körpers – des Symptoms – mit Hilfe des reproduzierbaren Bildes praktiziert. An ebendiesem historischen Wendepunkt verläßt jedoch die Hysterie die Bühne der Geschichte und wird abgelöst von der Magersucht, der Symptombildung des »Verschwindens«. Heute gibt es in den Industrieländern kaum mehr einen Psychiater, der einen »arc de cercle« gesehen hat (es sei denn, auf seiner Station wird eine Frau eingeliefert, die einer nichtindustrialisierten Kultur entstammt). An die Stelle der Hysterie trat eine neue »Krankheit des Gegenwillens«, wie Freud zu Anfang die Hysterie nannte.[46]

Desinkarnation

Weniger die Symptome als die »Kranken« verweisen auf die Verwandtschaft von Hysterie und Anorexie. Das gilt natürlich vor allem für die Tatsache, daß die weit überwiegende Zahl der Magersüchtigen Frauen und Mädchen sind und daß bei den wenigen männlichen Anorektikern oft eine starke Identifizierung mit Weiblichkeit konstatiert wird.[47] Aber die Ähnlichkeit der beiden Krankheitsbilder erstreckt sich nicht nur auf das Geschlecht, sondern auch auf das Verhältnis der *anderen* zu den Kranken. Den Magersüchtigen wird oft, wie einst den Hysterikerinnen, »böser Wille« nachgesagt, oder sie werden als Verleugner betrachtet: »Es ist eine wohlbekannte Tatsache, daß Magersüchtige selten, wenn überhaupt, die Wahrheit sagten«, so heißt es in einem der modernen Lehrbücher über die Anorexie.[48] (Auch hier sei an das Paradoxon des Epimenides erinnert.) Wie den Hysterikerinnen, so wird auch den Anorektikerinnen nachgesagt, ihre Umwelt zu »manipulieren«.[49] Schließlich taucht im Krankheitsbild der Magersucht auch die Gleichsetzung von Frau mit Tod auf – nun aber wird der Frau ein *Selbst*zerstörungstrieb unterstellt.

Mara Selvini Palazzoli, die sich seit langem mit Anorektikerinnen beschäftigt, sagt ihnen eine besondere Willensstärke, Energie, Leistungsfähigkeit, Intelligenz, geistige Regheit und Aufnahmefähigkeit nach.[50] Andere haben die Anorektikerinnen als Menschen von »starker, explosiver, untergründiger Vitalität« beschrieben.[51] Es wird ihnen eine »leidenschaftliche, wenn auch unterdrückte Liebe zum Leben« nachgesagt.[52] So scheint es schwer einzusehen, warum es ausgerechnet bei den Magersüchtigen zum »Selbstzerstörungstrieb« oder der »Weigerung, erwachsen zu werden«, kommen soll, mit denen die Magersucht so oft erklärt wird. Der Eindruck, daß es sich bei der Anorexie vielmehr um eine Form der Selbsterhaltung handelt, verdichtet sich bei näherer Betrachtung. So schreibt Selvini Palazzoli:

> Der schlechte Körper, der vom Selbst ferngehalten wird, behütet die Existenz eines guten, idealisierten, gestärkten, annehmbaren und respektierten Ichs.[53]

Die »Desinkarnation«, wie drei französische Psychoanalytiker die Magersucht treffend genannt haben[54], dient also der Befreiung von einem Körper, der als schlecht und verlogen betrachtet, ja mit der »Lüge« selbst gleichgesetzt wird. Demgegenüber gilt der verschwindende Körper als Beweis von »Echtheit« und »Offenheit«.[55]

Aber handelt es sich hier nicht um die genaue Umkehrung des alten Verhältnisses, bei dem der weibliche Körper die »Lüge« inkarnierte, die der unsichtbaren »Wahrheit« entgegengestellt wurde? Und entspricht diese Umkehrung nicht wiederum der Umkehrung, die sich in der Geschichte des abendländischen Denkens vollzogen hat? Hatte die Hysterie um die Wahrung des ungeschriebenen Körpers gekämpft und war deshalb der Lüge bezichtigt worden, so bezeichnet nunmehr die Magersucht als ihre Nachfolgerin den geschriebenen Körper als »Lüge«.

In der Anorexie spiegeln sich einerseits das Verschwinden des »anderen« und der Untergang der Zweiheit wider. Andererseits reflektiert diese Krankheit aber auch die Weigerung, diesen Untergang hinzunehmen. Das zeigt nicht zuletzt die auffallende Ähnlichkeit dieser Frauenkrankheit mit anderen Formen des Widerstands, die ebenfalls erst im Industriezeitalter aufkamen und sich in den Überflußgesellschaften als wirksame Waffe erweisen – nicht ungleich der Anorexie, die wie wenige andere Krankheiten beunruhigt. Zu diesen Widerstandsformen gehört der Hungerstreik, der nicht durch Zufall zum ersten Mal von den englischen Suffragetten als kollektive politische Verweigerungsform eingesetzt wurde.[56] Die Verwandtschaft mit der Magersucht liegt auf der Hand. An den Suffragetten wurde auch, zum ersten Mal in der Geschichte des Abendlandes, die Zwangsernährung praktiziert – und wenn man heute manche Formen von Anorexietherapie betrachtet, so kann man nicht umhin, den Vergleich mit dieser Form von Fürsorge zu ziehen.[57] Beide, der Hungerstreik und die Magersucht, sind Verweigerungsformen, die in früheren Zeiten sinnlos erschienen wären[58], weil es der Körper, die Materie selbst waren, die als das zu Überwindende galten. Formen von Widerstand wie diese wurden erst denkbar und sinnvoll in einem Moment, wo sie eine tatsächliche Bedrohung darstellen – etwa für eine Gesellschaft, die die Beleibung zum Dogma erhoben hat. So schreibt Selvini Palazzoli:

In ihrer extremsten Form – dem Hungerstreik – wird die Weigerung zu essen zu einem idealistischen Schlag für die Freiheit; zur totalen Zurückweisung der Zwänge des Stärksten durch die Schwächsten.[59]

Die Verwandtschaft von Hungerstreik und Magersucht besteht aber auch in einer anderen Hinsicht: Der Hungerstreik kann nur wirksam werden in einer Gesellschaft, die sich selbst als »Übermutter« begreift, in der das Kollektiv also »weibliche« Züge annimmt – als Nation, als »Volkskörper« oder als soziale Wohlfahrtsgesellschaft. Diese Waffe der innenpolitischen Auseinandersetzung breitet sich also in dem Maße aus, in dem der weibliche Körper seine Leiblichkeit verliert, indem »die Frau« zu einer Allegorie wird und »Weiblichkeit« zu einem symbolischen Begriff. Während der Hungerstreik in gewisser Weise die Entstehung der kollektiven »Übermutter« bestätigt, spiegelt die Magersucht das Verschwinden des weiblichen Leibes wider.

Es liegt mir fern, die Anorexie in irgendeiner Form zu idealisieren oder magersüchtige Frauen zu »Helden der Geschichte« zu erklären. Vielmehr geht es um die Frage: Was besagt das Aufkommen einer solchen »Frauenkrankheit« über unsere Gesellschaft?

Sollte man, statt den Blick so intensiv auf die weiblichen Eßstörungen zu richten, nicht eher die Gesellschaft betrachten, die diese »Frauenkrankheit« hervorgebracht hat? Wie die Hysterie, so ermöglicht auch die Magersucht einen anderen Blick auf die Wirklichkeit – und zwar in mehrfacher Hinsicht: Die Anorexie verweist einerseits auf die historische Entwicklung, die zu den modernen Industriestaaten mit ihren Beleibungsdogmen geführt hat, in deren Katechismus das erste Gebot lautet: Du sollst keinen anderen Leib haben neben mir! Sie bewahrt die Erinnerung daran, daß der geschriebene Körper eine Geschichte hat. Dabei geht sie eine symbolische Allianz mit der alten Widersacherin der Hysterie ein: der Schrift, die die Erinnerung an den historischen Prozeß bewahrt, der unsere »geschriebenen Körper« hervorgebracht hat. Die Magersucht eröffnet aber nicht nur die Augen für die Vergangenheit. Sie verweist auch auf den Hunger heute, diesen Hunger, den die Industrieländer verbannt zu haben glauben, in Wirklichkeit aber nur außer Sichtweite in die »andere Welt« gerückt haben – egal, ob mit dieser »anderen Welt« die nichtindustrialisierten Länder oder Cyberspace gemeint sind.

Das Abendland kennt nur zwei Mächte, die aus organischer Substanz das Nichts entstehen lassen. Die eine ist das Auge des »universellen Subjekts«, das materielle Wirklichkeit in »simulierte« oder »virtuelle Realitäten« überführt. Die andere ist die Anorexie, die den Frauenkörper in ein »virtuelles« Ich verwandelt. Auch so ist Selvini Palazzolis Interpretation der Magersucht zu lesen:

> Der schlechte Körper, der vom Selbst ferngehalten wird, behütet die Existenz eines guten, idealisierten, gestärkten, annehmbaren und respektierten Ichs ...[60]

Anmerkungen

1 Der Begriff des »kollektiven Imaginären« hat nichts mit den von C. G. Jung entworfenen »Archetypen« zu tun, die sich durch Unveränderbarkeit auszeichnen; noch ist damit das »kollektive Unbewußte« gemeint, in das sich etwa die Spuren einer gemeinsamen kulturellen Tradition oder die Traumata einer Nation eingraben. Der Begriff des »kollektiven Imaginären« ist eher dem verwandt, was Benjamin als

»Wunschbilder« oder »Bilder« bezeichnet hat, die »einer bestimmten Zeit angehören« und denen eigen ist, »erst in einer bestimmten Zeit zur Lesbarkeit (zu) kommen«. (Vgl. Walter Benjamin, *Gesammelte Schriften*, hg. v. Rolf Tiedemann u. Hermann Schweppenhäuser, Frankfurt/M. 1982, Bd. V/2, S. 1226 u. Bd. V/1, S. 577.) Das »kollektive Imaginäre«, so würde ich es formulieren, besteht aus den historisch *wandelbaren* Leitbildern oder Idealentwürfen, die jede Epoche hervorbringt und die dazu beitragen, das Selbstbild und Gesicht der Gesellschaft dieser Epoche zu prägen. Dabei sind den unterschiedlichen Idealentwürfen des kollektiven Imaginären drei Charakteristika gemeinsam:

1. Auf die eine oder andere Weise transportieren sie immer eine Heilsbotschaft, die die Aufhebung menschlicher Versehrtheit beinhaltet und in der die Sehnsucht nach einer Auslöschung der Vergänglichkeit ihren Ausdruck findet.
2. Anders als eine individuelle Phantasie oder eine gesellschaftliche Utopie, deren imaginäre Qualitäten unbestritten sind, werden die phantasmatischen Entwürfe des kollektiven Imaginären von ihren Trägern als *Wirklichkeit* begriffen. (Sie bleiben also »unlesbar«.)
3. Da aber das Kollektiv über kein körperlich abgeschlossenes »Ich« verfügt, bleiben seine phantasmatischen Entwürfe dennoch eine Imagination. So bedarf das imaginäre kollektive »Ich« zu seiner Selbstdefinition der Abgrenzung gegen ein Fremdbild: das »andere Geschlecht« oder die »andere Rasse« zum Beispiel.

2 So etwa bei Otto Weininger, *Geschlecht und Charakter*, Wien 1903, [16]1915, S. 361.

3 Vgl. Wilhelm Stekel, *Die Geschlechtskälte der Frau*, Berlin und Wien 1921, etwa S. 194f.

4 Es sollte gelegentlich daran erinnert werden, daß sich das Wort »Zweifel« in allen indoeuropäischen Sprachen vom Wort »Zwei« ableitet, von dem Begriff also, der es überhaupt erst erlaubt, den anderen zu denken und damit auch die Universalität des einen in Frage zu stellen.

5 Wilfred Abse, *Hysteria*, in: *Am. Hdb. of Psychiatry*, New York 1969ff., Vol. III, S. 274.

6 Charles Ernest Lasègue, zit. nach Antoine Porot, *Manuel Alphabétique de Psychiatrie*, Paris 1965, S. 279.

7 Weininger, *Geschlecht und Charakter* (s. Anm. 2), S. 361.

8 Vgl. Ilza Veith, *Hysteria. The History of a Disease*, Chicago und London 1965, S. 2-7.

9 Zur Geschichte von Anna O. vgl. Ernest Jones, der als erster ihren wahren Namen (Bertha Pappenheim) enthüllte: Ernest Jones, *Das Leben und Werk von Sigmund Freud*, Bern und Stuttgart 1960-1962, Bd. 1, S. 266.

10 Vgl. Platon, *Der Staat*, in: *Platon, Hauptwerke*, ausgew. u. eingeleitet v. Wilhelm Nestle, Stuttgart 1973, S. 188.

11 Vgl. Hans F. K. Günther, *Platon als Hüter des Lebens. Platons Zucht- und Erziehungsgedanken und ihre Bedeutung für die Gegenwart*, München 1929.

12 Zur Allegorisierung des weiblichen Körpers in den Nationalsymbolen vgl. z. B. Silke Wenk, *Götter-Lieben. Zur Repräsentation des NS-Staates in steinernen Bildern des Weiblichen*, Kathrin Hoffmann-Curtius, *Symbolik und Erotik – Frauen in Kunst, Ästhetik und Kommunikation*, beide in: *Frauen und Faschismus in Europa. Der faschistische Körper*, hg. v. Leonore Siegele-Wenschkewitz und Gerda Stuchlik, Pfaffenweiler 1990; s. a. Silke Wenk, *Der öffentliche weibliche Akt als Allegorie des Sozialstaates*, in: *Metis* 1993/I, Pfaffenweiler; dies., *Versteinerte Weiblichkeit. Studien zum Status der Allegorie in der Skulptur der Moderne*, Berlin 1993; s. a. Kathrin Hoffmann-Curtius, *Ein Paar – ein Volk. Bilderpolitik zur deutschen Vereinigung 1989-90*, in: *Kritische Berichte. Zeitschrift f. Kunst- und Kulturwissenschaften*, 2/1993; Sigrid Schade/Monika Wagner/Sigrid Weigel (Hg.), *Allegorien und Geschlechterdifferenz*, Köln/Wien 1993.

13 Vgl. Christina v. Braun, *»Der Jude« und »Das Weib«. Zwei Stereotypen des »Anderen« in der Moderne*, in: *Deutsch-Jüdische Geschichte. Von der Aufklärung bis zur Gegenwart*, hg. v. L. Heid u. J. H. Knoll, Bonn und Stuttgart 1992.

14 Vgl. Joseph Breuer/Sigmund Freud, *Studien über Hysterie* (1895), Frankfurt 1970, S. 145 f.

15 Vgl. Christina v. Braun, *Männliche Hysterie – weibliche Askese. Zum Paradigmenwechsel der Geschlechterrollen*, in: dies., *Die schamlose Schönheit des Vergangenen*, Frankfurt a. M. 1989, S. 50-79.

16 Vgl. z. B. Stavros Mentzos, *Hysterie. Zur Psychodynamik unbewußter Inszenierungen*, München 1980, S. 61.

17 Sigmund Freud, *Gesammelte Werke*, Bd. XV, Frankfurt a. M. 1981, S. 140 f.

18 Breuer/Freud, *Studien über Hysterie* (s. Anm. 14), S. 194.

19 Ebda., S. 84.

20 Freud, *GW* VII (s. Anm. 17), S. 240.

21 Freud, *GW* V, S. 123.

22 Breuer/Freud, *Studien über Hysterie* (s. Anm. 14), S. 199.

23 Freud, *GW* I (s. Anm. 17), S. 426.

24 Breuer/Freud, *Studien über Hysterie* (s. Anm. 14), S. 246.

25 Ebd., S. 203.

26 Sven Otto Hoffmann, *Charakter und Neurose*, Frankfurt a. M. 1979, S. 254.

27 Musil hat dieser Skepsis im *Mann ohne Eigenschaften* Worte verliehen: Der »andere Zustand«, von dem alle Mystiker berichten, so sagt Ulrich, sei ursprünglicher und unverfälschter als alle Religionen der Welt. Deshalb haben auch »alle zivilisierten Gemeinschaften religiöser Men-

schen diesen Zustand stets mit einem ähnlichen Mißtrauen behandelt, wie es ein Bürokrat der privaten Unternehmerlust entgegenbringt«. Robert Musil, *Der Mann ohne Eigenschaften*, in: *Gesammelte Werke*, hg. v. Adolf Frisé (1952), Reinbek b. Hamburg 1970, S. 766; zur besonderen Angst der christlichen Gesellschaft vor der mystischen Erfahrung vgl. z. B. die Arbeiten des Bewußtseinsforschers Stanislav Grof, *Consciousness, Research and Electronic Media*, Vortrag auf dem Symposion »Expedition 92«, München, 10./11. Sept. 1992.

28 Zu den »verschütteten« Kenntnissen vgl. Hanns Bächtold-Stäubli (Hg.), *Handwörterbuch des Deutschen Aberglaubens*, Berlin und Leipzig 1927ff., Bd. II, S. 1764f. Daß es sich aber auch um die Ausrottung von Wissen handelt, zeigen die ganzen Theorien, die die Zeugung zu einer rein männlichen Angelegenheit erklärten – besonders deutlich in der Theoriebildung der »Präformisten«, laut denen der männliche Samen ein fertiges kleines Menschenkind enthält, während die Gebärmutter als »passiver Acker« der Frucht gesehen wurde. »Im Gegensatz zu dem, was die katholische Kirche heute behauptet«, so sagt der Theologe Jacques Pohier, »hat das Christentum der biologischen Nachkommenschaft nie das absolute Primat beigemessen – und dies nicht zuletzt deshalb, weil in der römischen und christlichen Welt, wo das Christentum entstanden ist, die Adoption eine normale Erscheinung war.« Vgl. *Les faiseurs d'hommes III*, in: *Le Monde* v. 22. 4. 1983, S. 12.

29 Die Vorstellung, daß gerade der *nicht*definierbaren Vaterschaft eine höhere Bedeutung beigemessen wird, zeigt sich etwa im Bild des Findlings Moses (dessen Name besagt: »Der Gott ist es, der ihn geboren hat«) ebenso wie in der Gestalt Jesu, der von einer irdischen Frau, aber einem überirdischen Vater geboren wird. In seinen *Bekenntnissen* schreibt Augustinus wiederum, daß sein ganzes Trachten darauf ausgerichtet sei, daß Gott – statt seines irdischen Vaters – zu seinem wahren Vater werde. Vgl. Aurelius Augustinus, *Bekenntnisse*, eingel. u. übertr. v. Wilhelm Timme, Stuttgart 1979, I. Buch, 11,S. 43. Dasselbe gilt auch für den säkularen Kontext: Für Schopenhauer ist die Vaterschaft »metaphysischen Ursprungs« (vgl. Arthur Schopenhauer, *Über die Weiber*, Leipzig 1919, S. 80); und für Jacques Lacan ist wiederum die Sprache der »symbolische Vater«, der sich im »Toten Vater« inkarniert. Vgl. Jacques Lacan, *Über eine Frage, die jeder möglichen Behandlung der Psychose vorausgeht*. Übers. v. Chantal Creusot u. Norbert Haas, in: *Schriften*, Bd. 2, Olten und Freiburg 1975, S. 89.

30 Werner Sombart, *Der moderne Kapitalismus*, Berlin 1901.

31 Vilém Flusser, *Für eine Philosophie der Fotografie*, Göttingen 1991, S. 16.

32 Vgl. Aleida Assmann, *Schrift und Gedächtnis – Allianz oder Rivalität?* Vortrag im Kulturwissenschaftlichen Institut Essen v. 4. 5. 1992.

33 Zur Geschichte einer Dominanz des Auges über die anderen sinnlichen

Wahrnehmungsformen im christlichen Abendland vgl. Christina von Braun, *Ceci n'est pas une femme. Die Sichtbarmachung des unsichtbaren Geschlechts*, Hamburg: Schriften der Hochschule der Bildenden Künste, 1994.

34 Jan Assmann, *Schrift, Tod und Identität. Das Grab als Vorschule der Literatur im alten Ägypten*, in: Aleida und Jan Assmann/Christof Hardmeier (Hg.), *Schrift und Gedächtnis. Beiträge zur Archäologie der literarischen Kommunikation*, München 1983, S. 66.

35 Arnold Goldberg, *Der verschriftete Sprechakt als rabbinische Literatur*, in: Assmann/Assmann/Hardmeier (Hg.), *Schrift und Gedächtnis* (s. Anm. 34), S. 124. Zur Bedeutung der mündlichen Tradition für die jüdische Religion siehe auch Eveline Goodman-Than, *Zeitbruch. Zur messianischen Grunderfahrung in der jüdischen Tradition*, Berlin 1995, S. 21 und 37ff.

36 Ebd., S. 133.

37 Dazu Aleida Assmann: »Der Grundsatz all dieser Institutionen ist, daß Wahrheit nicht ausschließlich schriftförmig werden darf, sondern personalisiert bleiben muß und von der ›wahren und lebendigen Rede des Wissenden‹ nicht ablösbar ist.« (*Schrift und Gedächtnis – Allianz oder Rivalität?* [s. Anm. 32])

38 Auch die Ritualgesetze, die sich auf den weiblichen Körper beziehen – etwa im Zusammenhang mit Menstruation und Geburt –, sind keineswegs nur als ein Sinnbild für die Herabsetzung des weiblichen Geschlechts zu deuten (wie das heute, gerade von feministischer Seite, oft geschieht). Vielmehr sind sie als Ausdruck der rituellen Zuordnung zu dem *einen* Geschlecht zu verstehen. Frauen könnten versucht sein, in ihrer Gebärfähigkeit; Männer, in der Überbewertung der Geistigkeit die Grundlage für ein Phantasma der Vollständigkeit zu suchen. Die Ritualgesetze – beim Mann die Beschneidung, bei der Frau die Reinheitsgesetze – betonen jedoch die Geschlechterdifferenz auf symbolischer Ebene und stärken somit auch das Bewußtsein der eigenen Unvollständigkeit und Sterblichkeit.

39 Vgl. Régine Pernoud, *La Femme au temps des Cathédrales*, Paris 1980, S. 71f.

40 Vgl. Christina v. Braun, *Von Wunschtraum zu Alptraum. Zur Geschichte des utopischen Denkens. Filmessay*, München 1984.

41 Ich kann das Thema hier nur andeuten, bin aber schon verschiedentlich darauf eingegangen: vgl. z. B. *Die schamlose Schönheit des Vergangenen* (s. Anm. 15).

42 Vgl. Christina v. Braun, *Das Kloster im Kopf. Weibliches Fasten von mittelalterlicher Askese zu moderner Anorexie*, in: Karin Flaake/Vera King (Hg.), *Weibliche Adoleszenz*, Frankfurt a. M. 1992.

43 Denis Diderot, *Lettre sur les aveugles à l'usage de ceux qui voient*, Genève/Lille 1951, S. 40.

44 Jean-Marie Charcot, *Leçons sur les maladies du système nerveux*, in: *Œuvres Complètes*, Bd. III, S. 4.

45 Jean-Marie Charcot, *Leçons du mardi à la Salpêtrière*, in: *Policlinique* 1887/88, Bd. I, S. 136. Charcot erklärt auch die Funktionsmechanismen dieser Suggestion: »Ich brauche Ihnen nicht zu sagen, unter welchen Bedingungen man die hysterischen Traumata, die wir als psychisch bezeichnen, reproduzieren kann, denn man ruft sie hervor, indem man auf die Phantasie des Subjekts Einfluß nimmt.« (Ebd., S. 136)

46 Freud, *GW* I (s. Anm. 17), S. 10.

47 Vgl. Mara Selvini Palazzoli, *Magersucht*, übers. v. Hilde Weller, Stuttgart 1982, S. 111.

48 Ebd., S. 26.

49 Ebd., S. 44.

50 Ebd., S. 48 u. 92.

51 H. Hiltmann/G. Clauser, *Psychodiagnostik und aktiv-analytische Psychotherapie Jugendlicher, dargestellt an der Pubertätsmagersucht*, in: *Praxis der Psychotherapie*, München 1961, S. 173.

52 Selvini Palazzoli, *Magersucht* (s. Anm. 47), S. 87.

53 Ebd., S. 116.

54 E. Kestemberg/J. Kestemberg/J. Décobert, *La faim et le corps*, Paris 1972, S. 156ff.

55 Selvini Palazzoli, *Magersucht* (s. Anm. 47), S. 94.

56 Heribert Ostendorf, *Das Recht zum Hungerstreik. Verfassungsmäßige Absicherung und strafrechtliche Konsequenzen*, Frankfurt a. M. 1983.

57 Vgl. Christina v. Braun, *Die Angst der Satten. Über Hungerstreik, Hungersnot und Überfluß. Filmessay*, WDR 1992.

58 Vgl. Edward Shorter, *The First Great Increase in Anorexia Nervosa*, in: *Journal of Social History*, Summer 1988, S. 81.

59 Selvini Palazzoli, *Magersucht* (s. Anm. 47), S. 94.

60 Ebd., S. 116.

Barbara Duden
Anmerkungen zur Kulturgeschichte des Herzens*

Ich stelle mich gerne als Körperhistorikerin vor. Wenn ich das tue, fühle ich mich sogleich gedrängt zu erklären, was das denn ist. Denn ich weiß, daß mein Revier kein Herzstück der heutigen Geschichtsforschung ist, sondern ein kaum erforschtes Gebiet. Das ist um so erstaunlicher, als der Körper sich in den letzten Jahren immer mehr als eine Grundkategorie der Kulturgeschichte erwiesen hat. Dazu möchte ich mit einer These aufwarten. Ich behaupte, Körpergeschichte sei weitgehend Kulturgeschichte der Natur. Dazu gehört dann die Kulturgeschichte des Blutes und des Fleisches, der Mutter, der Sinne, des Schmerzes und, eben auch, des Herzens.

Diese Objekte einer Kulturgeschichte der leibhaftigen Natur haben etwas Besonderes an sich. Sie sind weder Dinge noch Ideen, noch Begriffe, noch Vorstellungen, noch Bilder – noch auch Organe. Die Gegenstände der Körpergeschichte sind ein Sammelsurium *sui generis*: weil der Leib als Gegenstand der Geschichte sich dem Historiker als gelebte und erlebte Natur vorstellt. Was an ihm sich fassen und zum Objekt der historischen Forschung machen läßt, sind sinnhafte *topoi*, *loci*, »Erfahrungsknoten«, deren Wesen ich als praxisleitende Orientierungsdiagramme bestimmen will. In meiner *Geschichte unter der Haut* habe ich zu ihrer Bezeichnung einen Terminus geprägt.[1] Ich spreche dort von »praxisleitenden Vorstellungen«, um mich auf diese leibhaftig erlebten, innerhalb der Kultur von Eisenach um 1730 spezifisch orientierenden und handlungsanweisenden Selbstverständlichkeiten zu beziehen. Diese »praxisleitenden Vorstellungen« sind etwas anderes als explizite medizinische Begriffe oder Theorien über den Körper. Sie sind in der jeweiligen körperlichen Praxis selbst eingefleischte Wahrnehmungsformen. Nach meiner These ist Weltwahrnehmung nicht ablösbar von einer Körperlichkeit, deren historische Eigenart darin sich – organisch – artikuliert, daß sie »leibhaftig« Praxis

* Ich verdanke viele Anregungen der ungedruckten schönen Studie von Esther Fischer-Homberger, *Herz und Seele: Aus der Geschichte der Psychosomatik* [1979].

normativ und historisch, d. h. innerhalb einer gegebenen Kultur, orientiert. Geblüt, Haut, Körperöffnungen lassen sich, wenn sie in einem Text des 18. Jahrhunderts erscheinen, nicht auf anatomische Organe reduzieren. Sie müssen als organisch aufeinander bezogene Erlebnisse verstanden werden, die nicht nur Vorstellung, sondern auch Handlung orientieren.

In dieser Forschungsperspektive ist der Leib jenes Erlebnis, durch das die Welt verstanden und erfaßt, gedeutet und als normative Anleitung zur Orientierung innerhalb einer Kultur hingenommen wird. Das Thema der Körpergeschichte ist folglich nicht ein abstraktes Konstrukt oder eine Vorstellung von »der« Natur, sondern die Gestalt der haptischen Hexis[2] einer vergangenen Zeit, also die kinästhetisch-taktile, nicht optisch vermittelte und zur zweiten Natur gewordene epochenspezifische Wahrnehmung.[3] Nicht der Begriff oder das Wort, noch das Abbild oder das Ideologem des Herzens ist formell das Thema jener Körpergeschichte, die ich betreiben will, sondern die bedeutungsschwere und leibhaftige Befindlichkeit davon, wie es einem damals »ums Herze« gewesen ist. Denn auf dem Verständnis für diese »Hexis« beruht die Fähigkeit zur Hermeneutik der ihr gleichzeitigen Metaphern, Analogien, Schmerzen, Ängste und Träume, die in der jeweiligen Kultur ihren Ausdruck und Niederschlag und ihre Deutung finden.

Das Objekt der Körpergeschichte ist also weder der typische Zustand des Herzmuskels bei Arbeiterfrauen noch der Stand der medizinischen Kenntnisse über seine Morphologie und Physiologie noch auch die Verwendung des Herzens als Symbol oder Topos. In jeder dieser Perspektiven trenne ich ja das »Organ« als »natürliche Tatsache« von den es beschreibenden, definierenden oder symbolisierenden Instanzen. Und so kann ich die Schwierigkeit nicht umgehen, am Beginn des Nachdenkens vom heute gegebenen, auf ein »Organ« reduzierten Begriffsinhalt behindert zu sein. Nehme ich »das Herz« bloß metaphorisch, dann setze ich eine physisch immer schon vorhandene apriorische Wirklichkeit des Organs voraus, die »eigentlicher« erscheint als die daran angehefteten Metaphern. Physis und Psyche des Herzens sind aber in jeder Epoche untrennbar aus einem Stoff. Auf der Suche nach der historischen Gestalt der haptischen Hexis einer vergangenen Epoche ist das »Herze« ein kulturelles Deutungs- und Handlungsschema, also ein praxisleitendes *Erlebnis*.

Als die Praxis leitende Vorstellung ist das Herz nicht nur ein komplexer, sondern auch ein vielschichtiger Gegenstand. Komplex kann ja auch etwas Flaches sein: eine Oberfläche, ein Labyrinth, ein Interaktionsschema, ein »System«. Die Besonderheit des körpergeschichtlichen Objektes besteht aber nicht so sehr in seiner synchronen Vielseitigkeit als vielmehr in seiner asynchronen Vielschichtigkeit: Am Herzen läßt sich besonders gut zeigen, wie sich im gelebten Körper lang Vergangenes mit unmittelbar Wahrgenommenem verwebt. Historische Herzenskunde, historische Kardiologie ist Archäologie am lebenden Wesen. Im Unterschied zu den 13 Schichten, die in Jericho nacheinander besiedelt und forschend lagenweise freigelegt wurden, verweben sich im Herzen Ungleichzeitigkeiten zur Gegenwart. Mit gebrochenem Herzen und doch herzensgut und beherzt kann eine Frau sein, und sie kann doch auch gleichzeitig an den Folgen der Selbstzuschreibung jener Hydraulik leiden, die sie sich über einprägsame Schautafeln im Volksschulunterricht einverleibt hat. Auch ein mit drei Schläuchen chirurgisch renoviertes Herz kann in einem warm- oder einem kaltherzigen Menschen schlagen. Als Fürst Thurn und Taxis vor einigen Jahren ein neues Herz erhielt und sich herausstellte, daß es von einem Vorbestraften kam, fiel der Schatten der Verbrechermentalität auf den neuen Träger dieses Herzens. Die Geschichte dieses Erlebnispotentials gehört also wohl in die Physiogonie, in die Geschichte der historischen Genesis der je epochenspezifisch unterschiedlich erlebten Herzensnatur.

Selbst in meiner Kindheit noch konnte man zum Liebsten »mein Herz« sagen und vom Kind als dem »eigenen Fleisch und Blut« sprechen. Das konnte noch metonym und nicht nur metaphorisch gemeint sein. Ich kann heute noch sagen, daß mein Herz sich zusammenzieht, wenn ich an die Kurden denke, und sicher sein, daß der eine oder andere mich beim Wort nimmt. Aber mein Herz kann mir nicht mehr in die Hose rutschen – das ist schon seit drei Generationen bestenfalls eine Redensart. Woher kommt es, daß es mir für den Liebsten und für meine Geschwister möglich ist, das Abstraktum durch die konkrete Attribution von Herz und von Blut zu ersetzen? Meine europäische Natur erlaubt es mir nicht, meinen Bauch oder meinen Magen ähnlich zu entäußern, was scheinbar dem Maori leichtfällt. Um Körpergeschichte betreiben zu können, genügt es nicht, mir der »Modernität« meines Verhältnisses zum eigenen Herzen bewußt zu werden. Ich muß obendrein das Studium des Geblütes und des Herzenstausches[4] zur Grundlage meines Naturverständnisses machen, um ihrer in mir verkörperten Reste gewahr zu werden. Wenn ich sage, jemand hat eine »Herzattacke«, ihr Herz »fließt über« oder sie hat ein von Liebe »entflammtes« Herz, dann spreche ich in bezug auf eine äußerst komplexe Tradition von physiologischer und religiöser Bilderwelt und naturkundlicher Theorie, die ins 18. Jahrhundert zurückreicht, von da in die Renaissance, die mittelalterliche Theologie und weiter bis in die griechische Dichtung und Heilkunde. In jeder Epoche hatten die genannten Bilder ihren eigenen Sinn. Jedes Jahrhundert drückte den Worten seinen eigenen Stempel auf, deshalb kann ich sie weder für die Gegenwart noch für die Vergangenheit in ihrer Aussagekraft und im somatischen Erlebnisgehalt als gleich voraussetzen. Nur so kann die Herzensnatur für mich zum Gegenstand der Kultur- und nicht der Philosophie-, Kunst-, Literatur- oder Ideologiegeschichte werden.

Langsam setzt sich diese Einsicht durch. Seit Ende der siebziger Jahre wird der erlebte Körper entdeckt. In der Semiotik wird die Objektwelt zur zentralen Aufgabe und der Leib im Umgang mit der Objektwelt zu einem wichtigen Thema. Phänomenologen übersetzen Merleau-Ponty[5], und Emmanuel Levinas, dessen Denken vom Gesicht seinen Ausgang nimmt, wird endlich im hohen Alter als großer Philosoph anerkannt. Jacques LeGoffs *L'Histoire de l'Imaginaire*[6] nimmt bewußt und methodisch Abstand von der Begriffs-, Ideen- und Bildgeschichte und untersucht die soziale Wirkmacht von Leibern, die im Traum und in der Vision erscheinen. Die historische Semantik der Bildhaftigkeit entdeckt das Verhältnis zwischen dem gelebten und dem abgebildeten Körper. Die körperliche Verfaßtheit in unterschiedlichen Epochen ist zum Schlüssel für das Studium der Historizität von Raum und Zeit geworden und gibt einen überraschenden Zugang zur Entstehung religiöser[7] und naturwissenschaftlicher Kategorien.

Seit ich vor vier Jahren im Einleitungskapitel meines Buches *Geschichte unter der Haut* versucht habe, eine Topologie der Strömungen im Bereich der Körpergeschichte zu skizzieren, sind aus Rinnsalen Bäche geworden, von denen ich eben nur jene Richtungen nannte, die in meinem Freundeskreis uns wichtige Anstöße gaben. Soeben noch war der gelebte Körper das Stiefkind unter den Objekten der Sozialwissenschaft. Jetzt entpuppt er sich als historische Grundkategorie.

Um sich mit historischer Kardiologie zu befassen, sind wohl

drei Bedingungen nötig: Man muß sich erstens in die breitgefächerte Literatur einarbeiten, in der Mediziner, Linguisten, Kunst- und Ideengeschichtler, Philosophen und Theologen sich mit der Vergangenheit des Herzens auseinandergesetzt haben. Dann muß man zwei Propädeutika absolvieren: erstens Übung im methodischen Zweifel an meinem eigenen Herzen und dann den Mut zur gebildeten Ahnung beim Vordringen in das Herz einer anderen Welt.

Ich habe oft an dem Versuch gezweifelt, eine Sache, eine Wirklichkeit, eben den »gelebten Körper«, der schon in der Gegenwart meiner kritischen Wahrnehmung weitgehend entschlüpft, zum Angelpunkt meiner historischen Arbeit zu machen. Was mich dazu gebracht hat, ist eben mein Bedürfnis, in diesem konkreten Moment, der der einzige ist, der mir gegeben wurde, jene Distanz zu gewinnen, aus der heraus ich mir der haptischen Hexis meiner eigenen Existenz bewußt werden kann.

Als eine, die sich seit Jahren mit historischer *Hystero*logie beschäftigt, mit der historischen »Mutterkunde« also, und die nur abseits schielend etwas von der entsprechenden *Kardio*logie mitbekommt, fällt mir auf, daß im Vergleich mit der »Mutter« die Forschung zum Herzen wesentlich reichhaltiger ist. Literatur zur »Mutter« mußte ich suchen, sie in entlegenen Gebieten entdecken; das Herz hingegen ist ein beliebtes Thema von Philologen, Kunsthistorikern und Philosophen in allen Sprachen.[8] Außerdem gehen die meisten Historikerinnen der »Mutter« von ihr als einer »wissenschaftlichen Tatsache« aus. Mit dem Suchbild des ihnen geläufigen, biomedizinisch definierten Uterus durchforschen sie die Vergangenheit. Demgegenüber ist die Literatur zum Herzen reich an Fragestellungen, aus denen heraus die jeweilige Kultur als Herzenssache erscheint.

Was ich meine, will ich an einigen wenigen Motiven erläutern. Das alte Ägypten kannte ursprünglich nur ein einziges »Herz«, das des Pharaos, das Herz des Landes. Jan Assmann hat uns beschrieben, wie es in El Amarna zum Herzen des Königs wurde.[9] Von Karl Rahner lernen wir, wie es bei den Hebräern zur »asymptotisch erreichbaren Mitte und Einheit von personal-geistiger Selbstverfügung und leib-seelischer Eigengesetzlichkeit« wird.[10] Das Herz aus Fleisch wird zum Gegensatz des versteinerten Herzens: »und ich will Euch ein neu Herz und einen neuen Geist in Euch geben und will das steinern Herz aus Eurem Fleisch wegnehmen und Euch ein fleischern Herz geben«, heißt es in der Lutherschen Übersetzung des Hesekiel.[11] Die begriffliche Ausdeutung des Konzeptes und seine Verwendbarkeit in der Philosophie sind Leistung der Griechen im späten 5. Jahrhundert.[12] Schon bei Homer war der Sitz der seelisch-geistigen Lebendigkeit im Herzen: also nicht nur lebenspendendes Organ, sondern auch Mitte der Person, dem dann die Stoa das Denkvermögen zuschrieb. Aber seit Onians' großem Buch über die Ursprünge des europäischen Denkens in bezug auf Körper, Geist und Seele wissen wir, daß es unmöglich ist, den Sinn der griechischen Worte *cardia*, *thymos*, *phrenes*, *hetor*, die alle auf körperlich verhafteten Mut, Lebenshauch und Bewußtsein hindeuten, organisch zu lokalisieren. Das besprochene »Herz« hatte einen anderen Sitz und eine andere Bedeutung als die uns geläufigen. Sapphos Herz ist das erste, von dem wir hören, daß es sich auf den Weg zum Liebsten machen will, also reisen kann.

Das christliche Herzerlebnis wird durch Schrift und griechische Tradition bestimmt. Augustinus verdichtete und erweiterte die Tradition um ein Vielfaches. Er verwendete *cor* zur Exegese von Schriftstellen, in denen das Wort selbst nicht vorkommt, und er führte neue Sinnverbindungen ein: *cordia*, *recordatio*, *concordia*, *discordia*, *sinus* und *labia*, Schoß und Lippen des Herzens. Von Augustinus gingen die späteren westlichen Herzensmetaphern aus. Um eine zu nennen: *cor herebat ubi adhaerebat*: sein Herz schmerzt dort, wo es anhänglich gewesen. Für Irenäos ist das Herz die bildsame Mitte des Menschen, die – wie der Ton für den Töpfer – für das Wirken der Gnade weich gehalten werden muß.[13] Die Herzenstür, die bewacht werden muß, die Herzensaugen, die bewahrt werden müssen, sind schon Themen der späten Patristik, die in einem Jahrtausend über Liturgie, Predigt und Gebet die mystischen Massenbewegungen des späten Mittelalters vorbereiten.[14]

Das Hochmittelalter »nimmt das Bild des Wohnens im Herzen beim Wort« und wandelt das Wohnen vom Lyrischen ins Szenische.[15] Das Herz wird zum erlebten Ort des gastlichen Innenraumes und auch fleischliche Metapher für klösterliche Gemeinschaft.[16] Das Herz kann ja hören, sehen, knien, »denn siehe, wie alle Sinne des Körpers, so spürt das Herz im Inneren, was sie außen spüren ... Hebe mir doch die Augen, die Ohren, die Nase des Herzens zu Dir.«[17] Aus biblischen Quellen gespeist, entstand hier eine Wahrnehmung, die als Metapher noch bei Goethe, Winckelmann und Kleist weiterlebte.[18] Michel Rouche sieht im spätrömischen Aufkommen des neuen Herzens eine der Bedingungen für die frühe Gestaltung des Privatraumes.[19]

Das Herz tut etwas in der Brust so wie die Planeten am Himmel. Die Frage danach, was es da tue, löste ebenso heftigen Streit aus wie die Frage nach dem »Warum« des Sonnenaufgangs. Alfred Anglicus, der Thomas Aquinas bekannt war, weiß, daß das Herz »kreist« – daß es also eine vollkommene Bewegung ausführt.[20] Erst später, im Zeitalter der Uhr, beginnt es zu »schlagen«. Und erst nach der Wandlung des Blutkreislaufs aus William Harveys aristotelischer, kosmischer Diagrammatik zur hydraulischen Mechanistik bei Descartes beginnt das Herz zu »pumpen«, und gleichzeitig verschwinden jene Poren im Septum, die jeder Zergliederer bis dahin noch mit den Augen »gesehen« hatte. Das Herz wird nach und nach zum Organ in der Gestalt eines Muskels. Vormals sinnhafte Eigenschaften werden nun durch die medizinische Physiologie des Herzens unmöglich und damit zur reinen Metapher. Reiche Bilderwelten als Zeugnis somatischen Erlebens verblassen: das Herz als ein »Gefäß«, das etwas fassen kann; als Substanz ganz eigener Art; als Sitz der angeborenen Wärme, des Feuers; als Ursprung der Begeisterung des Herzblutes und des lebendigen Wesens. Erst in der zweiten Hälfte des 18. Jahrhunderts droht der Herzanfall: Im Jahr 1786 wird die *Angina pectoris* als klinisches Syndrom erstmals beschrieben und verdrängt die vormals nicht nur verspürte, sondern vom Arzt auch somatisch erkannte Herzensenge, -beschwer, -erstickung und den »Riß« am Herzen. Die in den letzten beiden Jahrzehnten durchgesetzte Verwaltung kranker Herzen durch Schrittmacher und schließlich die Transplantation werden zum Symbol des Sieges der Hochtechnologie über die innere Natur des Menschen.

Nicht einen Augenblick dürfen wir uns der Illusion hingeben, daß in dem gelehrten Schrifttum, das ich in Proben vorgeführt habe, unmittelbar das jeweils gelebte und erlebte Herz selbst zur Sprache kommt. Ja, aus dem Murmelspiel mit diesen Forschungsergebnissen lassen sich Begriffs-, Ideologie- und Metapherngeschichte und die Tradition von Sprechweisen und Lehrmeinungen rekonstruieren. Nur ganz bruchstückhaft ist bei diesem Studium etwas von dem »Herz von Fleisch« einer vergangenen Epoche zu erahnen. Dazu seien abschließend die Herzensnöte eines Hoffrauenzimmers aus einer protestantischen Kleinstadt in Thüringen am Beginn des 18. Jahrhunderts skizziert, um die Heterogenität dieser Herzen anzudeuten.

»Ein etlich 50.jähriges Hof-Frauenzimmer, sanguinisch-cholerischen Temperaments, etwas corpulent, hatte Anno 1706 bey der Flucht vor denen Schweden aus Sachsen unter hastigem Bemühen und Schrecken sich einen Zufall von Hertz-Zappeln zugezogen, daran sie nachgehends zuweilen plötzlich darnieder geworfen worden.« Sie läßt den Arzt am 23. März 1720 zu sich rufen, damit er ihr in einem solchen »Sturm des Herzens« beistehe.[21] So beginnt die Krankengeschichte des Eisenacher Arztes Johann Storch, auf die ich mich stützen will. Storch war ein ebenso gewissenhafter wie gewöhnlicher *Physicus* des frühen 18. Jahrhunderts. In den dreißig Jahren seiner Praxis notierte er täglich die Besuche der Kranken, ihre Lebensgeschichten und Klagen, ihre Blutflüsse und Schmerzen. Als Neuerer und akademisch wenig interessierter Praktiker führte er seine Protokolle in deutscher Sprache. Im Alter fügte er diese Protokolle zu medizinischen *casus* und versah sie mit *reflexiones* und Exzerpten aus den Krankengeschichten der medizinischen Literatur seiner Zeit. Das Hoffrauenzimmer findet sich als *casus* 25 im 8. Band der *Weiberkranckheiten*, der den Gebrechen gewidmet ist, »so man der weiblichen Mutter zuschreibet«. Die wohl im thüringischen Dialekt ausgespuckte Klage des Fräuleins wird durch die Verschriftung des Arztes zu einer *historia morborum*, einer Krankengeschichte. Und doch ist es um 1720 noch möglich, aus der *Morbographie*, der Verschriftung eines Krankheitsbefundes, die erzählte Lebensgeschichte, die *Biologie* im ureigensten Sinn des Wortes, herauszulesen. Denn die Verschriftung des sachlich faßbaren Befundes im Leib vermittelt Erlebnisdimensionen, die aus der medizinischen Terminologie einer späteren Epoche herausgewaschen werden.

Als medizinisches Zeugnis wäre der Fall des Hoffrauenzimmers bloß eine historische Variante der Verschriftung eines Befundes über eine ahistorische Sache, nämlich ein im anatomischen Atlas gespiegeltes Herz einer Fünfzigjährigen. Ich könnte die Klage der Frau mühelos übersetzen in die technische Sprache des biomedizinisch gefaßten modernen Körpers. Ein Mediziner, dem ich die Geschichte des Fräuleins vorlegte, diagnostizierte in der Tat »eine kardiale Dysfunktion mit arrhythmischer Frequenz als posttraumatisches Streßsyndrom mit signifikanten Konversionssymptomen und hysterischen Manifestationen«. Aber das Herzweh, das hier in Rede steht, ist von anderer Natur.

Neun Tage lang, zwischen dem 23. und 31. März 1720, hört Storch dem Fräulein zu. Er schreibt auf, was sie ihm während der Visiten »erzählet«, was sie »verspüret«, »meldet«, »verlangt«. Ihre Klage ist wortreich. Sie leidet an einem »Zufall« des Herzens, der mit wechselnden Worten überliefert ist: das Herzzappeln, ein Sturm des Herzens, ein schmerzlicher Riß am Herzen, Herzzittern und Verlierung des Pulses, wiederkehrende Stürme und anfallende Ängstlichkeit. In allen diesen Beschwernissen ist die somatische von der Erlebniswirklichkeit nicht abgespalten. Heute trennt ein Abgrund die klinischen Daten einer Herzdysfunktion und die erzählte Klage eines Wehs um das Herz. Die Daten der Kardiologie sind technisch vermittelt und terminologisch erlebnisunfähig – auch wenn die Patientin versucht, ihren Spürsinn den Laborbefunden anzupassen und diese zu inkorporieren. Das moderne »Herz« ist eine Pumpe, es ist mit einem Blutgefäßsystem verbunden. Dieses System kann verstopft und reparaturbedürftig sein. Dann muß es eine Umleitung erhalten, wenn es nicht überhaupt ausgetauscht werden soll. Wenn heute mein Herz niedergedrückt ist, wenn es mir in die Hose rutscht, wenn ich es jemandem öffne, gebrauche ich eine Metapher.

Im frühen 18. Jahrhundert dagegen ist das Herz im Leib der somatische Erlebnisgrund für Wahrnehmungen. Ein Echo des Erlebens. Wenn die Schuhmachersfrau in der Praxis des Dr. Storch über »Herzenserkältung« klagt und eine andere über eine Verhärtung des Herzens, oder das Hoffrauenzimmer Erleichterung sucht gegen die Herzensenge und die Stürme des Herzens, dann sprechen sie über etwas »Wirkliches« und Leibhaftiges. Die Not des Fräuleins ist chronisch im besten Sinne des Wortes: Der Schrecken vor den Schweden hat sich in ihrem Herzen eingezeichnet, hat sich in ihrer Lebensgeschichte einverleibt. Der »Riß« am Herzen des Hoffräuleins ist keine reine Metapher für ein objektivierbares Symptom. Es ist keine bloß poetische Formulierung, sondern, so die zeitgenössische Definition, es ist eine »altgeschlagene Herzenswunde, kümmerlich in etwas überheilet, durch neuen Herzensriss gleichsam wieder geöffnet und aufgebrochen«. Denn das Herz hat im 18. Jahrhundert noch eine andere Natur: Es zittert, es ist bewegt, es weitet sich, es wallt und springt, es schwillt, sinkt und bricht, es tut sich auf und verschließt sich, es kracht, es verhärtet sich, und es erkaltet. Der Kummer fällt aufs Herz, macht es schwer, nagt an ihm und kann es ganz zerfressen. Man muß sich Max Höflers große Sammlung umgangssprachlicher Krankheitsnamen ansehen, um die somatischen Erlebnisdimensionen des Herzens auch noch Ende des 19. Jahrhunderts ahnen zu können.[22] Als Landarzt in Bayern notierte Höfler, was ihm die Kranken in seiner Praxis sagten. Er kommt zu einer langen Liste des »Herzens«, und da zeigt sich, wie die Gestalt des Herzens mit Herzbändeln, Herzblut und Herzbeutel von einer Beschaffenheit ist, die es zum Echo vielfältiger Erfahrung befähigt. Die »Verstrickung« des Herzens wurde erlebt, weil es in netzförmigen Bändern liegt, die sich bei Aufregung und Herzensverwirrung wahrhaftig verstricken.

Um an die Geschichte des Frauenherzens als Erlebnishintergrund heranzukommen, müßten wir diese somatische Dimension ernst nehmen. Hier müßte das Studium erst beginnen. Ich selbst begänne mit der Beobachtung, daß die traditionale Medizin bis in das 20. Jahrhundert hinein eine Reihe von Herzenselixieren und Herzstärkungen nennt, die allesamt die Frauenherzen stärken sollen. Aber zu dieser Geschichte existieren bisher nur Vorarbeiten.

Anmerkungen

1 Barbara Duden, *Geschichte unter der Haut. Ein Eisenacher Arzt und seine Patientinnen um 1730*, Stuttgart 1987, S. 123 ff.

2 Zu »Hexis« siehe Ritter (Hg.), *Historisches Wörterbuch der Philosophie*, Band 3, Sp. 1120-1123. Hexis (habitus) stellt nach Aristoteles einen Dauerzustand des Seienden dar im Sinne einer besonderen, durch das Jetzt und Hier bestimmten Seinsweise, also eine »Temperatur«, die in der Hochscholastik zur Lehre vom *habitus* führt. Die Konstitution des »humoralen Körpers« war derart, daß ein *habitus* sich zur zweiten Natur einkörpern konnte: im Herzen, im Blut z. B. Siehe *Oxford English Dictionary*: habits, constitution, temper, veins als traditionale Begriffe, die eine leibseelische Seinsbefindlichkeit bezeichneten.

3 Schon Aristoteles sprach in *De partibus animalium*, *Über die Teile der Tiere*, von »haptisch«. Der Terminus wird Anfang des 20. Jahrhunderts zuerst in der Kunstwissenschaft, dann in der Psychologie wiederaufgenommen, siehe Ritter, *Historisches Wörterbuch der Philosophie*, Band 3, Sp. 999, und W. Witte, *Somästhesie und haptische Wahrnehmung*, in: *Studium Generale* 17 (1964), S. 596-608.

4 Zur Geschichte des Herzenstausches, der in der mittelhochdeutschen Dichtung eine große Rolle spielt, siehe André Cabassut, *Cœurs... changements des, échange des...*, in: *Dictionnaire de Spiritualité* XI, Sp. 1046-1051.

5 Maurice Merleau-Ponty, *Phänomenologie der Wahrnehmung*, Berlin 1966.

6 Jacques LeGoff, *Phantasie und Realität im Mittelalter*, Stuttgart 1987.

7 Peter Brown, *The Body and Society. Men, Women and Sexual Renunciation in Early Christianity*, New York 1988, deutsch: *Die Keuschheit der Engel. Sexuelle Entsagung, Askese und Körperlichkeit am Anfang des Christentums*, München 1991.

8 Ritter, *Historisches Wörterbuch der Philosophie*, Band 3, 1974, Sp. 1100-1112, vermittelt eine gute Übersicht zur Forschungslage über das nichtmedikalisierte Herz in der Geschichte, allerdings immer nur im Hinblick auf seine Metaphorik und Symbolik, nicht im Hinblick auf die diese begründenden Erlebnisformen des Herzens. Der entsprechende Artikel im *Reallexikon für Antike und Christentum*, Band 14, 1988, Sp. 1093-1131, gibt den besten Zugang zum Konzept in orientalischen, hebräischen, griechischen und lateinischen Texten.

9 Jan Assmann, *Ma'at. Gerechtigkeit und Unsterblichkeit in Ägypten*, München 1990.

10 Karl Rahner/H. Vorgrimler, *Kleines theologisches Wörterbuch*, Freiburg o. J., S. 170. Éduard Dhorme, *L'emploi métaphorique des noms de parties du corps en hébreu et en accadien*, Paris 1923, Nachdr. 1963, eine bedeutende, schön geschriebene Studie zu den vielfältigen Bezügen zwischen den Leibteilen und den Leidenschaften, Wünschen und Erinnerungen und der äußeren Welt. Die Himmel haben ein Herz, ein Gesicht, in der Dämmerung öffnen sie die Augen.

11 Hesekiel II, 1-20.

12 Ruth Padel, *In and Out of the Mind. Greek Images of the Tragic Self*, Princeton 1992, S. 18ff., eine glänzende Studie darüber, wie die Griechen das dunkle Innere unter der Haut imaginierten und dort Leidenschaften und Wahrnehmungen situierten. Sie vertieft die schon 1929 geschriebene Studie von R. B. Onians, *The Origins of European Thought about the Body, the Mind, the Soul, the World, Time and Fate*, Cambridge 1988.

13 *Reallexikon für Antike und Christentum*, Artikel »Herz« (s. Anm. 8), Sp. 1117.

14 Vgl. Karl Rahner, *Le début d'une doctrine des cinq sens spirituels chez Origène*, in: *Revue d'Ascétique et de Mystique* 13 (1932), S. 113-145, zu diesen »inneren Sinnen«, mit denen unkörperliche Wirklichkeiten sinnlich im Herzen wahrgenommen werden. Sie sind zentral im christlichen Verständnis mystischer Phänomene. Siehe auch: Karl Rahner, *La doctrine des »sens spirituels« au Moyen Age, en particulier chez*

Saint-Bonaventure, in: *Revue d'Ascétique et de Mystique* 13 (1932), S. 263-299.

15 Friedrich Ohly, *Cor amantis non angustum: Vom Wohnen im Herzen*, in: ders., *Schriften zur Mittelalterlichen Bedeutungsforschung*, Darmstadt 1977, S. 130: »In der Zeit der großen Dichter mittelhochdeutscher Sprache ist das Tragen und Wohnen des liebsten Menschen im Haus und in der Kammer, dem Schrein und der Klause, dem Zelt oder Himmelreich des Herzens – wie seine Hingabe oder sein Tausch – dermaßen Brauch geworden, daß über die Stränge dieser Bildlichkeit zu schlagen locken mußte, indem man sie auf den ›Boden der Wirklichkeit‹ zurückrief: Das Herz wird ausgestattet mit Tür und Schlüssel oder Riegel, später Dach und Wänden, erhält einen Sessel oder Thron, läßt sich absperren und verschließen, verriegeln und versiegeln. Am Ende kann man die Liebe auf seine Wände schreiben.«

16 Gerhard Bauer, *Claustrum animae. Untersuchungen zur Geschichte der Metapher vom Herzen als Kloster*, 3 Bde., München 1971, eine gründliche Untersuchung vom Herzen als Zelle, als innerer Rückzugsort. Xenia von Ertzdorff, *Die Dame im Herzen und das Herz bei der Dame: Zur Verwendung des Begriffes »Herz« in der höfischen Liebeslyrik des 11. und 12. Jahrhunderts*, in: *Zeitschrift für deutsche Philologie* 84 (1965), S. 6-46. Der für Gott geöffnete Innenraum wird in der höfischen Lyrik zur Herzenskammer der Minnenden.

17 Augustinus, in: *CCL* 36, 186, 18/30.

18 Klaus Düwel, *Das Bild von den »Knien des Herzens« bei Heinrich von Kleist*, in: *Euphorion* 68 (1974), S. 185-197.

19 Michel Rouche, *Abendländisches Frühmittelalter*, in: *Geschichte des privaten Lebens*. Bd. 1: *Vom Römischen Imperium zum Byzantinischen Reich*, hg. von Paul Veyne, Frankfurt a. M. 1989, S. 427ff. zum Herzen.

20 Dazu James Bono, *Medical Spirits and the Medieval Language of Life*, in: *Traditio* 40 (1984), S. 114f. Bei Alfred Anglicus »weitet« sich das Herz, es ist der Sitz der Seele, ihr Brautbett und ihre Wohnstätte.

21 Johann Storch, *Von Weiberkranckheiten, achter und letzter Band*, Gotha 1752, S. 114ff.

22 Max Höfler, *Deutsches Krankheitsnamenbuch*, München 1899, siehe »Herz«.

IV.

Gelebte Leiblichkeit

Ruth Waldeck

»Bloß rotes Blut«? Zur Bedeutung der Menstruation für die weibliche Identität

»Wie würden Sie die Menstruation einem jungen Mädchen erklären, das noch nichts darüber weiß?« – »Ich denk', es ist ein Teil deines Lebens, wenn du erwachsen wirst.« – »Könnten Sie beschreiben, was die Menstruation ist?« – »Huch.« – »Was würden Sie dem Mädchen sagen?« – »Bloß rotes Blut.« (Martin 1989: S. 136) Diese Passage aus einem Interview mit einer Arbeiterin findet sich in der Untersuchung der amerikanischen Anthropologin Emily Martin zum weiblichen Körperbewußtsein. Mir scheinen die Antworten dieser Frau einiges mit der bisherigen Reaktion der Frauenforschung auf das Thema Menstruation gemeinsam zu haben. Auch hier wird der Menstruation oft mit einer Sprachlosigkeit begegnet, die wie ein erschrocken abwehrendes »Huch!« wirkt; oder sie wird mit einer Beiläufigkeit erwähnt, als sei sie bedeutungslos, »bloß rotes Blut«. Nun reagieren Frauen, die mehr Bildung erwerben konnten als eine Arbeiterin, beredter als mit einem offenherzigen »Huch«. Frauen der Mittelschicht, so zeigt Martin, antworten auf die gleiche Frage oft, indem sie referieren, was die Medizin über Menstruations- und Hormonzyklen sagt (ebd.: S. 133 f.). In gleicher Weise spricht auch die Psychoanalytikerin Christiane Olivier in ihrem Buch *F wie Frau – Psychoanalyse und Sexualität* (1991) das Thema an: Sie stellt den Menstruationsvorgang aus medizinischer Sicht dar, ohne darauf einzugehen, was die Menstruation für das Erleben und das Selbstbild einer Frau bedeuten kann.

Dabei ist es ein zentrales Anliegen der Psychoanalyse, zu erforschen und zu verstehen, welche Bedeutung Anatomie und Körpervorgänge für das Seelenleben haben. Welch große Erschütterung die Entdeckung des Geschlechtsunterschiedes in der Psyche des Kleinkindes auslöst, auf welch gravierende Weise Reinlichkeitserziehung und Onanietabu die Charakterstruktur beeinflussen, hat die Psychoanalyse ausführlich dargestellt. Die Menstruation aber spielt auch in wichtigen Arbeiten zur psychosexuellen Entwicklung der Frau (Chasseguet-Smirgel 1974, Chodorow 1985, Benjamin 1990) keine Rolle. Resultiert die Nichtbeachtung dieses »Teils des Lebens erwachsener Frauen« daraus, daß die Menstruation heute enttabuisiert und deshalb unwichtig ist? Oder zeigt sich hier, daß die alten Berührungsängste noch so tief verinnerlicht sind, daß die monatliche Blutung nicht einmal theoretisch berührt wird?

Nun, die Sprachlosigkeit gegenüber der Menstruation läßt sich auch ganz harmlos erklären: Die psychoanalytische Entwicklungstheorie befaßt sich im wesentlichen mit der frühen Kindheit, mit einer Lebensphase also, in der die Menstruation gar nicht relevant ist. Die Adoleszenz als die Lebensphase, die durch die körperlichen Veränderungen der Pubertät ausgelöst wird, die Phase also, in der das Mädchen zur Frau wird, findet in der Frauenforschung erst in letzter Zeit Beachtung (Flaake/King 1992). Durch die Konzentration auf die frühe Kindheit entsteht der Eindruck, daß die Entwicklung eines Menschen in den ersten Lebensjahren besiegelt ist. Die Adoleszenz erscheint lediglich unter dem Aspekt der Wiederholung frühkindlicher Konflikte und Erfahrungen. Und in der Tat ist es oft so, daß z. B. ein Mädchen, das mit zwei oder drei Jahren lernt, zum minderwertigen Geschlecht zu gehören, auch in der Adoleszenz ähnliche Erfahrungen macht. Trotzdem scheint mir – gerade für die Frauenforschung – der Gedanke wichtig, daß die Adoleszenz sich auch als eine Phase der Veränderung betrachten läßt.

Die Adoleszenz als »zweite Chance«

Wenn zu Beginn des zweiten Lebensjahrzehnts die Pubertät einsetzt, werden tiefgreifende psychische und soziale Veränderungen eingeleitet. Die Geschlechtsreife gibt dem Körper eine andere Gestalt: das Mädchen bekommt rundere Formen, die Brust wächst, die Schamlippen werden voller, Schamhaare wachsen, auch die inneren Genitalien bilden sich aus, die Menstruation setzt ein. Schließlich ist die Möglichkeit zu genitaler Sexualität, zum Orgasmus und zur Fortpflanzung – zumindest vom Körperlichen her – gegeben. Außerdem beginnt mit der Pubertät der Prozeß der Ablösung von der Familie, denn die kindlichen Liebesobjekte müssen aufgegeben werden, um sich außerhalb der Familie Partner zu suchen, mit denen Liebesbeziehungen unter den neuen Bedingungen möglich sind.

Um diese Funktionen und Konsequenzen der Geschlechtsreife in die Persönlichkeit zu integrieren, ist eine psychische Umstrukturierung nötig. Die kindliche Persönlichkeitsstruktur muß gelokkert und verflüssigt werden, »eine tiefgreifende Reorganisation des Ichs und der Libidobesetzungen« (Blos 1978: S. 22) wird nötig. Blos beobachtete bei gestörten Kindern, »daß die Adoleszenz nicht nur trotz, sondern eher wegen ihres emotionalen Aufruhrs oft eine Spontanheilung für schwächende Kindheitseinflüsse bietet und dem Individuum Gelegenheit gibt, Kindheitserfahrungen, die seine fortschreitende Entwicklung bedroht haben, zu modifizieren und zu korrigieren« (ebd.: S. 23). Auch Erdheim hebt diese Möglichkeit zur Veränderung hervor und spricht, Bezug nehmend auf K. R. Eissler, von der Adoleszenz als »zweiter Chance« (Erdheim 1982: S. 300).

Denken wir an die Einschränkungen und Entwertungen, unter denen ein kleines Mädchen bis heute vielfach zu leiden hat, lassen solche Gedanken aufhorchen: Mit den Prägungen in der frühen Kindheit ist das weibliche Schicksal also nicht besiegelt, durch die Pubertät gibt es im zweiten Lebensjahrzehnt eine Chance zur Veränderung der bisherigen Persönlichkeitsstruktur, zum Aufbruch aus den bisher eingeübten Verhaltens- und Denkweisen, zur Ablösung von den bisherigen Vorbildern und Geschlechtsrollenmustern.

Wie früh und wie deutlich kleine Mädchen erkennen, daß Frauen das zweite Geschlecht sind und sich selbst als minderwertig erleben, hat z. B. Marianne Grabrucker (1985) anschaulich beschrieben. Für ein kleines Mädchen ist es zunächst unerklärlich, warum erwachsene Männer und kleine Jungen die interessanteren und wichtigeren Tätigkeiten ausüben, warum einem Jungen mehr zugetraut wird als einem Mädchen, warum Erwachsene mit ihm ernsthaft reden, während sie gegenüber dem Mädchen in säuselnde Babysprache verfallen. Auf der Suche nach einer Erklärung stößt das Mädchen schließlich auf die körperliche Verschiedenheit und kommt zu dem Schluß, daß die andere anatomische Ausstattung der Grund für die Höherbewertung des Männlichen sein muß. Diese Einschätzung wird oft dadurch verstärkt, daß das Genital des Jungen Namen hat, und zwar neben »Penis« meist auch noch einen kindlichen. Kosenamen für das Genital des Mädchens sind seltener, Begriffe wie Scheide, Spalte oder Loch bezeichnen eher etwas Ungreifbares und Lückenhaftes. Dem Penis des Jungen wird noch eher selten die Klitoris als gleichwertiges weibliches Lustorgan gegenübergestellt und kindgemäß benannt. Von der »Muschi« zu reden klingt zwar zärtlich, ist aber im Grunde zu ungenau. Und außerdem macht der Ton die Musik: Erwachsene sprechen Mädchen gegenüber oft leicht verschämt und nicht in so klarer und anerkennender Weise vom weiblichen Genital wie vom männlichen. Noch verschämter wird es, wenn es um die Selbstbefriedigung des Mädchens geht. Frauen haben mit der Autoerotik des Mädchens Schwierigkeiten, wenn sie sich selbst diese Lust nicht oder nur heimlich gestatten; Männer fürchten, lüstern und zudringlich zu wirken; die Lust des Mädchens bleibt dann ohne Bestärkung und Berechtigung. Undifferenziertheit und Verschämtheit können das Mädchen daran hindern, »Stolz auf seine Weiblichkeit zu empfinden, und Angst und Verwirrung hinsichtlich seiner Sexualität nach sich ziehen« (Lerner 1980: S. 1103).

Die Pubertät nun fordert jedes Mädchen dazu auf, den sich verändernden Körper zu entdecken und zu begreifen. Für ein Mädchen also, das während der Kindheit in der Aneignung seiner Genitalien und im lustvollen Umgang mit dem eigenen Körper behindert wurde, könnte die Adoleszenz eine »zweite Chance« sein. Denn wenn mit dem pubertären Triebschub auch die Sexualneugierde brennender wird, könnte das Mädchen die Gelegenheit ergreifen, den eigenen Körper und seine Vorgänge zu erforschen und zu verstehen. Es kann betrachten und fühlen, wie Brüste und Schamlippen wachsen, wie die Klitoris sich durch Berührung verändert, wie die Genitalien im Verlauf des Zyklus trockener und fester oder feuchter und weicher werden. Durch das Einsetzen der Menstruation werden auch die bisher so verborgenen inneren Genitalien spürbar und lokalisierbar. Das junge Mädchen kann lernen, darauf zu achten, ob sie in der Mitte des Zyklus links oder rechts im Unterbauch ein Ziehen verspürt, das manchmal den Eisprung begleitet. Die Kontraktionen und Krämpfe bei der Blutung machen die Lage der Gebärmutter deutlich, und der Blutfluß durch die Vagina macht die Verbindung zwischen inneren und äußeren Genitalien wahrnehmbar.

Harriet E. Lerner berichtet von einer Patientin, die an Lernstörungen und Schwierigkeiten bei zeitlicher und räumlicher Orientierung litt und deren Symptome sich unter anderem dadurch verringerten, daß sie ihr Körperbild, ihre »innere Karte« (ebd.: S. 1094), um die Lage und Gestalt der Genitalien ergänzte. Judith Kestenberg beobachtete bei adoleszenten Patientinnen, daß sich psychische Verwirrung durch die Erfahrung der regelmäßigen Blutung legte: »Das Einsetzen der Menstruation macht es dem Mädchen möglich, zwischen Realität und Phantasie zu unterscheiden [...]. Es hilft ihm, seine inneren und äußeren Erfahrungen zu strukturieren, seine Fähigkeiten zur Kommunikation und zur organisierten Wahrnehmung wiederzugewinnen.« (1975: S. 298f., Übers. R. W.) Das Wissen um Ort und Aussehen der eigenen Genitalien kann also helfen, das eigene Körperbild zu ergänzen und zu organisieren; die Regelmäßigkeit der Blutung kann Sicherheit und Vertrauen im Verhältnis zum eigenen Körper schaffen und die Wahrnehmung von Gefühlen und Phantasien festigen und strukturieren. All diese Erfahrungen am eigenen Leibe tragen zum weiblichen Selbstbewußtsein bei und sind zugleich auch ein Sicherheit gewährendes Grundmuster für das Verhältnis der jungen Frau zu ihrer Umwelt.

Nun kann die Menstruation aber noch mehr eröffnen als Orientierung und Strukturierung auf körperlicher und psychischer Ebene. Die Blutung kann auch ermöglichen, sexuelle Erregung wahrzunehmen und dieser Lust am eigenen Körper nachzugehen. Denn kurz vor und während der Menstruation sind die Genitalien besonders stark durchblutet, die Schamlippen schwellen an und sind sehr sensibel. Um so eher kann das Einschieben eines Tampons oder das Tragen einer Binde erregende Gefühle auslösen. Und auch die Kontraktionen der Gebärmutter und das Fließen des warmen Blutes aus der Vagina können zu sexueller Erregung beitragen. »Huch«? Berühren wir nun doch noch ein Tabu? Das mag sein, wie ich später noch ausführen werde, aber wenn von den Chancen der Adoleszenz die Rede ist, sollte auch die Möglichkeit nicht unerwähnt bleiben, daß eine junge Frau vom eigenen Körper her – und gerade auch durch die Menstruation – ihr sexuelles Verlangen zu spüren und zu befriedigen lernt. Denn bleiben diese Empfindungs- und Befriedigungsmöglichkeiten ungenutzt, so ist sie – wie Dornröschen im Märchen – schließlich darauf angewiesen, daß ein Mann sie erweckt und ihre sexuellen Wünsche lebendig macht (vgl. Waldeck 1992). Kann eine junge Frau aber durch die pubertäre Entwicklung die eigenen Lustorte und sexuellen Vorlieben zunächst für sich selbst entdecken, so kann sie sich schließlich sicherer und selbstbewußter auf eine sexuelle Beziehung einlassen.

Die Chancen der Adoleszenz lassen sich allerdings nur dann ausschöpfen, wenn das Interesse und die Lust am eigenen Körper nicht aufs neue durch Tabus und Entwertungen verleidet werden. Deshalb spielt es für das Erleben und das Selbstverständnis des jungen Mädchens eine große Rolle, welche Erklärungen ihm über die Menstruation gegeben werden, welche Umgangsweisen mit dem Blut sie innerhalb und außerhalb der Familie kennenlernt. Ich möchte deshalb nun zunächst einige der in unserer Gesellschaft vorhandenen Bilder über die Menstruation und ihre mögliche Bedeutung für das weibliche Selbstverständnis betrachten, ehe ich auf die Rolle der Menarche in der Beziehung zwischen Tochter und Mutter eingehe.

Menstruation als Fehlproduktion

Die ersten Blutstropfen einer jungen Frau werden in allen Kulturen sofort mit ihrer Fortpflanzungsfähigkeit in Verbindung gebracht. In traditionellen Gesellschaften war die erste Menstruation deshalb ein Anlaß zu feiern: Die junge Frau kann nun Kinder bekommen. Auf die Menarche folgten Initiationsriten, die sie mit ihrer Rolle als Frau vertraut machten, und meist auch bald die Verheiratung. Das junge Mädchen hatte in diesen Gesellschaften nicht die Wahl zwischen verschiedenen Lebensentwürfen. Mutterschaft und produktive Tätigkeit waren gleichermaßen und in vereinbarer Weise ihr zukünftiger Lebensinhalt. In westlich-industriellen Gesellschaften ist die Gebärfähigkeit zum Zankapfel verschiedener Interessen geworden: Frauen wollen Zeitpunkt und Anzahl der Schwangerschaften selbst bestimmen und zwischen Mutterschaft und Berufstätigkeit wählen können, während eine an patriarchalen Traditionen orientierte Politik die Mutterschaft als die höchste Erfüllung weiblicher Selbstverwirklichung darstellt und die Kontrolle über Schwangerschaft und Geburt für sich reklamieren möchte.

Wo immer, in traditionellen oder industriellen Gesellschaften, zahlreicher Nachwuchs hohe Wertschätzung erfährt, wird die Menstruation aus gesellschaftlicher Sicht zu einer »fehlgeschlagenen Produktion« (Martin 1989: S. 66ff.). Denn die Blutung zeigt an, daß die Frau nicht empfangen hat, daß die – männlichen – Zeugungsbemühungen der letzten Wochen vergeblich waren. Das

Blut, das beim ersten Erscheinen als Symbol der Fruchtbarkeit freudig begrüßt wurde, wird im weiteren Verlauf zu einem negativen Symbol und mit entsprechender Geringschätzung und Verachtung gestraft: Es wird als schmutzig und gefährlich ausgegrenzt. Diese Entwertung und Tabuisierung galt in manchen Gesellschaften nicht nur dem Menstruationsblut, sondern auch anderen Körpersäften, wenn sie nicht produktiv genutzt, sondern vergeudet wurden. So belegen z. B. die mosaischen Gebote jede Verschwendung von Sexualsekreten mit Tabus: Als Verunreinigung gelten hier Ausfluß, nächtliche Samenergüsse und die Menstruation. In allen drei Fällen sind bestimmte Reinigungsrituale, für die Frau zudem Opferungen zu vollziehen (3. Mose 15). Das Überfließende wird zum Überflüssigen. Was sich unkontrollierbar verschwendet, was nicht der Fortpflanzung dient, was nicht der Zweckrationalität gehorcht, wird in vielen Kulturen mit Tabus belegt.

In manchen traditionellen Gesellschaften hat die Frau die Tage der Menstruation außerhalb des Dorfes in einer Hütte zu verbringen: Solange sie mit dem Makel mißlungener »Produktion« behaftet ist, wird sie – und mit ihr die bedrohliche Verschwendung – aus der sozialen Gemeinschaft ausgeschlossen. In anderen Kulturen wird sie während der Menstruation zu besonders eifriger Arbeit angehalten, vielleicht soll damit der Ausfall der Kinderproduktion kompensiert werden.

Die medizinischen Entdeckungen des 19. Jahrhunderts haben die Vorstellung von der mißlungenen Produktion mit besonders drastischen Bildern gefüllt. Durch die Entdeckung der weiblichen Eizelle wurde der Beitrag der Frau zur Fortpflanzung zwar aufgewertet, denn jetzt war klar, daß sie nicht nur die Nährsubstanz für die im männlichen Samen vermutete Keimzelle bereitstellt, sondern ebenfalls eine Keimzelle produziert, die für das Entstehen eines Fötus gleich wichtig ist. Doch während früher im männlichen Samen der vorgefertigte Mensch vermutet wurde, verlagerte sich dies Bild nun auf das weibliche Ei (Laqueur 1992: S. 196, 199): Das Ei erschien nun als ein lebenswilliges Wesen, das durch die Weigerung der Frau, sich befruchten zu lassen, zum Tode verurteilt würde. Seither wird das Menstruationsblut um so mehr mit Assoziationen von Absterben, Tod und Fäulnis beschmutzt. Das Blut als Symbol der weiblichen Fähigkeit, Leben zu geben, wird zugleich auch zum Todessymbol.

Welche Folgen solche Bilder für die rege Phantasie pubertierender Mädchen haben konnten, hat Sherfey aus ihrer Jugend erzählt: Sie wurde nach der Menarche von einer Freundin belehrt, »die Blutung sei in Wirklichkeit nichts weiter als der Überrest eines toten Babys« (Sherfey 1974: S. 31). Folglich sammelte die Zwölfjährige bei ihrer nächsten Menstruation alle Binden sorgsam in einem mit weißem Seidenpapier ausgeschlagenen Schuhkarton und begrub am Ende der Periode »mit einem wunderbaren Gefühl tiefer Ergriffenheit das Baby« (ebd.: S. 33) im Garten. Auch wenn junge Mädchen heute die Rede von abgestorbenen Eizellen nicht mehr unbedingt so wörtlich nehmen, kann die Assoziation von Zerfall und Fäulnis doch dazu beitragen, das eigene Blut als eklig und unheimlich zu empfinden und abzulehnen.

Was auf jeden Fall tiefgreifende Wirkung für die weibliche Entwicklung hat, ist der uns selbstverständlich erscheinende Zusammenhang von Menstruation und Fortpflanzung. Die Menarche besagt für das junge Mädchen, daß es nun Kinder bekommen kann. Früher war die recht stereotype Reaktion der Mütter auf die erste Menstruation der oft unwissenden Tochter: »Das ist nicht schlimm, das heißt nur, daß du jetzt Kinder kriegen kannst und mit Jungens aufpassen mußt.« Heutige Mütter können sich den Hinweis auf die Möglichkeit der Schwangerschaft sparen, weil Mädchen den Zusammenhang zwischen Menstruation und Eisprung schon aus dem Sexualkundeunterricht kennen, wo ihnen beides als Teil des weiblichen Hormonzyklus erklärt wurde.

Das Wissen um diesen Zusammenhang lenkt die pubertären Phantasien in eine bestimmte Richtung: Wenn das junge Mädchen sich in Tagträumen und Sexualphantasien seine Zukunft ausmalt, spielt die Möglichkeit der Mutterschaft eine wichtige Rolle. Daß dies nicht so selbstverständlich ist, wie es erscheint, mag daran deutlich werden, daß ein Junge nach den ersten Samenergüssen wohl eher selten vom Vater beiseite genommen wird und feierlich eröffnet bekommt, daß er nun Vater werden kann. Die männlichen Tagträume werden wahrscheinlich vom Angebot der Eltern und der Öffentlichkeit her weit weniger auf die Fortpflanzung hingelenkt und können sich deshalb, wie es für den männlichen Lebensplan in unserer Gesellschaft wünschenswert ist, ausführlicher mit sexuellen Entdeckungen und Abenteuern wie auch mit Phantasien beruflicher Selbstverwirklichung befassen. Wenn dagegen für das junge Mädchen zukünftige Mutterschaft zum wesentlichen Thema ihrer Sexualreife und ihrer Pubertätsphantasien wird, droht der

Entfaltung ihrer Lebensentwürfe eine Einschränkung, die Jungen nicht in gleicher Weise erfahren.

Menstruationsblut als Schmutz

Ohne Zweifel ist in den letzten Jahrzehnten ein Teil der Verschämtheit und Peinlichkeit geschwunden, mit denen die Menstruation früher umgeben war. Noch Anfang der sechziger Jahre gab es Artikel zur Menstruationshygiene nur in Drogerien zu kaufen, verschämt in Zeitungspapier gewickelt. Heute reichen sich junge Mädchen buntverpackte Tampons und Binden offen über die Schulbank. Damals schmückte die kleingedruckten Werbeanzeigen meist eine Krankenschwester mit erhobenem Zeigefinger, heute turnen junge Frauen in Badeanzügen oder hellen Jeans durch bunte Werbebilder. Menstruation wird in der öffentlichen Darstellung nicht mehr mit Krankheit und Leiden assoziiert. Die Botschaft heute besagt, daß Frauen so frei und beweglich sind wie an anderen Tagen auch, denn es läßt sich dafür sorgen, daß niemand etwas davon sieht oder gar riecht.

Gerade hier zeigt das alte Tabu immer noch Wirkung: Die Vorstellung, mit einem roten Fleck in Rock oder Hose durch die Straßen zu gehen, ist den meisten Frauen äußerst peinlich. An diese Angst vor Scham und Peinlichkeit appelliert die Werbung und schürt sie damit ständig weiter. Dabei ist der Blutfluß nun einmal nicht hundertprozentig kontrollierbar, ein Fleck im Rock ist genauso leicht möglich wie ein Ketchupklecks auf Bluse oder Hemd. Ein Menstruationsfleck wäre kein Problem, wenn unsere Gesellschaft diesem Körpervorgang gegenüber nur halb so tolerant wäre wie gegenüber ausgelaufenen Chemikalien, die einen ganzen Fluß rot färben und tatsächlich vergiften. An die Möglichkeit, daß Menstruationsblut Mayonnaise oder Pökelfleisch verderben könnte (Verdier 1982: S. 40ff.), glaubt heute kaum noch jemand, die Peinlichkeit aber ist geblieben, das Blut der Frau ist für die Öffentlichkeit immer noch eine Zumutung.

Zu dem Zeitpunkt, an dem der pubertäre Triebschub das Mädchen mit Energien und Plänen erfüllen und zur Entdeckung der Welt ermuntern könnte, macht es die Erfahrung, daß aus seinem Körper etwas unbemerkt hervortreten und es in eine peinliche Situation bringen könnte. Die Angst davor sitzt sehr tief, denn sie rührt an die frühe Erfahrung des kleinen Mädchens, wenn es sich in die Hose machte. Daß es schließlich seine Blasen- und Darmmuskeln kontrollieren konnte und keine Windeln mehr brauchte, hat das Mädchen damals mit Stolz erfüllt und sein Selbstbewußtsein gestärkt. In der Pubertät macht es nun wieder die Erfahrung, daß es einen Körpervorgang nicht sicher kontrollieren und nicht gänzlich verstecken kann. Aufgrund der Tabuisierung des Blutes kann diese Erfahrung für das Selbstbewußtsein kränkend sein und einschüchternd und verunsichernd wirken. Das junge Mädchen muß überlegen, was es anzieht, wie lange es unterwegs ist, wann es sich zum Sport oder mit dem Freund verabredet. Dadurch können Spontaneität und Unternehmungslust gebremst werden.

Die einschüchternde Wirkung, die von der Angst vor einem Fleck ausgeht, kann sich auch auf andere Lebensäußerungen übertragen. Alles, was eine Frau spontan und unkontrolliert von sich geben möchte, droht in den Sog der Verunsicherung zu geraten. Wenn ein Diskussionsbeitrag eingeleitet wird mit »Ich weiß zwar nicht, ob ich das jetzt auf die Reihe kriege ...« oder mit »Ich weiß nicht, ob das so wichtig ist ...«, dann spricht meist eine Frau. Alles, was Frauen von sich geben, steht in der Gefahr, nicht ganz sauber zu sein, einen beschämenden Fleck aufzuweisen. Dadurch kann die weibliche Produktivität im weitesten Sinne gestört und gehemmt werden, denn die Angst macht es schwer, sich als Person selbstsicher zu zeigen und die eigene Leistung, körperliche wie geistige Produkte, öffentlich zu präsentieren.

Der Stolz auf die eigene Weiblichkeit läßt sich noch durch einen weiteren Umstand leicht erschüttern: Im Erleben der Heranwachsenden gilt die erste Menstruation als ein wichtiges Zeichen für den Übergang vom Mädchen zur Frau, aber eben diese höchst bedeutsamen ersten Blutstropfen dürfen nicht vorgezeigt werden, sondern müssen versteckt bleiben. Jede andere neue Leistung, jeden sonstigen Entwicklungsschritt darf sie präsentieren und bewundern lassen, die Binde aber hat zu verschwinden. Die Mutter mag erste Haarlocken und Milchzähne der kleinen Tochter aufbewahrt haben, vom ersten Menstruationsblut wird nichts aufgehoben. Warum z. B. wird ein Mädchen nicht dazu angeregt, sich mit diesem Blut ein Bild zu malen, sich vor Augen zu führen und anzueignen, was sie zur Frau macht? »Huch«? Kunstwerke mit Menstruationsblut sind inzwischen gelegentlich schon in Frauenausstellungen zu sehen.

Die Forderung, das Menstruationsblut als Symbol des Frauwerdens zu verstecken, knüpft wiederum für viele junge Mädchen an frühere Erfahrungen an. Beim kleinen Mädchen war der Stolz des Vorzeigens des eigenen Körpers oft dadurch geschmälert, daß es die gesellschaftliche Zweitrangigkeit der Frau auf die anatomische Ausstattung bezog und den Körper selbst für minderwertig hielt. In der Pubertät sieht es wieder so aus, als erfordere ein Körpervorgang, sich zurückzuhalten und etwas zu verstecken. Dabei ist das Blut weder schmutzig noch stinkend und eklig, nur die kulturell tradierten Ansichten erklären es dazu. Nicht das Blut also zwingt zur Vorsicht, sondern die gesellschaftliche Forderung, es zu verbergen. Doch wenn schon das kleine Mädchen unter Verdrehung der Tatsachen zu der Ansicht kam, daß am weiblichen Körper etwas nicht stimmt, daß er wenig Anlaß zu Stolz und Selbstbewußtsein gibt, glaubt auch ein junges Mädchen leicht wieder, daß das Problem in ihrem Körper liegt. Die Wiederholung dieser Lektion in Kindheit und Pubertät führt dazu, daß die irrige Vorstellung, das Blut sei schmutzig und mit dem weiblichen Körper sei etwas faul, schließlich so tief verankert ist, daß sie später vielleicht noch im Kopf, aber kaum noch im Gefühl revidiert werden kann.

Menstruation als Wunde

Die Degradierung der Frau zum »zweiten Geschlecht«, wie Simone de Beauvoir formulierte, ist eine permanente Kränkung des weiblichen Selbstbewußtseins, eine Verletzung der Menschenwürde. Auch diesbezüglich existiert eine kulturell tradierte Vorstellung, die die Tatsachen auf den Kopf stellt und die Verletzung nicht im gesellschaftlichen Bereich, sondern am Körper der Frau festmacht: das Bild von der Menstruation als Wunde. »Die weise Wunde Menstruation« (Shuttle/Redgrove 1980) hieß eine der ersten, für die neue Frauenbewegung wichtigen Arbeiten zur Menstruation. Die Symbolik der Wunde knüpft an medizinische Vorstellungen des 18. und 19. Jahrhunderts an, die Menstruation, Schwangerschaft und Geburt zu einem Krankheitszustand erklärten, um den weiblichen Körper der Kontrolle der männlichen Medizin zu unterstellen (Fischer-Homberger 1984). Gleichzeitig mit der Zerstörung weiblicher Lebenszusammenhänge und der verstärkten Abhängigkeit der Frau vom Mann, besonders in bürgerlichen Schichten, tauchte ein neues Krankheitsbild auf: Menstruationsbeschwerden wurden zu einer gesellschaftlich anerkannten Möglichkeit, dem Leiden Ausdruck zu verschaffen.

In Adornos *Minima Moralia* heißt es dazu: »Die sich als Wunde fühlt, wenn sie blutet, weiß mehr von sich als die, welche sich als Blume vorkommt, weil das ihrem Mann in den Kram paßt.« (Zit. nach Gerhardt 1982: S. 13 f.) Es mag stimmen, daß diese Frau um ihre Verletztheit weiß, aber wenn dies Wissen sich nur im Symbol der Wunde artikuliert, kann es nicht zu verändernder Handlung genutzt werden. Im Symptom gefangen, führt es lediglich zur endlosen Wiederholung des Leidens. Dadurch gelingt es allenfalls, ein wenig Rücksicht und Zuwendung zu erhalten, von lästigen Tätigkeiten befreit zu werden und, was zumindest früher sehr wichtig war, den Pflichten des ehelichen Beischlafs zu entkommen. Die Verweigerung, die mit Menstruationsbeschwerden begründet wird, mag kurzfristig Befriedigung verschaffen und Rachegelüste stillen, aber im wesentlichen bleiben Auflehnung und Wut gegen den eigenen Körper gerichtet. Er wird zum Feind, der Schmerzen verursacht, die dann oft genug auch noch mit Medikamenten bekämpft werden. Die Energie, die nötig wäre zur Auflehnung und Veränderung der sozialen Situation, verbraucht sich als Selbstaggression. Ursachen und Folgen haben sich auf kaum noch durchschaubare Weise verdreht: Leid und Schmerz scheinen vom Körper auszugehen, der periodische Schwächezustand der Frau galt Männern und Frauen lange Zeit als Erklärung und Rechtfertigung dafür, daß Frauen im gesellschaftlichen Bereich weniger Pflichten und Verantwortung zugemutet werden konnten.

Es mag übrigens sein, daß sich aus der gesellschaftlichen Entwertung und Herabsetzung der Frau auch ein Teil der männlichen Scheu gegenüber der Menstruation erklären läßt. Bettelheim hat in seinem Buch *Die symbolischen Wunden* (1982) beschrieben, welchen Neid es beim männlichen Geschlecht auszulösen vermag, daß Frauen gebären, stillen und menstruieren, also Blut ohne Verletzung fließen lassen können. Neid löst aggressive Phantasien aus, die sich darauf richten, das Geneidete den Frauen zu rauben oder sie zu verletzen und zu zerstören. Der Anblick von Menstruationsblut kann Männer an ihre neidbedingten Verletzungswünsche erinnern und deshalb Erschrecken und Scheu bei ihnen bewirken. Mindestens ebenso erschreckend kann das Blut der Frau deshalb erscheinen, weil es als Symbol der Verletzung gesehen werden kann, die der Frau durch die patriarchale Herrschaft zugefügt wird. Denn die Forderung, das Weibliche – an sich selbst und in Gestalt der Frau – zu entwerten und zu verachten, spielt in der männlichen Erziehung bis heute eine Rolle, so daß sich kein Mann frei davon fühlen kann. Deshalb kann sich in der Vorstellung von der Menstruation als Wunde für beide Geschlechter das Wissen um die Verletztheit der Frau symbolisieren.

Das Bild der Wunde mag heutigen jungen Mädchen altmodisch erscheinen, der Zusammenhang von Menstruation und Schmerzen ist ihnen aber keineswegs fremd. Wenn das heranwachsende Mädchen plötzlich Einschränkungen und Zurücksetzungen erfährt, die es bei Jungen nicht in gleicher Weise beobachtet, wird ihm das Frauwerden verleidet, zumal Eltern oft mit dem Beginn der Menstruation Regeln setzen, die die bisherigen Freiheiten begrenzen. Wildes Spielen mit Jungen wird jetzt mißbilligt, auf die pünktliche Heimkehr abends wird strenger geachtet. Außerdem haben manche Mädchen bis zur Pubertät die heimliche Phantasie gehütet, sich eines Tages als Junge zu entpuppen. Die ersten Blutstropfen machen diese Hoffnung zunichte, sie bezeugen definitiv die Entwicklung zur Frau. Je geringer die Aussichten sind, auch als Frau die Träume und Lebenspläne zu realisieren, die einem Mann offenstehen, desto verletzender und kränkender ist die Einsicht, Frau zu werden. Und damit bahnt sich auch in der jüngeren Generation wieder das Leiden unter Menstruationsbeschwerden an. Die »Hessische Mädchenstudie« (1986) kam zu dem Ergebnis, daß die große Mehrheit der befragten jungen Frauen, etwa 90 Prozent, »unter massiven Beschwerden« (1986: S. 50) litt. Es mag sein, daß die soziale Situation der etwa fünfzig befragten Mädchen, einer nicht unbedingt repräsentativen Gruppe, zu diesem Ergebnis beitrug. Denn Erica Mahr kam zur gleichen Zeit in einer Berliner Studie zu anderen Zahlenverhältnissen: Nur jede dritte bis vierte Frau zwischen 15 und 25 Jahren leide an starken Beschwerden vor und während der Menstruation, bei Frauen über 40 liege der Prozentsatz doppelt so hoch (Mahr 1985: S. 132ff.). Es bleibt offen, ob die Differenz zwischen den Altersgruppen darauf zurückzuführen ist, daß jüngere Frauen noch weniger belastet und desillusioniert sind, oder ob sich hier auch ein Einstellungswandel gegenüber der Menstruation andeutet, der zur Symptomverringerung führt, weil jüngere Frauen mehr Einflußmöglichkeiten gewinnen und sich weniger entwertet fühlen.

Zu einem anderen Aspekt des Menstruationserlebnisses läßt Mahrs Untersuchung auf jeden Fall eine Einstellungsveränderung erkennen: zum Zusammenhang von Menstruation und sexueller Aktivität. In früheren Zeiten war die sexuelle Betätigung während der Blutung tabu. Daß in diesen Tagen nur eine geringe Wahrscheinlichkeit zur Empfängnis besteht, war zu allen Zeiten als Erfahrungswissen bekannt, auch bevor Hormonzyklus und Eisprung entdeckt waren. Wo keine Fortpflanzung möglich ist, wäre sexuelle Energie verschwendet gewesen. Und Sexualität ohne Fortpflanzungsabsicht war, wie gesagt, nicht nur im christlichen Abendland verteufelt. Aus männlicher Sicht mag ein Sexualakt mit einer menstruierenden Frau gerade wegen des Tabus besondere erotische Reize gehabt haben und als Mutprobe empfunden worden sein: »Jeder Seemann muß einmal durchs Rote Meer.« Doch dieser Mutprobe haben sich Männer wohl eher selten im Bett der Ehefrau unterzogen. Männerwitze und Männerängste animierten Frauen kaum, eigenen Spaß an sexueller Aktivität zu entwickeln. Scham, Ekel, Verletzungsängste und Schmerzen haben sie eher daran gehindert, überhaupt sexuelle Regungen und Wünsche während der Blutung wahrzunehmen.

Daß vom Physiologischen her in den Tagen vor und zu Beginn der Periode die Möglichkeit zu leichterer sexueller Erregbarkeit und zu intensiverem sexuellen Genuß gegeben ist, weil Becken und Genitalien stärker mit Blut gefüllt und sensibler sind, hat Sherfey (1974: S. 156) beschrieben. Sie wußte damals auch aus ihrer klinischen Praxis von »zwei Patientinnen« zu berichten, »die regelmäßig während der Menstruation Verkehr hatten und deren größte sexuelle Ansprechbarkeit während dieser ersten beiden Tage aufgetreten war« (ebd.: S. 157). Die zwei Frauen, die diese Lust genießen und darüber sprechen konnten, waren zu jener Zeit also eine extreme Minderheit. Auch das *Courage*-Sonderheft zum Thema Menstruation (1979: S. 29) erkannte den Zusammenhang von Lusterleben und Blutung nur sehr zögernd an: »Sexuelle Erregbarkeit ist eine sehr subjektive Angelegenheit. Immer mehr Frauen stellen fest, daß ihr Höhepunkt kurz vor Beginn der monatlichen Blutung liegt, möglicherweise, weil das Genitalgewebe vergrößert ist.« Nun hängt das subjektive Erleben, die Frage, ob und wie etwas wahrgenommen und ausgelebt wird, auch immer davon ab, ob und wie es gesellschaftlich angeboten und erlaubt ist.

Angesichts der Seltenheit, mit der weibliches Begehren während der Menstruation öffentlich thematisiert wird, war ich sehr erfreut, in einem Roman mit hohen Auflagen etwas darüber zu finden. In Benoîte Groults *Salz auf unserer Haut* (1989) gesteht die Erzählerin sich während eines nachdenklichen Moments in einem traumhaften Urlaub mit ihrem Geliebten ein, daß sie noch mit keinem Mann je über ihre Periode gesprochen hat, daß sie auch noch keinem von der verstärkten Lust erzählt hat, die sie in den Tagen vor und während der Blutung empfindet. Ihrem Geliebten gegenüber kann sie sich endlich vorstellen, darüber zu sprechen (ebd.: S. 180f.). Auf eine entsprechende Szene habe ich aber vergeblich gewartet, wurde schließlich sogar bitter enttäuscht. Denn hundert Seiten weiter wird davon berichtet, wie die Erzählerin sich wieder einmal auf ein Treffen mit ihrem Geliebten vorbereitet: »Ähnlich wie ein Athlet sich für die Olympischen Spiele rüstet. Grundsatz Nummer eins: Unbedingt vermeiden, daß man während des Wettkampfes seine Tage bekommt. Also werde ich sechs Wochen lang ununterbrochen die Pille nehmen.« (Ebd.: S. 277) Warum die Erzählerin schließlich doch vor der Erfüllung ihrer heißesten erotischen Wünsche zurückschreckt, bleibt offen. Es mag allerdings nicht zuletzt auch ein Generationsproblem sein.

Mahr war in ihrer Untersuchung dem tabuisierten Thema gegenüber offensiver. Sie fragte nach der sexuellen Aktivität während der Blutung und eröffnete den befragten Frauen damit die Möglichkeit, über bisher kaum Sagbares zu sprechen und nachzudenken. Aus ihrer Befragung ergibt sich ein deutlich anderes Bild als aus der US-amerikanischen Praxis Sherfeys in den sechziger Jahren. »Ein Drittel der Frauen äußerte sich zu Intimitätswünschen während der Blutung zwar eher zurückhaltend bis ablehnend, aber ebenso häufig fand sich eine gegensätzliche Haltung: Diese Frauen artikulierten deutlich einen Wunsch nach Geschlechtsverkehr oder ein Bedürfnis nach Zärtlichkeit und Nähe des Partners während der Blutungsphase.« (Mahr 1985: S. 185) Sexuell aktiv sind insbesondere die jüngeren Frauen in festen Partnerschaften. Bei den eher ablehnenden Frauen wurde deutlich, daß die Zurückhaltung mehr von den Frauen als vom Partner auszugehen scheint.

Nun richten sich die Frauen in Mahrs Untersuchung vor allem auf das sexuelle Verhalten in einer Partnerschaft. Was Frauen ohne

Partner und junge Mädchen, die noch keinen Partner haben, mit der sexuellen Erregung während der Blutung machen können, bleibt auch hier unangetastet. Es gibt im Fragebogen kein Angebot, über die Möglichkeit der Selbstbefriedigung während der Blutung zu sprechen. Das mag besonders heikel erscheinen, weil hier Onanietabu und Menstruationstabu aufeinandertreffen. Dennoch halte ich es für durchaus sinnvoll, öffentlich, also z. B. in einem sexualwissenschaftlichen Fragebogen, diese Möglichkeit anzusprechen, nicht zuletzt deshalb, weil sexuelle Befriedigung auch entspannende und krampflösende Wirkung haben kann. Aber auch noch in einem der jüngsten Aufklärungsbücher für Mädchen (Reher-Juschka/Biebrach 1989) werden gegen Menstruationsbeschwerden Kräutertees, Massagen und Atemübungen empfohlen; auf die Möglichkeit, sich zu streicheln und lustvoll zu entspannen, wird nicht hingewiesen.

Die niederländische Feministin Anja Meulenbelt beschrieb 1975, wie sie auf einer Urlaubsreise von ihrer Periode überrascht wurde: »Die Klos sind unterwegs abgeschlossen. Ich fummele hinter einem Wäldchen mit o.b. Kann meine Hände nicht waschen, lecke das Blut von meinen Fingern ab. Sauberer als Leitungswasser schließlich. Mein eigener Körper, der nicht mehr aus zwei Teilen besteht wie in der Zeit, als ich einen Wachlappen hatte für unten und einen für oben. Ein Körper, mein Körper.« (Meulenbelt 1978: S. 288) »Huch«? Die Erzählung ist nun fast zwanzig Jahre alt, das Buch heißt *Die Scham ist vorbei*. Wenn blutige Finger schon in einer solchen Notsituation wie einem Tamponwechsel fernab einem Waschbecken noch die Überwindung von Ekelgefühlen erfordern, wieviel mehr Scham und Scheu löst es dann wohl aus, wenn Finger und Genitalien durch lustvolle Selbstberührung blutig werden? Nun ist schwer zu sagen, ob heutige junge Mädchen in der Überwindung der Scham weiter sind als die Generation der Mütter. Auf jeden Fall aber werden ihnen von seiten dieser Generation wenig Angebote gemacht, die Scham zu überwinden, indem in der Frauenforschung, in Aufklärungsbüchern und Romanen der Zusammenhang zwischen Blutung und sexueller Lust schamloser angesprochen wird. Welches Verhältnis junge Mädchen zu ihrer Menstruation entwickeln, hängt aber wesentlich davon ab, was die Erwachsenen ihrer Umgebung ihnen darüber vermitteln.

Die Menarche – ein kritischer Moment in der Beziehung zwischen Tochter und Mutter

Die Menarche ist für jedes Mädchen ein tiefbewegendes Ereignis. Mit der Entdeckung der ersten Blutstropfen ist das bisherige Leben in seinem gewohnten Gang schlagartig unterbrochen; die Kindheit steht plötzlich als eine in scharfem Schnitt abgetrennte Lebensphase da, sie ist unwiederbringlich verloren. Was nun kommt, ist Neuland, unbekannt und ungewiß. »Ein junges Mädchen mag noch so gründlich auf das Auftreten der ersten Menstruation vorbereitet sein, es wird sein ganzes Leben lang die ersten, intensiv emotionalen Reaktionen, die damit verbunden waren, bewahren.« (Sherfey 1974: S. 30)

Wie ein junges Mädchen die Blutung empfindet, welche Bedeutung sie deshalb für ihr weiteres Leben haben wird, ist sehr stark davon beeinflußt, was sie weiß und auf welche Weise ihr die Kenntnisse vermittelt wurden, ob mit liebevoller Wertschätzung oder mit Scham, Ablehnung oder gar Ekel. Und in der seelischen Aufgelöstheit im Moment der ersten Blutung können die Reaktionen der Umgebung sich besonders tief in die Psyche eingravieren. Das zeigt ein Beispiel, das ich einer Medizinerin verdanke (Angelika Haun, pers. Mitteilung): Sie hatte jahrelang einen Zyklus von 35 Tagen. Damals, bei der ersten Blutung, war ihr gesagt worden: »Das kriegst du nun alle vier Wochen, und das dauert sieben Tage.« Erst als sie durch Gespräche mit anderen Frauen das Mißverständnis aufklärte, als sie begann, ihrem Körper mehr Aufmerksamkeit und Liebe zu schenken, änderte sich auch der Zyklus. Aufgrund der Verunsicherung und Aufgelöstheit bei der Menarche hatte sich die Information »28 + 7« gewissermaßen am Bewußtsein vorbei direkt ins hormonale Steuerungssystem eingeschrieben.

Im Zusammenhang mit Ritualen spricht Erdheim einmal davon, daß eine hierdurch im Unbewußten verankerte Verhaltensweise »eine ähnliche Wirkung [erzielt], wie wenn sie genetisch gespeichert worden wäre« (Erdheim 1982: S. 291). Es ist deshalb anzunehmen, daß Informationen und Gesten, die besagen: »Das ist schmutzig«, »Das mußt du verstecken« oder »Du kannst jetzt schwanger werden«, sich ähnlich tief und programmierend ins Unbewußte einsenken können.

Wenn das junge Mädchen sich, aufgelöst und erregt, an die Mutter – oder eine andere, meist weibliche Vertrauensperson –

wendet, sucht es Zuwendung, Hilfe, vielleicht Trost wegen des Schreckens; die Versicherung, daß es wirklich die Menstruation ist und keine Krankheit; es sucht aber auch Anerkennung und die Bestätigung seines neuen Status als junge Frau. Für die Mutter ist das Ereignis meist weniger freudig als für die Tochter, denn in diesem Moment wird für sie klar, daß die Tochter erwachsen wird und sich von ihr zu entfernen beginnt. Schmerzhaft wie die Trennung ist auch der Gedanke, daß sie selbst nun älter wird. Und besonders dann, wenn die Mutter sich lange Jahre hauptsächlich der Kindererziehung gewidmet hat, wird sie den Verlust ihres bisherigen Lebensinhaltes als erschreckend und bedrohlich erleben. All solche durchaus verständlichen Neid- und Haßregungen lassen sich in den kulturell angebotenen Ansichten über die Menstruation binden, mit denen die Mutter verbal oder nonverbal in diesem Moment auf die Tochter reagieren kann: Du hast jetzt einen schönen Lebensabschnitt vor dir, aber hieran wirst du leiden; du darfst dich in deiner ganzen jugendlichen Schönheit zeigen, aber das, was dich hier vor mir jetzt als Frau ausweist, mußt du vor der Welt verstecken, denn es ist schmutzig.

Wie spannungsvoll und brisant die Beziehung zwischen Mutter und Tochter anläßlich der Menarche werden kann, hat Helga Haase (1992) anhand eines Interviews herausgearbeitet, in dem sie eine Mutter über die Reaktion auf die erste Blutung ihrer Tochter befragte. Haase zeigt, daß die Mutter, aufgeklärt und aufgeschlossen, zwar vorher mit der Tochter über die Menstruation gesprochen hat, in der Situation selbst aber recht sprachlos und eher distanziert wirkt. Während die Tochter die Periode wohl als eine »Frauensache« (ebd.: S. 172) ansieht und sich Gemeinsamkeit und Gespräch mit der Mutter wünscht, informiert diese den Vater, der abends noch zur Tochter ans Bett geht und sie stolz »meine große Tochter« nennt. So wird die von der Tochter erhoffte Intimität unter Frauen zerstört. Sie mag der Mutter auch unheimlich gewesen sein wegen der latenten homoerotischen und aggressiven Gefühle. Denn wie Haase zeigt, werden durch die Menarche höchst tabuisierte homosexuell-inzestuöse Wünsche und Phantasien geweckt wie auch Rivalitäts- und Trennungsaggressionen. Die Menstruation als »Frauensache« kann Mutter und Tochter einerseits verbinden, ist andererseits aber auch Zeichen für die Lösung der kindlichen Bindung und für die beginnende Rivalität zwischen jüngerer und älterer Frau und Anlaß für mütterlichen Neid.

Die Sprachlosigkeit der Mutter in dem Moment, als die Tochter ihr sagt, daß sie ihre Periode bekommen hat, dürfte die Tochter verwirren: Früher konnte die Mutter locker darüber reden, jetzt findet sie keine Worte, zeigt keine Verbundenheit unter Frauen, keine zärtliche Zuwendung, keine Anerkennung. Die Tochter kann so den Eindruck bekommen, daß die Menstruation, solange nur die Mutter sie hatte, leicht zu bereden war, aber jetzt, wo sie selbst auch menstruiert, wird die Beziehung zur Mutter gestört. Da die Mutter ihre Gefühle – Trauer, Neid, aber auch Intimitätswünsche können wir vermuten – der Tochter gegenüber nicht artikulieren kann, muß die Tochter glauben, daß mit ihr selbst etwas nicht stimmt – und das muß von der Blutung ausgehen. Das Blut, für das die Mutter keine Worte mehr findet in dem Moment, wo es der Tochter aus der Vagina rinnt, das Blut, das die Beziehung zur Mutter stört und schwierig macht, dürfte der Tochter unheimlich sein. Sie wird es sich nicht liebevoll aneignen können, nicht anfassen, nicht riechen mögen.

Die Tochter aus dem zitierten Beispiel hätte allen Grund, auf ihre Mutter »stinkig« zu sein, die sich so seltsam verhält. Statt dessen aber bezeichnet die Tochter bald darauf ihre Blutung als »stinkig«: »Aus meinem Körper kommt so was Blödes raus, so was Stinkiges, Ekliges, Blödes, Stinkiges!« (Ebd.: S. 175) Die Aggression, die der Mutter hätte gelten müssen, weil sie keine liebevollen Worte fand, wird gegen den eigenen Körper gerichtet: Sein Blut ist stinkig und eklig. Der gerade aufgekeimte Generationskonflikt zwischen Tochter und Mutter (vgl. Waldeck 1995) ist damit sofort wieder stillgestellt. Denn in dem Moment, wo die Tochter selbst Frau wird und die Chance hätte, andere Lebensvorstellungen als die Mutter zu entwickeln, ein anderes Verhältnis zum Körper zu gewinnen, sich selbst zu entdecken, geht auch ihr die Einstellung zur Menstruation in Fleisch und Blut über, die so vielen Frauengenerationen vor ihr schon Fesseln anlegte und dazu beitrug, sie zum zweiten Geschlecht zu degradieren.

Nun ist die Adoleszenz zwar die »zweite Chance«, sich von den Einschränkungen tradierter Weiblichkeitsbilder zu lösen, sie muß aber nicht die letzte Chance sein. Es gibt viele Situationen im Leben einer Frau, die eine Umorientierung erfordern und die deshalb auch eine Neugestaltung des bisherigen Selbstbildes ermöglichen können. Trennungen und neue Liebe, Schwangerschaft und Geburt, die Pubertät der eigenen Kinder, die Menopause können Anlaß sein, das Verhältnis zum eigenen Körper neu zu bedenken, all dem, was in ihm vorgeht, mehr Liebe und Achtung zu schenken und dadurch mehr Selbstbewußtsein zu gewinnen. Und schließlich sei als Anlaß zur Veränderung noch erwähnt, daß Frauen jahrzehntelang alle vier Wochen menstruieren und daran erinnert werden, wie es damals war, bei den ersten Blutstropfen.

Literatur

Benjamin, Jessica (1990), *Die Fesseln der Liebe*, Frankfurt a. M.

Bettelheim, Bruno (1982), *Die symbolischen Wunden*, Frankfurt a. M.

Blos, Peter (1978), *Adoleszenz*, Stuttgart.

Chasseguet-Smirgel, Janine (Hg.) (1974), *Psychoanalyse der weiblichen Sexualität*, Frankfurt a. M.

Chodorow, Nancy (1985), *Das Erbe der Mütter*, München.

Courage-Sonderheft 1 (1979), *Menstruation. Die Kulturgeschichte eines Tabus*, Berlin.

Erdheim, Mario (1982), *Die gesellschaftliche Produkion von Unbewußtheit*, Frankfurt a. M.

Fischer-Homberger, Esther (1984), *Krankheit Frau*, Darmstadt und Neuwied.

Flaake, Karin/King, Vera (Hg.) (1992), *Weibliche Adoleszenz*, Frankfurt a. M. und New York.

Gerhardt, Marlis (1982), *Kein bürgerlicher Stern, nichts, nichts konnte mich je beschwichtigen*, Darmstadt und Neuwied.

Grabrucker, Marianne (1985), *Typisch Mädchen!*, Frankfurt a. M.

Groult, Benoîte (1989), *Salz auf unserer Haut*, München.

Haase, Helga (1992), *Die Preisgabe: Überlegungen zur Bedeutung der Menstruation in der Mutter-Tochter-Beziehung*, in: Flaake/King 1992.

Hessische Mädchenstudie (1986), *Zur Situation von Mädchen in der offenen Jugendarbeit*, hg. von der Bevollmächtigten der Hessischen Landesregierung für Frauenangelegenheiten, Wiesbaden.

Kestenberg, Judith (1975), *Children and parents. Psychoanalytic studies in development*, New York.

Laqueur, Thomas (1992), *Auf den Leib geschrieben*, Frankfurt a. M. und New York.

Lerner, Harriet E. (1980), *Elterliche Fehlbenennung weiblicher Genitalien als Faktor bei der Erzeugung von »Penisneid« und Lernhemmungen*, in: *Psyche* 34, S. 1092-1104.

Mahr, Erica (1985), *Menstruationserleben. Eine medizinpsychologische Untersuchung*, Weinheim und Basel.
Martin, Emily (1989), *Die Frau im Körper*, Frankfurt a. M. und New York.
Meulenbelt, Anja (1978), *Die Scham ist vorbei*, München.
Olivier, Christiane (1991), *F wie Frau – Psychoanalyse und Sexualität*, Düsseldorf.
Reher-Juschka, Gabriele/Biebrach, Christel (1991), *Blutrot. Was Menstruation bedeutet*, Berlin.
Sherfey, Mary Jane (1974), *Die Potenz der Frau*, Köln.
Shuttle, Penelope/Redgrove, Peter (1980), *Die weise Wunde Menstruation*, Frankfurt a. M.
Verdier, Yvonne (1982), *Drei Frauen. Das Leben auf dem Dorf*, Stuttgart.
Waldeck, Ruth (1992), *Die Frau ohne Hände. Über Sexualität und Selbständigkeit*, in: Flaake/King 1992.
Waldeck, Ruth (1995), *Adoleszenz, Geschlechterhierarchie, Generationenkonflikt. Zur Verschiebung von Generationenkonflikten auf das Geschlechterverhältnis*, in: *Studien zur Kinderpsychologie*, Bd. XII, Göttingen.

Astrid Meyer-Schubert

Gebären und Geborenwerden
Philosophische Anthropologie aus weiblicher Sicht

Für Karoline

I. Zum Problem von Subjektivität und Allgemeingültigkeit

Die diskriminierte und unreflektierte Frage nach dem Zusammenhang von Subjektivität und Allgemeingültigkeit wird im folgenden im Sinne einer methodischen Erläuterung im Rahmen geschlechtlicher Philosophie diskutiert. In Zeiten, wo subjektive Erkenntnis, d. h. diejenige eines leiblichen, aber auch immer *sich selbst* reflektierenden Ich, als unvollkommene, in eigenen Projektionen sich bewegende und zum Subjektivismus degradierte Wahrnehmung betrachtet wird, erreicht ein sogenannter Objektivismus seine volle Blüte. An der Trennung von Individuum und Wissen wird offensichtlich mit aller Kraft gearbeitet. Objektivität wird damit zum Fazit einer den Leib vergessenden Geistprojektion. Eine solche Haltung, zur institutionalisierten Wissenschaftlichkeit erhoben und damit zur ›Allgemeingültigkeit‹ erklärt, verliert jedoch ihre Substanz, wenn sie ihre leiblichen, und d. h. stets geschlechtlichen Projektionen nicht zu durchschauen vermag, was allein dann zumindest in den Bereich des Möglichen rückt, wenn die ›objektive Erkenntnis‹ zuvor oder auch gleichzeitig ihren Träger, nämlich das subjektive Ich, zu erforschen imstande wäre. Denn das mir ›Entgegengeworfene‹ ist immer im Verhältnis zu *mir* zu reflektieren, das Objekt jeweils in Beziehung zum erkennenden Subjekt, wobei hier Subjektivität nicht vorschnell mit Solipsismus gleichzusetzen ist. »Subjektivität ist so subjektiv nicht: Subjekte, die wir sind, können wir doch miteinander reden und einander verstehen. Und subjektives Wissen hat stets mehr teil am überlieferten allgemeinen Wissen, als man meint.« (Kurz 1993: S. 5)

Im erkenntnistheoretischen Verständnis des im folgenden zu behandelnden Themas wäre das Wie des Erkennens, bei gleichzeitigem Rückbezug auf die Leiblichkeit des Erkennenden zu beleuchten. Dieses Ich, das Leib und Erkenntnis zu verbinden sucht, kann als ein menschliches Gattungssubjekt verstanden werden, welches in geschlechtlicher Hinsicht seine Fundierung erfährt. So wird der Zusammenhang von Subjektivität und allgemeiner Gültigkeit hier im anthropologischen Sinn verstanden, nämlich als Gattungsproblem in individuell-persönlicher Verarbeitung. Mit anderen Worten: Dem denkenden Subjekt in seiner Leiberfahrung wird Wirklichkeit in ihrer Wahrhaftigkeit zugestanden. Diesseits rein spekulativer Tätigkeit erfährt sich das Denken zweifach am Leiblichen, indem es sich an diesem rückversichert und *in* ihm in bestimmter Hinsicht entsteht. Auf diese Weise erst wird es fähig, das ihm Entgegengeworfene adäquat zu fassen und seine eigenen Projektionen aufzuklären. Das Ziel eines solchen Wissenserwerbs besteht dann darin, den Weg radikaler Selbsterfahrung zu gehen und diese gleichzeitig zu reflektieren. Damit kann nicht mehr die Rede von schlechtem Subjektivismus und reiner Spekulation sein, von bloßer Einbildungskraft oder neurotischer Spiegelung. In Anerkennung eines denkenden Leibes und *einer ihm zugehörigen Denkkraft* kann der Weg zu einer nichtreduzierten Objektivität geebnet werden.

II. Ein Leibgeist als Metapher

Schon an der bildlichen Herangehensweise an das Thema »Leib« und »Natur« entscheidet sich der weitere Erkenntnisweg, wobei zu bedenken ist, daß ein Bild insoweit mit Bedacht gewählt werden sollte, als sein Inhalt an das vom forschenden Subjekt gemeinte Objekt heran- oder von ihm wegführen kann. Was die folgenden Überlegungen betrifft, so besteht die Möglichkeit, in Abgrenzung zur überwiegend nachweisbaren philosophiegeschichtlichen Trennung von Leib und Geist die Metapher eines *Leibgeistes* zu postulieren, welche jene von vornherein zu unterlaufen beansprucht. Verstand der Philosoph Schelling Ende des 18. Jahrhunderts die Natur als sichtbaren Geist und diesen als unsichtbare Natur, so kann hier in seiner Tradition bei gleichzeitiger Transformation Schellingscher Identitätsphilosophie der Leib als sichtbarer Geist und dieser als unsichtbarer Leib zu thematisieren versucht werden. »Erst auf der Basis einer naturphilosophisch befriedigenden Leibphilosophie wird man Schellings Versuch wiederholen dürfen, dann auch umgekehrt die Frage zu stellen, wie sich im Menschen die Natur zu sich selbst verhält. [...] Deshalb entscheidet sich auch gegenwärtig die mögliche Revision der Beziehung des Menschen zur Natur in seinem Verhältnis zu sich selbst qua Natur.« (Böhme 1992: S. 53)

Im Sinne dieses ›Verhältnisses zu sich‹ muß somit die subjektive Reflexion über den Leib miteinbezogen werden. Die Sprache, mit welcher der Leib über sich selbst spricht, bzw. die Metaphorik seiner Selbstreflexion haben nämlich im Bereich des Leiblichen allein keinen Platz, wohl aber in der postulierten Leib-Geist-Einheit, deren Subjekt noch immer am besten als »Seele« bezeichnet werden kann. Die Reflexion hat hier selbst eine seelische bzw. leibgeistige Realität. »Wie wäre es, wenn die Trennung von Symbolischem (Metaphern) und seinem sogenannten Referenzbereich – der Wirklichkeit – gar nicht so zu ziehen wäre? Die Metaphern wollen ansichtig machen, was etwas ist. Diesem Etwas haften sie dann aber auch als Ausdruck an. Vielleicht müssen wir bedenken, daß der eigene Gehalt der Metaphern die Vorstellungskraft, die sich mit ihnen beschäftigt, mehr prägt, als wir gemeinhin annehmen. Metaphern sind nicht neutral, sondern übertragen mit Folgen von ihrem Gehalt auf das, was in ihnen ausgedrückt werden soll.« (Weisshaupt 1993: S. 17)

Leib und Metapher durchdringen sich gegenseitig. »Die Art, wie eine seelische Realität von der Seele bezeichnet wird, gehört zum Wesen dieser Realität selbst.« (Anders 1983: S. 77) Dieser seelische Zusammenhalt wäre ein Phänomen, das sich im Leib als Ort der Empfindung und der Einbildungskraft und im Geist als Selbst und Wille offenbart. Auf diese Weise zeigt sich die Seele als einer Leib/Geist-Spaltung vorausliegende Einheit und damit mit einem zugrunde gelegten Kraftprinzip verbunden, über das Leib und Geist reflektiert werden können. In Abgrenzung zur platonischen Leib/Geist-Spaltung und der daraus entstehenden Teilung der Seele in einen ›oberen und unteren Seelenteil‹ wird hier ihre Ganzheit als Leibgeist bei gleichzeitig gegebenen Differenzierungsmöglichkeiten gedacht. Entgegen der philosophiegeschichtlichen Überbetonung des Geistigen und der diese begleitenden Entwertung alles Leiblichen wird letzteres zum Ausgang philosophischer Reflexion gemacht, um ein Gegengewicht zur Degradierung des Leibes durch den Geist in Form einer instrumentellen Vernunft und damit als technisch verfügbaren Körper herzustellen. Dies erweist sich vor allem in geschlechtsspezifischer Hinsicht als relevant. Denn die Gleichsetzung der Frau mit Leib und Natur, im Gegensatz zur Zuordnung des Männlichen zum geistigen Bereich, zeigt sich als eine geschlechtliche, wodurch der Leib sich zum weiblichen, der Geist sich jedoch zum männlichen Phänomen entwickelt.

Mit einer ›philosophischen Anthropologie aus weiblicher Sicht‹ geht es um den Versuch, aus der Position der philosophiegeschichtlich Ausgegrenzten heraus den geschlechtlichen Leib zur Sprache zu bringen, welcher hinsichtlich des Titels dieses Aufsatzes das weibliche Geschlecht als Geburtskanal bedeutet. Der leibliche Bereich kann jedoch nur ›zur Sprache‹ gelangen, wenn auch ihm eine Art Geistigkeit zugesprochen wird, was mit Hilfe einer Leib/Geist-Metaphorik als Leitfaden ausgedrückt werden kann. Ein solch leibliches Phänomen wie das Gebären oder Geborenwerden wird in den geistigen Bereich übertragen, um die Substanz dieser beiden Momente für das menschliche Selbstverständnis zu finden und aus ihr einen philosophischen Begriff zu entwickeln. Die Frage, wie der sichtbare Geist oder der unsichtbare Leib sich begrifflich äußern und zum geschlechtlichen Selbstverständnis des Menschen bzw. der ›Menschin‹[1] beitragen können, sei hier somit gestellt.[2]

Der Mensch steht traditionellerweise nicht nur in der Mitte zwischen Natur und Gott/Geist, sondern teilt sich, wie eben betont, natürlicherweise auf in zwei Geschlechter, ein Faktum, das die Natur-Geist-Trennung nicht nur praktizierbar, sondern auch zur Waffe im Machtkampf der Geschlechter machte. So ist eines ohne das andere weder denk- noch abhandelbar, die Geist/Natur-Problematik damit auch immer die der Geschlechter. Der Mann gilt als wandelnder Begriff, der mit diesem den Leib von der erhobenen Geistsphäre aus einmal verurteilt, ein anderes Mal positivistisch zu beschreiben versucht. Doch immer liegt die Betonung auf der ›Ungeschlechtlichkeit‹ der Leibreflexion, selbst dann, wenn männliches Philosophieren das Geschlecht zum Thema hat. Die Frau dagegen bleibt begriffslos, wurde dementsprechend sozialisiert[3] und findet sich somit bis heute in der wissenschaftlichen bzw. herrschenden philosophischen Sprache nicht wieder. So suchen wir ihr Da- und Sosein in einer Art sprachlichem Nichtsein, in einem im Grunde wörtlich zu verstehenden u-topischen Bereich, so daß wir im Gegenzug dazu vom Geist, wenn wir ihn getrennt betrachten, als einem unsichtbaren männlichen Geschlecht oder von der männlich adaptierten Geburt sprechen könnten. In Form einer geschlechtlich nicht bewußten Konstruktion kapselt sich der Mann durch Abstraktionen ab, verneint die ›Auffälligkeit des Leibes‹ und nennt sie weiblich. Der erste Schritt, dieser Tendenz entgegenzuwirken, liegt in einer leibgeistig reflektierten Geburtsempirie, wie sie im folgenden ansatzweise betrieben wird.

Selbst und Wille, die beiden wichtigsten geistigen Komponenten, werden dabei als konstitutive Momente des weiblichen Leibes aufgespürt, damit sie nicht vorschnell der männlich-geistigen Abstraktion anheimfallen und in entfremdender Weise den weiblichen Leib reflexiv spalten. Da die Frau aber patriarchal sozialisiert ist, muß sie sich, mit Hilfe der Leib/Geist-Metapher, auch die von ihrer Leiblichkeit wegführenden Momente klarmachen. Im weiteren wird eine Geburtsempirie programmatisch umrissen, das Geborenwerden als Ausgangspunkt eines Naturverständnisses im Spannungsfeld zur Technik vorgestellt und anhand des Mystikers Jakob Böhme gezeigt, wie männliches Denken den Geburtsakt für sich vereinnahmen, vergeistigen und vom konkreten weiblichen Leib trennen kann.

III. Die Frau und das Gebären

Geburtsempirie

Für die Frau ist das Gebären ein traumatischer Gewaltakt, der sich auf leibgeistiger Ebene insofern vollzieht, als es sich um die Trennung zweier leiblicher Selbstbewußtseine und Willenswesen handelt, die zuvor in intrauteriner Differenz miteinander verbunden waren.

Das Gebären stellt einen Veräußerungsprozeß dar, in dem der nach innen gewendete, fetal zentrierte Leibgeist der Frau sich nach außen richtet, der Fetus ins »Außen« entlassen wird. Die Äußerung steht in Abhängigkeit von der monatelangen inneren Konzentration einer mütterlich-fetalen Kommunikation, von deren Substanz der Verlauf geburtlicher Veräußerung abhängt. So kann die Geburt als eine Mitteilung an die Außenwelt verstanden werden, als ein Erzählen vom Verhältnis zwischen Mutter und Fetus, und der Bewußtwerdung der Frau bezüglich ihres Leibgeistes und dem ihres Kindes dienen.

Der dabei auftretende leibgeistige Geburtsschmerz ist Ausdruck eines Kampfes auf Leben und Tod, leiblich durch die Enge des Geburtskanals, geistig durch die Anforderung, Generationsanfänglichkeit (Kind) und Generationsendlichkeit (Mutter) zu akzeptieren. Entbunden vom anfänglichen Kommunikationsprozeß während der neun Monate Schwangerschaft, muß der erste Abschied im Mutter-Kind-Verhältnis erfolgen und damit die eigene Endlichkeit eingesehen werden, was aber in der patriarchal besetzten Frau nicht ohne weiteres geschieht: Mit dem Gebärakt hat die Frau das Gefühl, etwas Inneres, Intimes von sich herzugeben, ein Stück ihrer selbst, was sie kompensatorisch zum Besitzdenken und zur Ichverlängerung verleiten und Ausgangspunkt für einen lebenslangen, leibgeistigen Übergriff auf das Kind sein kann. Da die Geburt für die Frau eine traumatische Erfahrung darstellt, neigt sie ferner dazu, diese schnellstens zu vergessen, und damit den ersten für die Mutter-Kind-Beziehung einschneidend wichtigen Trennungsakt. Dieser ist ausschlaggebend für das Icherleben und das Zeitempfinden der Frau und damit des Menschen allgemein, welchen sie, patriarchal besetzt, zu ihrem Eigentum, zur ›Frucht‹ ihrer Existenz macht, und damit ihren eigenen Tod durch Unendlichkeitssetzung im Kind fälschlicherweise zu überwinden meint.

Auch die Länge der Geburt kann leibgeistig von dieser Unendlichkeitssetzung her begriffen werden. Liegt die Entbindungsdauer beispielsweise oberhalb der Norm, so läßt sich fragen, ob der willentliche Leib das Kind nicht hergeben wollte. Waren die Wehen nicht stark genug, um die Austreibung schneller zu bewerkstelligen, so muß die Frage gestellt werden, ob die Verankerung zwischen Mutter und Fetus sehr bindend war. Trotz selbstkritischer Mutter-Fetus-Kommunikation während der Schwangerschaft und der Bemühung, zwischen dem mütterlichen und dem fetalen Selbst zu unterscheiden, kann sich das Loslassen schwerer als erwartet erweisen, da das andere als solches im tiefsten Inneren noch nicht völlig akzeptiert, sondern doch noch als Eigenes verkannt wurde. Der leibgeistige Innenraum beinhaltet nicht das vorgegebene Subjekt-Objekt »Fetus«, auf das die Frau sich mit der Zeit einstellen kann. Der Fetus ist nicht plötzlich da, sondern entwickelt sich langsam aus einem Teil ihres Leibes und damit Leibgeistes heraus, wird größer und immer selbständiger, bis der Innenraum zu klein wird und beide, Frau und Kind, sich öffnen für ein Außen.

Umgekehrt, gleichsam als Kehrseite der Medaille, gibt es aber auch einen postnatalen »Schrecken der Objektivität«. Vergewaltigt durch die eigene Leiblichkeit, liegt die Frau unmittelbar nach der Geburt da, betrachtet das Gesicht ihres Kindes und fragt sich, *wer* da liegt. Ein Gefühl der Fremdheit überkommt sie. Für einen gewissen Zeitraum steht sie ihrem Kind beziehungslos gegenüber. Es ist ein fremdes Wesen mit einem Selbst und eigenem Willen und trotzdem *ihr* Kind, aus dem eigenen Leib entstanden. Der Aufbau einer extrauterinen Beziehung drängt nun zur Anamnese: zur erinnernden Aufarbeitung mittels der Leib/Geist-Metapher, um weibliches Sprechen zu ermöglichen.

Doch in einer patriarchalisierten Welt, in der das männliche Geschlecht die universale Ordnung bestimmt und nicht nur das gesellschaftliche Beisammen- bzw. Entgegensein, sondern auch die Erde und den gesamten Kosmos auf sich begrifflich zuschneidet, um sich und seine Körperlichkeit narzißtisch darin zu spiegeln, eine Ordnung, in der die Sprache und die gesamte Wissenschaft ihm seinen leibgeistigen Ausdruck verleihen, bleibt der Frau nur noch der u-topische Rest ihres Inneren, das, da sie ein *anderes* Geschlecht *ist* und im patriarchalen Nichtsein diesem verschwindenden Ort deshalb eine begriffliche Form verschaffen muß, den Ausgangspunkt für ein alternatives Universum darstellt. Erst in der Materieform der Sprache, d. h. unter dem Blickwinkel leibgeistiger Metaphorik, wird ihr Innenraum freier, verliert den nach innen gerichteten Druck, der pränatal den Fetus und postnatal das Kind belastet und besetzt. Diese innere Besetzung wirkt dem Gebären entgegen, kann es letztendlich nicht akzeptieren, auch nicht die damit verbundene Endlichkeit des Innenlebens, da das Kind als Ersetzung und Verlängerung des innersten Kerns des u-topisch geschlechtlich-individuellen Selbst dieses zu verleiblichen hat. Das Gebären als Objektivationsprozeß ihrer eingeschränkten Selbstheit verhindert das Entlassen des Kindes als wahres Subjekt-Objekt, in sich eigenes und für die Frau anderes.

Das Akzeptieren der Endlichkeit des Innenlebens geht Hand in Hand mit dem Bewußtwerden des eigenen Lebensendes, womit die Gebärtätigkeit der Frau zum existenzphilosophischen Problem wird. Der Geburtskanal wird somit zum Ort und Beginn der Zeitrechnung in leibgeistiger Entwicklung von Frau und Kind und damit des weiblichen und männlichen individuellen Menschen. Denn wird die ewige Wiedergeburt, die unendliche Selbstverlängerung im Kind durch die einmalige Geburt beendet, hat die Frau die Möglichkeit, sich als endliches Individuum mit Leben und Tod auseinanderzusetzen, und braucht nicht mehr ihr Leben hinter der Maske patriarchaler Selbstlosigkeit zu opfern, wofür sie insgeheim lebenslangen Dank verlangt. Dieses würde allerdings nur durch geschlechtsspezifisch geprägte gesellschaftliche Umwälzungen gelingen, in denen die Frau gemäß ihren geschlechtlichen Bedürfnissen auf den Außenraum einwirken und dem Patriarchat mit seinem muttterersetzenden Wesenskern (vgl. Meyer-Schubert 1992) in seinem phallischen Wirken Einhalt gebieten könnte. Denn von diesem Wirken hängt auch unser Verhältnis zur Natur insgesamt ab.

Natur und das Geborenwerden
Zum Problem von Technik und Geburt

Den Begriff der Natur zu betrachten wäre nur ein unvollkommenes Unterfangen, wenn mit ihm nicht auch derjenige der Technik gedacht würde. Ebensowenig wie Krankheit ohne Gesundheit, Identität ohne Differenz begriffen werden können, so auch das Subjekt-Objekt ›Natur‹ nicht ohne seinen technischen Gegenspieler. Inwieweit dieses Begriffspaar mit der Geburt Verwandtschaft hat, soll im folgenden erörtert werden.

Dem hier vertretenen leibgeistigen Ansatz kommt zunächst einmal das grammatische und etymologische Verständnis von »Natur« entgegen. Das lateinische Wort »natura« bedeutet »Geburt«, ihren Akt bzw. Vollzug, und weist in dieser Bestimmung auf diesen zentralen Bereich leiblicher Aktivität hin, allerdings mit passiver Einschränkung, d. h. auf eine Art aktive Passivität, die sich im Menschen abspielt, eine – in griechischer Grammatik verstanden – mediale Handlung. Jedes Kind »arbeitet« während Schwangerschaft und Geburt mit, beides gehört zur Kommunikation zwischen Mutter und Fetus. Natur, als Geburt verstanden, ist in sich medial, die geistigen Komponenten, Selbst und Wille, bilden keine abgetrennten, transzendenten Momente, die von außen dazukommen. Die leibliche Geburt-Natur verweist auf etwas Willentlich-Unwillentliches, etwas Bewußt-Nichtbewußtes, Begreiflich-Unbegreifliches, auf einen Prozeß, der von irgendwoher, aus einem unsichtbaren Raum etwas hervorbringt. Hier zeigt sich eine Macht, welcher der Mensch in seiner Angewiesenheit auf Natur ausgeliefert ist. Jede Geburt ist Natur und die Natur wiederum in ihrem gesamten Sein ein riesiger, universeller Geburtsvorgang, von dem die gesamte Existenz der Menschheit gnadenlos abhängt.

Indem das Wort ›Geburt‹ den Akt des Gebärens, das Geborenwerden als aktives Passivum und das Geborensein als faktisches Resultat des gesamten Prozesses, umfaßt, lassen sich Anfang und Ende dieser Handlung geschlechtsspezifisch orten: der Ort des Gebärens ist nur der weibliche Leib, geboren werden aber beide Geschlechter. Der männliche Leib neigt zur Geburtsvergessenheit – was im folgenden vorgestellt wird –, die weibliche Reflexion muß diese Vergessenheit unterlaufen, um an den U-topos ihres Leibgeistes anamnetisch heranzukommen.

Trennen wir nämlich, in patriarchaler Tradition, Geist und Leib voneinander, so stehen wir dem Phänomen ›Natur‹ in und außer uns abgespalten und damit entfremdet gegenüber: Aus dieser Distanz heraus meinen wir, es teilweise durch Naturwissenschaft und Technik in den Griff bekommen zu haben sowie in der Lage zu sein, Natur künstlich herstellen und ersetzen zu können. Wird aber »Natur« als Geburt, d. h. weiblich verstanden, so wird der technische Umgang mit ihr in einer patriarchalisierten Welt ebenso diskriminierend, insensibel und teilweise vergiftend wie die Beziehung des Mannes zur Frau im Geschlechterkampf.

Die Frau als Leib überhaupt und objektivierter Leib des Mannes muß insoweit begriffen werden, als sie eines Tages mit Hilfe von Technik ersetzt werden könnte und irgendwann die künstliche Herstellung der Gebärmutter möglich wäre. Der Kampf der Geschlechter und infolgedessen das Spannungsverhältnis von Technik und Natur beginnen schon im patriarchal besetzten weiblichen Uterus, wo das menschliche Urbild sich formt, die Identitätsbildung des Fetus beginnt, um dann mit phallischer Dominanz mutterersetzend die Welt zu beherrschen (vgl. Meyer-Schubert 1992).

Der geburtliche Gewaltakt, dem Mensch und ›Menschin‹ am Ende ihres anfänglichen Lebens ohnmächtig ausgeliefert sind und der noch immer, vor allem für das Kind, tödlich enden kann, begleitet beide das gesamte Leben hindurch, beeinflußt Denken und Handeln ebenso existentiell wie die Ansicht von und den Umgang mit der Natur und – damit notwendig verbunden – den Geistbegriff. Jeder technische Konstruktivismus, wenn er sich der Natur bemächtigt, arbeitet gegen sie, wenn er nicht an den Gebärleib rückgebunden und leibgeistig reflektiert wird.

Im Grunde paradox, aber nicht zu leugnen: Im Geborenwerden ist der Tod enthalten bzw. seine Möglichkeit: Wir sterben in die Geburt. Werden wir geboren, so nehmen wir Abschied von der Welt des Uterus, in dem die Mutterstimme uns die anfängliche Richtung unseres leibgeistigen Werdens vorgab, d.h., wir sterben unter Qualen in eine andere Welt, eine Außenwelt ohne unmittelbare leibliche und stimmliche Umschließung hinein. Dieser Sterbeakt bringt uns in ein anderes Leben, in dem wir geänderte leibgeistige Empfindungen entwickeln müssen. Die uterine, auditive und taktuelle Wahrnehmung wird von der postnatal-visuellen dominiert, obwohl die pränatal entwickelte Basissinnlichkeit weiter wirkt, aber eigens erinnert werden muß.[4] Die Vergessenheit der pränatalen Welt wird insofern gefördert, als sie der fixierende Blick überlagert. Sie sinkt hinter ihm zurück, verschwindet jedoch nicht: je mehr sie anscheinend dem Blick entgleitet, desto indirekter wirkt sie im geistigen Verdrängungsakt.

Beleuchten wir aber den Naturbegriff unter dem Aspekt des Geborenwerdens, so können wir ihn als einen im Werden begriffenen denken, als einen prozessualen, nicht fixierbaren, als einen, dessen wir nicht ›Herr‹ werden können. Wenn der Mensch sich als Naturwesen faßt, so muß er sich permanent einer stärkeren Macht ausgeliefert sehen, die ihn existentiell in seinem individuellen Menschsein bedroht und ihn jederzeit von einer Seinsebene in eine andere, z.B. vom Leben in den Tod befördern kann.

Dieses die Existenz bedrohende Phänomen der Geburt soll von der Technik gefahrlos gemacht werden. Technik, als ein Werkzeug des Menschen, hilft beim ›Hervorbringen‹, bei der Realisierung eines Ideals, dessen vordergründiger Zweck – der Schmerzlinderung und Lebensverlängerung – klar zu sein scheint, auf dessen Motivationsstruktur aber erst anamnestisch zu reflektieren ist, um auch den patriarchalen Hintergrund herauszuarbeiten. Abgesehen davon, daß Technik uns in vielem das Leben und in diesem Zusammenhang den Akt der Geburt erleichtert, hat sie auch substantiell in Empfindungen des Menschen eingegriffen, verändernd auf die Raum-Zeit eingewirkt, aber auch gentechnologische Fragen aufgeworfen, die den innersten Kern des Begriffs ›Generation‹ betreffen. Generationsverschiebungen (Großmutter trägt Enkel aus) und ansatzweises Klonen des Menschen haben unser Selbstverständnis zunehmend verwirrt und rufen zu einer erneuten Hinterfragung auf. Das von männlicher Geistprojektion hervorgebrachte

Ideal der Unendlichkeit und Unsterblichkeit kann als technisches Motiv angesehen werden, was in unserem Sinne jedoch Geburtsverweigerung bedeuten würde. War die Technik von ihrer ursprünglichen Sinngebung her *Grenzüberwindung* des Leibes, so ist sie jetzt zum Werkzeug menschlicher *Grenzaufhebung* umgeschlagen.

Gehen wir davon aus, daß, unter Ablehnung der These einer Eigendynamik technischer Entwicklung, es ein leibgeistiges Subjekt ist, welches wissenschaftlich-technisch verfährt[5], so müssen wir auch nach seiner Bewegungsmotivation und seiner ethischen Verantwortlichkeit fragen. Erst wenn wir den Bewegungsgrund technischer Forschung berücksichtigen, können wir ethische Probleme in ihrem Kern unter der Berücksichtigung beantwortbar machen, daß »die Ethik [...], die uns heute not tut, [...] der Tatsache Rechnung zu tragen (hat), daß es die *Technik* ist, die als die Natur des westlichen Geistes erkannt wird« (Zimmerli 1991: S. 404).

Spielen wir die Möglichkeit durch, daß die Großmutter ihren Enkel gebären kann, weil die Tochter die Eizelle spendet. Um an das diesbezügliche technische Motiv heranzukommen, muß zum technisch möglichen Faktum dessen Idee gefunden werden. Die Großmutter ist ihrerseits Tochter, deren Geburt an ihre Mutter wiederum delegiert werden kann. Überschlagen wir nun in diesen regressiven Iterationen die Generationen bis hin zur Urmutter, zur Mutter ohne Mutter, d. h., imaginieren wir die Möglichkeit der Generationenunterschlagung, so nämlich, daß die Urmutter den Beginn der Zeit ausmacht, so hieße dies, daß die Mutter ihre Kinder nie hergeben dürfte und damit ein Leben ohne Anfang bestünde, ohne Geschichte, ohne Individuen und damit ohne Entwicklung. Dies wäre ein kontinuierliches Zurückgebären in den Uterus hinein, ein Leben ohne Anfang, ein ewiges uterines Schweben. Weder Tochter noch Sohn hätten Abgrenzungsmöglichkeiten in der Gestaltung einer neuen Zukunft, da sie übersprungen würden, wenn es keine individuelle Anfänglichkeit gäbe. Obwohl die Urmutter den Beginn der Zeit darstellt, gäbe es sie dennoch nicht, da die Zeit selber sich aus Abschnitten konstituiert und somit Instrumentarium zur Messung von Entwicklung ist. Mit einer Geburtsaufhebung der Generationen fräße die Urmutter ihre Kinder, um sich selbst immer wieder zu regenerieren, was gleichzeitig heißt: Sie gebiert in sich in einer Art Immanenzbewegung hinein, deren Antrieb aber in der patriarchalen Idee einer Geburtsaufhebung, der vom Leib getrennten Geistsetzung, liegt. Die Vermutung einer Archaiksehnsucht als Motiv technischer Entwicklung liegt nahe, wie wir an diesem Beispiel ersehen können, der Rückkehrwunsch in den Ursprung, der jegliche Geburtstätigkeit aufzuheben wünscht. Ein ähnliches Phänomen offenbart sich in der Möglichkeit des Klonens, einem ewigen Zirkel der Selbstreproduktion, in dem die innerste Verweigerung von Entwicklung jeder Art zum Tragen kommt: ein Kreislauf menschlicher Selbstbespiegelung, dem das Andere in seiner Fremdheit als wesentliches Entwicklungsmoment unbekannt bleiben muß.

Archaiksehnsucht und Wille zur Selbstbespiegelung als Grundmotive herrschender Technikentwicklung verweisen als patriarchale Phänomene in den griechischen Ursprungsmythos, in dem Uranos der Erdgöttin Gaia die Geburt ihrer Kinder verbietet. Der Geschlechterkampf, schon damals zugunsten des männlichen Gottes bzw. Menschen unter Bedingung der Selbstverstümmelung (Uranos wird anschließend auf Geheiß der Gaia von seinem Sohn Kronos kastriert) ausgetragen, würde in einer Gebärung, in einem Sichlosreißen von der phallisch dominierten Geburtsverweigerung bestehen. Das Andere soll bejaht und die Differenz zugelassen werden, ohne in entselbsteter Selbstbeschwörung immer nur sich selbst zu produzieren. Im Prozeß der Gebärung und einer damit verbundenen ›Ethik zwischen den Geschlechtern‹ (vgl. Irigaray 1989) liegt die Zukunft menschlicher Gattung. Im Kampf um die Geburt zahlen die Geschlechter den hohen Preis ewiger Wiederkehr, die das individuelle leibgeistige Selbst sich nicht entfalten läßt, weil das Andere als Fremdes unterdrückt werden muß. Aber nicht nur im griechischen Mythos, sondern vor allem in der christlichen Mystik wird die Geburtsverweigerung als männliche Geburtsvereinnahmung deutlich.

Zur männlichen Geburtsadaptation (am Beispiel Jakob Böhmes)

Der Ort des Gebärens ist der Leib der Frau. Die Selbstgebärung der Vernunft[6] weist auf die Unterschlagung des weiblichen Geschlechts, die Usurpation der ›Menschin‹ durch den Menschen hin. Sie wird durch patriarchale Machtergreifung zum Medium, der Gebärakt geistig adaptiert (z. B. die Geburt des Gedankens), die weiblich-leibliche Tätigkeit entmachtet, weil aus der Sprache und damit dem leibgeistigen Bereich verbannt. Natur wird so zu einem dumpfen, triebhaften Etwas oder zum unbegriffenen Dämon.

In der christlichen Mystik Jakob Böhmes wird greifbar, wie der leibliche Gebärakt geistig verklärt und die Leib/Geist-Einheit gespalten wird.

Voraussetzung der Wahrheitserkenntnis ist für Böhme die Erkenntnis seiner selbst. In innerster individueller Tiefe muß Selbsterkenntnis vor sich gehen, das erkennende Subjekt sich zum Objekt machen. So erst wird wahre Gotteserkenntnis nachvollziehbar und Gott als Ursprung einer jeglichen Kreatur sichtbar. Mit der Fähigkeit, in sich hineinzuhorchen, wird der Mensch in Christo lebendig, in erneuter Gebärung seiner selbst, wovon der rationale Mensch kein Wissen hat, da er Ursprungserinnerungen nicht zuläßt. Die ›Kammer der Angst‹ ist der Urgrund des Wissens, in den bei der Geburt einer neuen Erkenntnis eingetaucht werden muß.

Bei Böhme wird die Macht der Mutter von der Gottes abgelöst, da sie in concreto scheinbar nicht wert ist, angebetet zu werden. So sucht er im Begriff der Natur die Verschmelzung, die aus zwei Geschlechtern einen Leib machen soll, begehrt er die Geschlechtslosigkeit. Auf der Suche nach dem mütterlich Einen dominiert der Wunsch, die Differenz aufzuheben. Beide Geschlechter sollen als entleiblichte Seelenleiber gebären. Der werdende Leib bringt Sünde in die Welt; ein Seelenleib erst wächst sündenfrei im Fruchtwasser. Nachdem der Gläubige sich dem männlichen Gott als Mutter zugewandt hat, empfängt der Fetus Lebenskraft. Beide Geschlechter werden im Androgyn vereinigt, in der phallischen Frau, der Jungfrau.

»Zur Einheit bringt uns die neue Geburt, nachdem die Vielheit mit dem Leib zerbrochen ist. Die Seele des Menschen erreicht erst das ›Vaterland‹, wenn es ihr gelingt, sich durch den Geburtskanal zu ›quetschen und drängen‹ [...] sie muß wieder durch die Thore der tiefen Angst des Todes gehen und zwei Reiche sprengen; sie steckt hier zwischen Thür und Angel wie in einer Presse [...].« (Böhme 1885, III: S. 190) Zwischen Paradies und Hölle, Feuer und Licht findet sich der Mensch in sich zerrissen. Gott und Teufel rufen den Menschen zu gleicher Zeit; beide Geburten, die teuflische und die göttliche, sind ›in dir‹. »Jedes Leben entsteht in der Angstqual, in der Natur.« (Ebd.: S. 198)

Die Naturvorstellung Böhmes erweist sich als von Angst durchsetzt und zielt auf ein Negativ-Weibliches, der Naturschöpfer aber ist Gott als positive Mutter nach der Geburt, als göttlicher postnataler Uterus. »Wie eine Mutter ihr Kind gebiert, also wird der neue Mensch in und aus Gott geboren.« (Ebd.: S. 218) Doch um sich Gott zu nähern, muß der Mensch selbst mütterliche Funktion übernehmen, d. h., er hat zu empfangen und zu gebären, um anschließend selbst in Gottes Reich eingehen zu können.

»Gott ist leiblose Mutter. Um neu geboren zu werden, den ›Ungrund‹ Babels verlassen zu können, müssen wir in Christi Tod eingehen und in Ihm ›ausgrünen‹, in und mit ihm aufstehen, Christus als Vorbild nehmen, uns quälen am inneren Kreuz und im Tode. Eine Rückkehr zum Tode wird durch Christus als Geburtskanal ins göttliche Fruchtwasser ermöglicht. Aber auch Christi Tod ist Uterus, denn nur in solchem Raum kann die Seele ausgrünen, wachsen, gedeihen; der neugeborene Mensch soll Christi Abbild und Glied sein. Christus als Sohn Gottes, der für den Menschen jammert, Blut vergießt und stirbt, ist als Übergang des Menschen in den göttlichen Schoß zu sehen. Christus als göttliche Gnade präsentiert sich als Herrscher über den teuflischen Tod – sein Tod ist ein anderer, ein paradiesischer, Befreiung von erstikkenden Fesseln. Glauben heißt übereinstimmen mit dem angebeteten Objekt, Ausschaltung jeder Kritik und damit Distanz, heißt Einssein mit Etwas.« (Meyer-Schubert 1992: S. 77)

Die Mutter ist Quell von Angst und Todesgefühl – diesem mütterlichen Leibgeist muß der Mystiker entkommen. Der Geburtsschock erinnert zwei Welten. Die verlassene repräsentiert diejenige des Todes, die zukünftige die der Hoffnung. Der Mensch steht vor der Wahl zwischen irdischer und ewiger Natur, böser und guter Mutter. Das, was der Mensch in sich nicht zu akzeptieren weiß, seine leibliche Seite, schmerz-, aber auch lustvoller Art, muß als Abfall zur mütterlichen Erde zurückkehren, in den dunklen Tod, von dort jedoch wieder zum Nabel der Mutter Natur, dem transparenten Uterus. Der alte Adam soll in den neuen geboren werden, welcher kein Begehren kennt außer der Sehnsucht nach Gott, wie ›ein Kind nach der Mutter‹. »Er wirft sich in seiner himmlischen Mutter Schoß und ergiebt sich ihr im Geiste Christi; er begehrt seiner ewigen Mutter Speise und Trank und isset in ihrem Schoß, wie ein Kind im Mutterleibe von der Mutter isset.« (Böhme 1885: S. 258) So wird er zum entleiblichten Fetus im himmlischen Uterus, der neugeborene Mensch zum inneren, denn wahres Leben sei Innerlichkeit.

In Böhmes Glaubensvorstellung liegt die Rettung des männlichen Geschlechts aus dem drückenden, fremdbestimmenden, patriarchalisierten Mutterschoß in dessen Geschlechtslosigkeit, in dem muttterersetzenden Gott. In der Tiefe des geistigen Uterus sucht der Seelenleib nach Befreiung, indem er das magische göttlich-mütterliche Wort neu erkundet, um sich devot nach ihm auszurichten. Denn die mütterliche Macht wird uns unser Leben lang begleiten, weshalb auch Christus sagte, daß der Mensch nur Kind in der Mutter Schoß sei.

Mit Böhmes mystischer, intrauterin dominierter Gottesvorstellung wird das Zentrum christlicher Glaubenssubstanz sichtbar, die von einem patriarchal besetzten mütterlichen Leibgeist durchdrungen zu sein scheint. Doch nicht nur hinsichtlich religiöser Glaubensbekenntnisse, sondern auch für die anthropologische Forschung zeigt sich als zentraler Punkt hinsichtlich der Geschlechtsspezifik die Usurpation des weiblich-mütterlichen Leibes durch den männlich-menschlichen Geistbegriff. Mit der Formulierung eines metaphorischen Leibgeistbegriffs wurde daher in diesem Aufsatz versucht, ansatzweise eine Alternative zur herrschenden Leib/Geist-Trennung in philosophisch-wissenschaftlicher Diskussion zu entwickeln, die der Frage nach dem geschlechtlichen Menschen und seinem begrifflichen Verständnis entgegenkommen könnte.

Anmerkungen

1 Vgl. *Deutsches Wörterbuch* von J. Grimm und W. Grimm, Leipzig 1885.

2 Damit stehen die weiteren Ausführungen auch in methodischer Differenz zur umfangreichen Leibphänomenologie von H. Schmitz. Wenn jedes Phänomen immer als ein interpretiertes angesehen werden muß und sich daher untrennbar mit dem interpretierenden Subjekt verbindet, kommt niemand umhin, den Unterschied zwischen männlichem und weiblichem Sprechen über den menschlichen Leib zu berücksichtigen, wie es in der bildlichen bzw. metaphorischen Herangehensweise an das ›Objekt Leib‹ zum Ausdruck kommt. Schmitz macht die Metaphorik der Leibdarstellung zur Nebensache, sieht jedoch nicht ihre

Zugehörigkeit zur Leib/Geist-Einheit. So läßt sich nach Schmitz die Schwermut »am treffendsten vielleicht metaphorisch beschreiben als ein Schleier, der sich so über alles legt, daß es trübe, eigentümlich stumpf und fade wird, daß nichts Strahlendes und Kraftgebendes, kein Impuls von Macht, Glück und Zuversicht mehr aufzutreiben ist« (Schmitz 1965: S. 7). Die hypochondrische Leiblichkeit wirkt auf Schmitz »wie ein Geflügelhof, in dem die Hühner aufgeregt durcheinanderflattern. Die Leibesinseln scheinen sich der spannenden Einheit des Leibes entwunden zu haben.« (Ebd.: S. 262) Auch das Wort ›Leibesinsel‹ stellt eine Metapher dar. In diesen Sprachbildern aber zeigt sich die subjektive, d. h. geschlechtlich-leibliche Herangehensweise an den Leib, die Art nämlich, wie über ihn reflektiert wird. (Vgl. ferner die distanzierende Haltung Schmitz' zur Metaphorik in seinem Buch *Leib und Gefühl*, 1992, z. B. S. 29.)

3 Vgl. auch Christina v. Brauns (1994) systematische Ausarbeitung der Folgen dieser Leib/Geist-Spaltung. Ihr Buch *NICHT ICH* zeigt auf eindringliche Weise die Verurteilung der Frau zur Reduktion auf ein Körpersein, das durch einen u. a. zur ›männlichen Mutterschaft‹ strebenden Logos zum Nichtsein verschwindet.

4 In diesem Zusammenhang sei auf die Prä- und Perinatalforschungen von P. G. Fedor-Freybergh (Hg.) 1991 ff., L. Janus 1991 und L. de Mause 1989 verwiesen.

5 Vgl. R. Schubert 1989.

6 Wie bei Kant zu lesen: »Unser Sceptiker (gemeint ist Hume, Anm. d. A.) unterschied diese beiden Arten der Urtheile nicht, wie er es doch hätte thun sollen, und hielt geradezu diese Vermehrung der Begriffe aus sich selbst und so zu sagen die Selbstgebärung unseres Verstandes (samt der Vernunft), ohne durch Erfahrung geschwängert zu sein, für unmöglich, mithin alle vermeintliche Principien derselben a priori für eingebildet ...« (Kant 1968, B 793)

Literatur

Anders, Günther, *Die Antiquiertheit des Menschen. Über die Seele im Zeitalter der zweiten industriellen Revolution*, München 1983.

Böhme, Gernot, *Natürlich Natur. Über Natur im Zeitalter ihrer technischen Reproduzierbarkeit*, Frankfurt a. M. 1992.

Böhme, Jakob, *Sein Leben und seine theosophischen Werke in geordnetem Auszuge mit Einleitungen und Erläuterungen.* Allen Christgläubigen dargeboten durch Johannes Claaßen, Stuttgart 1885.

Braun, Christina von, *NICHT ICH*, Frankfurt a. M. 1994.

De Mause, Lloyd, *Grundlagen der Psychohistorie*, Frankfurt a. M. 1989.

Fedor-Freybergh, Peter G. (Hg.), *Internationale Zeitschrift für pränatale und perinatale Psychologie und Medizin*, Heidelberg 1991 ff.

Grössing, Gerhard, *Das Unbewußte in der Physik. Über die objektalen Bedingungen naturwissenschaftlicher Theoriebildung*, Wien 1993.

Irigaray, Luce, *Genealogie der Geschlechter*, Freiburg i. Br. 1989.

Janus, Ludwig, *Wie die Seele entsteht. Unser psychisches Leben vor und nach der Geburt*, Hamburg 1991.

Kant, Immanuel, *Kritik der reinen Vernunft*, Akademie-Textausgabe III, Berlin 1968.

Kurz, Gerhard, *Metapher Allegorie Symbol*, Göttingen 1982.

Meyer-Schubert, Astrid, *Mutterschoßsehnsucht und Geburtsverweigerung. Zu Schellings früher Philosophie und dem frühromantischen Salondenken*, Wien 1992.

Schelling, F. W. J., *Werke*, München 1927-1959.

Schmitz, Hermann, *System der Philosophie. Der Leib*, Bonn 1965.

Schmitz, Hermann, *Leib und Gefühl. Materialien zu einer philosophischen Therapeutik*, hg. von Gausebeck/Risch, Paderborn 1992.

Schubert, Rainer, *Zur Möglichkeit von Technikphilosophie*, Wien 1989.

Weisshaupt, Brigitte, *Zur ungedachten Dialektik von Eros und Logos. Reflexionen zur Ausschließung des Weiblichen durch Liebe und Vernunft*, in: *Against Patriarchal thinking. A future without discrimination?*, hg. von Pellikaan-Engel, Amsterdam 1992.

Zimmerli, Walther, *Technik als Natur des westlichen Geistes*, in: *Geist und Natur. Über den Widerspruch zwischen naturwissenschaftlicher Erkenntnis und philosophischer Welterfahrung*, hg. von Dürr/Zimmerli, Bern, München, Wien 1991.

Lising Pagenstecher
Körperassoziationen zum Thema »lesbische Leiberfahrung«

Das Wort »Leib« ist mir von Herzen zuwider, vielleicht weil ich als Kind ein »Leibchen« tragen mußte, einen Strumpfhalter mit vier oder gar sechs Metallschlaufen, die in auf Stoff aufgenähte Knöpfe gehakt wurden, dazwischen die langen, gerippten Baumwollstrümpfe, die bei zu heftigen Bewegungen manchmal aus der Befestigungskonstruktion herausrutschten. Ich habe sie gehaßt, diese Leibchen, weil ich mich darin wie in einem Gefängnis fühlte und weil ihr An- und Ausziehen so umständlich und zeitaufwendig war und mir kostbare Minuten von meinem kindlichen Abenteuerspielleben stahl. Da ich mit Schwestern aufgewachsen bin, weiß ich nicht, ob auch Jungen solche Ungetüme tragen mußten, ich kann es mir nicht vorstellen.

Auch klingt das Wort »Leib« sehr altmodisch in meinen Ohren: »Sie sorgte für sein leibliches Wohl«, »sie/er war sehr beleibt«, »leibeigen«, »beim Leibhaftigen«. Die Vorstellung von einem »Laib Brot« dagegen ist mir sympathisch, nur schreibt sich dies nicht mit »ei« und hat offenbar mit dem Wort »Leib« auch nichts zu tun.

Ich habe überlegt, inwieweit das Wort »Leib« in meinem aktiven Wortschatz vorkommt, und es ist mir nichts eingefallen. Daher kann ich über »lesbische *Leib*erfahrung« nichts schreiben, ich muß es mir ins Körperliche und Sinnliche übersetzen (ins Sinnliche, weil mein Körper mir ohne Sinne und Sinnlichkeit unvorstellbar ist). Da ich vorhabe, über meine persönlichen Erfahrungen zu schreiben, möchte ich es der Leserin (ggf. auch dem Leser) überlassen, zu entscheiden, ob meine Erfahrungen »lesbische« sind. Diese Frage zu klären wäre mir sehr schwergefallen, denn sind die frühesten körperlich-sinnlichen Erfahrungen einer Frau, die sich erst ab Anfang 40 als »Lesbe« zu verstehen gelernt hat, »lesbische«, auch wenn ihr mit 17 klar war, daß sie sich zentral von Frauen angezogen fühlt? Sind wir das, was wir werden? Oder werden wir das, was wir sind? Oder ...? Wie auch immer, unsere körperlich-sinnlichen Erfahrungen beginnen in der Kindheit (wahrscheinlich schon im Mutterleib [!], aber daran kann ich mich nicht erinnern, oder der Weg zu dieser Erinnerung ist mir versperrt). Ich versuche also, mir meine heute noch erinnerbaren frühen sinnlich-körperlichen Erlebnisse oder Eindrücke zurückzuholen und sie mit heutigem Erleben zu verbinden.

Ein ganzes Kaleidoskop von Bildern

Vielleicht ist meine früheste halbbewußte Erinnerung, daß ich mit etwa zwei Jahren die steile Treppe in meinem Elternhaus hinuntergefallen bin. Ich führe meine sehr tief sitzende Angst, daß mir etwas an den Kopf fliegt, darauf zurück. Ich ließ mich daher in der Schule vom Völkerballspiel befreien und gehe heute noch in Dekkung, wenn jemand eine Sektflasche aufmacht, meistens beteuernd, es sei dabei noch nie etwas passiert, aber meine Angst läßt öfter etwas passieren... Vielleicht rührt die Angst auch von einer Gehirnerschütterung, die ich mit etwa fünf Jahren erlebte. Ich liebte – als Landkind – Pferde über alles, besonders die jungen Pferde, und als ich einmal mit meiner sieben Jahre älteren Schwester auf der Weide war, wo junge Pferde herumliefen, setzte sie mich auf eins drauf – ich hatte vorher schon oft auf älteren Ackergäulen gesessen und war auf ihnen gefahrlos herumgeritten. Das Füllen aber wollte sich wohl der ungewohnten Last entledigen und sauste mit mir auf dem Rücken los, galoppierend und sich aufbäumend. Ich konnte mich nur an seiner Mähne festhalten, da ich weder Zügel noch Sattel hatte. Nach einiger Zeit fiel mir das ungeheuer schwer, und ich hatte wohl auch Angst vor dem Abwurf – ich kann mich daran nicht mehr ganz genau erinnern. Ich erinnere mich aber, daß ich mich selbst vom Pferd fallen ließ. Danach setzt die Erinnerung aus, weil der Sturz mit einer Gehirnerschütterung endete, die von nachmittags bis etwa Mitternacht dauerte.

Ich hatte als Kind aber auch Bilder davon, daß ich über die Treppe, auf der ich stürzte, geflogen wäre, vielleicht bin ich auch über andere Orte geflogen, das weiß ich nicht mehr. Aber ich kann mich an das Gefühl erinnern, *wirklich* geflogen zu sein, was ein sehr positives, rauschhaftes Gefühl war. Mein Vorbild für das Fliegen war das Christkind, das in der Weihnachtszeit immer ganz besonders schöne Lebkuchen in ein offenes Fenster legte. Meine Mutter rief uns Kinder dann und sagte: »Das Christkind war da, ich habe es gerade noch wegfliegen sehen.« Als ich als Erwachsene zum ersten Mal in einem Flugzeug geflogen bin, hatte ich ungeheure Angst, abzustürzen, ich interpretierte viele Geräusche (z. B. das Ausfahren der Räder) als sichere Zeichen des drohenden Absturzes und wunderte mich, daß andere Flugpassagiere in ihre Zeitungen vertieft blieben und ihrem nahen Ende so gleichgültig entgegensahen... Obwohl ich zu dieser Angst in ironische Distanz treten konnte, blieb sie mir lange erhalten. Aber eines Tages war sie weg. Ich habe mir das damit erklärt, daß ich zu diesem Zeitpunkt erstmals das Gefühl hatte, wirklich gelebt zu haben, während ich vorher oft das Gefühl von ungelebtem Leben hatte. Ich wollte nicht abstürzen, bevor ich wirklich gelebt hatte. Diese Veränderung stand, wie ich denke, im Zusammenhang mit meinen zunehmenden Chancen, ein lesbisches Leben zu realisieren und eine lesbische Identität zu entwickeln.

Ich erinnere mich auch, daß ich als Kind manchmal Bauchkrämpfe hatte, die ich mir später aus dem konfliktreichen Klima in meinem Elternhaus erklärte. Mit 12 Jahren wurde mir, m. E. ohne zwingende Diagnose, der Blinddarm herausgenommen. Bei Anspannung (Streß) oder großer Aufregung verkrampfe ich mich auch heute noch im Bauch und bekomme, wenn die Spannung zu lange dauert, Schmerzen.

Ich habe als Kind öfter mal geweint, und ich habe die Vermutung, daß mir dann schnell jemand etwas in den Mund gestopft hat. Heute stopfe ich mir bei Niederlagen, Enttäuschungen oder Gefühlen von Ungeborgenheit leicht selber etwas in den Mund, so lange, bis ich das bedrückende Gefühl nicht mehr spüre. Bei Liebeskummer und Verliebtheit allerdings reagiere ich eher mit Appetitlosigkeit.

Mir fällt auf, während ich dies schreibe, daß mir zuerst die negativen Erinnerungen eingefallen sind (eine angenehme habe ich allerdings gleich der Zensur unterworfen, werde aber vielleicht später auf sie zurückkommen).

Eine Zwischenstellung nimmt eine andere Erinnerung ein: Ich konnte als Kind oft abends nicht einschlafen, weil in dem Park gegenüber von meinem Elternhaus die Nachtigallen so laut sangen oder »schlugen«, daß ich ganz wütend auf sie war. Ähnlich ging es mir manchmal mit dem Quaken der Frösche, das aus einem nahe gelegenen Teich kam. (Der Teich gehörte zu einem alten Rheinarm. Durch Autobahnbauten ist er inzwischen verschwunden.) Heute habe ich an diesen »Lärm« eine vorwiegend positive Erinnerung, weil er so von »ungestörtem Landleben« zeugt.

Sehr gern erinnere ich mich an sommerliche Bäder in unserem »Klostergarten«, in einer alten Zinkwanne, in der sich das Wasser über Tag aufwärmte, und ans Abgespritztwerden mit dem Gartenschlauch. Es gab damals kein Schwimmbad in der Nähe, nur ein Baggerloch, das jedoch sehr tief war. Als ich mit etwa 10 oder gar erst 12 Jahren schwimmen lernte, in einem kleinen Hallenbad in Köln, an der Stange eines Schwimmeisters, hatte ich furchtbare Angst vor der unergründlichen Tiefe des Wassers. Heute schwimme ich sehr gern und ohne Angst, vielleicht weil ich mir das Leben im Meer öfter mit einer Taucherbrille angeschaut habe und nun – auch auf fremde Meere übertragbar – »weiß«, was unter mir vor sich geht. Es gibt für mich kaum etwas vergleichbar Schönes, als in einem südlichen Meer, d. h. in angenehmer Temperatur, und bei glatter Wasseroberfläche nackt zu schwimmen. Diese Zärtlichkeit, die da meiner Haut widerfährt, und die Schwerelosigkeit auf dem Salzwasser, und dann das Gefühl danach. »So nach dem Bade sein« hat Rilke das einmal sehr treffend ausgedrückt: die Freude, sich abzutrocknen, etwas Wärmendes anzuziehen, das aufkommende Hungergefühl und die Phantasien über das nahende Mahl. Das ist für mich der Inbegriff von Wohlfühlen und Urlaub.

Sehr positive Erinnerungen habe ich daran, wenn es bei uns früher manchmal Samstag nachmittags Kakao gab, in einer großen bauchigen Meißner Kanne mit Blumen, und selbstgebackene herzförmige Waffeln, die wir in großer Runde verzehrten. Oder wenn in der Küche ein großer Topf mit warmen Puddingresten auszuschlecken war, am liebsten Karamelpudding.

An manchen Sonntagen im Mai, wenn es draußen warm, aber noch nicht heiß war, wenn alles blühte, die Vögel zwitscherten, die Menschen ihre Sonntagskleider anhatten und in Feiertagsstimmung waren, empfand ich als Kind ungeheure Glücksgefühle und dachte, daß es etwas Schöneres überhaupt nicht geben könnte. Ich liebte es, an solchen Tagen mit den Rollschuhen über die glatte und kaum befahrene Landstraße zu »schweben« oder freihändig auf dem Fahrrad zu fahren. Auch heute kann ich mich über schöne Frühlingstage sehr freuen, und es zieht mich dann auch immer hinaus, aber die immensen Glücksgefühle, die ich an solchen Tagen in meiner Kindheit empfunden habe, erlebe ich heute in dieser Situation nicht mehr, manchmal in anderen.

Ich nehme jetzt die Erinnerung wieder auf, die beim Schreiben zunächst meiner Zensur anheimfiel: Mit fünf Jahren bekam ich ein kleines, »halbes« Fahrrad. Beim Rumrutschen auf dem Sattel empfand ich eines Tages sehr lustvolle Gefühle in der Gegend, für die ich damals noch keinen Namen hatte. Diese Gefühle waren mir gleichzeitig etwas mulmig. Ich habe mit niemand darüber gesprochen, denn »Selbstbefriedigung« war weder ein negatives noch ein positives Thema in meiner Familie, es war gar kein Thema. Daher oder trotzdem habe ich mir dieses Erlebnis weiterhin von Zeit zu Zeit erlaubt. Da es mir von früh auf vertraut war, ist es mir ganz unverständlich, daß manche Frauen dies erst als Erwachsene entdecken.

Ich war als Kind sehr daran interessiert, mir ein klares Bild von den beiden Geschlechtern zu machen. Vielleicht sind das alle Kinder, vielleicht war ich es aber auch besonders, weil ich eigentlich lieber ein Junge gewesen wäre als ein Mädchen. Im Kinderheim in Sankt Peter-Ording ging ich in die Jungengruppe, weil sie viel spannendere Dinge machten als die Mädchengruppe und weil viele Mädchen so mäkelig und ängstlich waren. Allerdings mußte ich in der Jungengruppe einige Mutproben bestehen: So setzte mir bei einem Ausflug ins Watt ein Junge einen Krebs auf die Schulter. Ich biß die Zähne zusammen, um mein Entsetzen zu verbergen, und schüttelte den Krebs ganz cool ab.

Zum Anschauen des Kölner Karnevalszugs ging ich als Sechs- oder Siebenjährige als Indianer kostümiert, und ich war sehr stolz, als eine Frau neben mir eine andere auf den »hübschen Jungen« aufmerksam machte.

Heute bin ich gerne eine Frau, weil ich mir in einem langen Prozeß diese Rolle so geschaffen habe, daß ich mich darin wohl fühle. Aber offenbar kollidiert meine weibliche Rolle mit den weiblichen Rollenvorstellungen einiger anderer: In Frankreich bin ich – entgegen meinem ureigensten Weiblichkeitsgefühl – schon öfter als »Monsieur« angesprochen worden ...

Die Männer in meinem Umkreis hatten damals alle nackte Gesichter und kurze Haare, meistens mit Scheitel, und trugen – im Unterschied zu den Frauen – Hosen. Es hat mich daher sehr irritiert, daß die Abbildungen von Jesus diesen immer als eine Person mit langen Haaren und »weiblichen« Gewändern zeigten. Ich fragte daher meine Mutter, ob Jesus ein Mann oder eine Frau gewesen sei. Ihre Antwort ließ mich im ungewissen, denn sie fand, daß man das »bei einem göttlichen Wesen nicht so genau sagen« könne. Heute finde ich diese Antwort ganz weise, damals aber hätte ich mir eine klare Antwort gewünscht (»Jesus ist ein Mann«). Als in den siebziger Jahren die Hippies aufkamen, war ich ganz begeistert, lauter jungen Jesustypen zu begegnen, endlich konnte ich mir die undefinierbare Person Jesus ins anschaulich Männliche übersetzen. Ich empfand es wie die Wiederkehr einer in meiner Kindheit unvorstellbaren und unerreichbaren historischen Zeit.

Das Äußere der Geschlechter war früher klar erkennbar und unterscheidbar, die nackten Gestalten dagegen waren nicht so leicht zugänglich, zumindest die männlichen. Während meine Mutter einer Strömung der »Natürlichkeit« folgte, die wohl Ende der zwanziger, Anfang der dreißiger Jahre in Illustrierten und Familienratgebern propagiert wurde, war die Nacktheit meines Vaters ein Tabu. Das heißt, während meine Mutter sich durchaus vor meinen Augen anzog oder badete, erspähte ich meinen Vater nur nackt, wenn er vergessen hatte, die Badezimmertür abzuschließen. Voreiligen tiefenpsychologischen Deutungen oder sexuellen Mißbrauchsphantasien sei entgegengehalten, daß mein Vater – bis auf die Badezimmertür – keine Tür zumachte und daß er, wenn wir Kinder ahnungslos ins Bad gerannt kamen, laut »raus« brüllte.

In meiner Kindheit sang man gerne das Lied »Waldeslust, Waldeslust, oh, wie einsam schlägt die Brust«. Dieses Lied gab mir große Rätsel auf, denn angesichts der eher hängenden Tendenz bei den Frauen meiner Familie konnte ich mir zwar vorstellen, daß zwei Brüste auf und ab wippen, also »schlagen« konnten, aber wie es eine einzelne Brust fertigbringen könnte zu schlagen, war mir unbegreiflich. Ich habe aber niemanden danach gefragt, denn das Wort »Busen« oder »Brust« war für mich etwas Unaussprechliches, ich wurde schon rot, wenn jemand anderes es aussprach.

Als heranwachsendes Mädchen fühlte ich mich mit einigen Makeln behaftet, meine Brüste entwickelten sich in unterschiedlicher Größe, was mich sehr beunruhigte. Meine Kopfhaare waren nicht besonders üppig und kräftig, so daß ich es nie zu langen Zöpfen oder langen Haaren brachte. Dafür war ich an anderen Stellen mit (dunkelblonden) Haaren gesegnet, an den Beinen und darüber. Ich habe diese Haare viele Jahre abrasiert oder mit einer ätzenden und stinkenden Creme entfernt, weil ich dachte, daß mich sonst kein Mann – bei näherem Zusehen – attraktiv finden würde. Gesagt hat mir – soweit ich mich erinnern kann – nie jemand etwas zu diesen »Makeln«, es waren tief verinnerlichte »weibliche« Standards. Aber eine Schulfreundin riet mir einmal, meine für ihren Geschmack zu breiten Hände möglichst etwas zu verstecken... All diese »Probleme« sind wie die Butter vor der Sonne zerschmolzen, seit ich mit Frauen zusammenlebe. Keine von ihnen hat meine »Makel« bemerkt, und meine behaarten Beine fanden einige besonders sinnlich. Allerdings habe ich vor einigen Jahren, als mir mein kräftiger Haarwuchs an bestimmten Stellen längst kein Problem mehr war, von zwei heterosexuell orientierten Frauen (einer Frauenärztin und einer Fußpflegerin) negative Kommentare zu hören bekommen, wogegen ich massiv protestiert habe. Sind es vielleicht eher die (heterosexuellen) Frauen, die auf die Weiblichkeitsstandards pochen?

Auf dem Land konnten wir einige Mutproben bestehen, z. B. aus zwei oder drei Meter Höhe ins frische Stroh oder Heu springen oder querfeldein ein Pferd zum Beschlagen in die Schmiede reiten, wobei man nie wußte, ob das Pferd unterwegs durch Steinwürfe einer Jungenhorde angefeuert werden würde. Ich selber dachte mir noch einen anderen »Sport« aus, für den ich auch einen jüngeren Spielkameraden gewann: Wir stellten uns am Wegrand der Landstraße auf und warteten auf Autos, die damals relativ selten und nur vereinzelt dort vorbeikamen. Wenn ein Auto ziemlich nah war, rannten wir, kurz bevor es uns erreicht hatte, über die Straße und verkürzten von Mal zu Mal den Abstand. »Leider« machte ein Bekannter meiner Eltern, der mich erkannt hatte, unserem Spiel ein Ende, indem er mich bei meinen Eltern »verpetzte«.

Mit acht Jahren wurde ich von meiner älteren Schwester mit einer Stoppuhr in den »Leistungssport« eingeführt, und zwar im Rahmen von Jungmädelsport, meine Schwester war Jungmädelführerin. Ich erzielte gute Leistungen im Laufen und Springen und wurde bei einem »Bann«sportfest in Köln Zweit- oder Drittbeste. So wuchs ich ganz naiv in die nationalsozialistische Jugendbewegung hinein, und es dauerte mehrere Jahre, bis mir Zweifel daran kamen.

Als ich zehn Jahre alt war, begannen die großen Bombenangriffe auf Köln, in dessen Nähe wir wohnten. Einen halben Kilometer von meinem Elternhaus entfernt war damals, mitten in einem Feld, eine Flakstellung aufgebaut worden (Flugabwehrkanonen), die versuchte, die zurückfliegenden englischen Flugzeuge abzuschießen. Diese trachteten, die Flakstellung durch Bomben zu vernichten. Manche dieser Bomben trafen aber nicht ihr Ziel und explodierten ganz in unserer Nähe, und wir wußten nie, wann es uns selber treffen würde. Oft gab es schon am frühen Abend Alarm, in der ersten Zeit passierte das wiederholt genau an dem Abend, an dem es bei uns Flieder-(= Holunder)beersuppe gab (im Herbst und Winter etwa einmal in der Woche). Nach einiger Zeit war ich »konditioniert«: immer, wenn es Fliederbeersuppe gab, fing ich an zu zittern, auch wenn kein Alarm kam. Dieses Zittern ist mir noch lange geblieben, genauso wie die Angst vor tieffliegenden Flugzeugen (die uns am Ende des Krieges manchmal auf der Straße oder auf dem Feld beschossen).

Aus den Kriegsjahren datiert aber auch eine wunderschöne Erinnerung. (Ich empfinde es als etwas pervers, aus einer so brutalen Zeit von einer »wunderschönen« Erinnerung zu berichten, aber im konkreten Leben mischten sich die Erlebnisse.) Meine Mutter und meine Schwestern waren zu einem Tanzfest eingeladen (mein Vater war im Krieg), das von Offizieren, die in meinem früheren Großelternhaus einquartiert waren, veranstaltet wurde. Ich war damals zehn Jahre alt und durfte mitgehen. Der Höhepunkt des Abends bestand für mich darin, daß ein höherer Offizier, mit dem umwerfenden Namen »Ritter von und zu Sperl«, groß und sehr schlank, mich zum Tanzen aufforderte. Ich fühlte mich ungeheuer geehrt. Ich glaube, es war ein Wiener Walzer, bei dem mich der Ritter mehr über die Tanzfläche fliegen ließ, als daß ich getanzt hätte. Vielleicht bin ich damals auf den Geschmack am Tanzen gekommen. Jedenfalls habe ich damit nie mehr ganz aufgehört. Nach dem Krieg feierten wir jungen Leute ständig Feste. Wir Nachkriegsjugendlichen waren ausgehungert nach fetziger Musik, nach Tanzen, nach Leben. Wir gingen in die Tanzstunde und waren besessen vom Jazz, zu dessen Rhythmus wir – nächtelang am Radio sitzend – den Takt klopften, eine Zigarette nach der anderen qualmend. Obwohl ich mit Männern nicht viel im Sinn hatte, habe ich mit guten Tänzern, und die gab es damals noch, leidenschaftlich gern getanzt. Allerdings empfand ich es als befreiend, daß später die Discomusik aufkam, die es mir auch als reiferer Frau erlaubte, auf gemischten Festen zu tanzen, ohne auf den entsprechenden »Ritter« warten zu müssen, der sich doch meistens lieber jüngeren Frauen zuwandte. Im Zeitalter der Frauenbewegung ist es ja üblich geworden, daß Frauen in der Disco oder auf gemischten Festen auch allein oder zu mehreren tanzen, ohne Altersbegrenzung. Vor etwa zehn Jahren habe ich die Standardtänze für mich wiederentdeckt und eine Tanzstunde für Frauen über 40 ins Leben gerufen. Dort haben wir auch gelernt zu führen, was mich zunächst in Identitätsprobleme gestürzt hat. Heute liebe ich den Wechsel zwischen den Rollen und empfinde ihn als sehr reizvoll.

Als ich die erste Beziehung mit einer Frau einging (ich war Mitte Zwanzig), hatte ich ein ganz fundamentales Bedürfnis, Kinder zu bekommen (nicht nur ein Kind). Es war ein sehr sinnliches und »triebhaftes« Gefühl. Vielleicht war es die Sehnsucht danach, das sexuelle Erleben in meinem Körper aufzubewahren und ihm eine Gestalt zu geben. Jedenfalls hatte es überhaupt nichts mit »Muttergefühlen« oder »Mütterlichkeit« zu tun oder mit dem Wunsch, eine »richtige« Frau zu werden, auch nicht mit einer bestimmten Rollenaufteilung in der Beziehung. Ich habe dieses Bedürfnis in vielen Beziehungen gehabt. Es war auch nichts Ausschließliches, ich hätte es auch schön gefunden, wenn die andere Kinder bekommen hätte, nur hätte das meinen tiefsitzenden Drang nicht befriedigt.

Obwohl ich mich mit Anfang Sechzig noch nicht nach Sterben fühle, möchte ich meine Körperassoziationen mit einem Erlebnis beschließen, das ich im letzten Herbst auf einem Pariser Friedhof hatte. Ich besuchte das Grab von Simone de Beauvoir und Jean-Paul Sartre und entwickelte auf dem langen Weg dorthin einige Phantasien. Aber die Realität war eine ganz andere: Ich war sehr enttäuscht von dem simplen, öden und unsinnlichen Grabstein und dem kargen Grab. Da gefielen mir bei allem Pathos doch die Särge von Voltaire und Rousseau im Panthéon um einiges besser. So spröde will ich einmal nicht begraben sein, dachte ich; meine Lebenslust und meine Hoffnung, daß im Weltall nichts verlorengeht, sollen auch auf meinem Grab und Grabstein zum Ausdruck kommen, und ich fange an, mir darüber Gedanken zu machen, wie das aussehen könnte.

Als ich das Grab von Simone de Beauvoir und Sartre gerade verlassen wollte, sprang eine Katze auf den Grabstein und schaute mich an. Ich zückte den Photoapparat und nahm die Szene auf. Aber offenbar verstieß ich damit gegen das kühle und lebensferne Ritual. Da es die 37. Aufnahme auf meinem Film war, schnitt man sie im Photolabor kurzerhand ab.

Über die Autorinnen

Akashe-Böhme, Farideh, Dr. phil., Soziologin mit Arbeitsschwerpunkt Kultur-, Frauen- und Migrationsforschung. Sie lebt als freie Publizistin in Darmstadt. Veröffentlichungen u. a.: *Die Darstellung der iranischen Revolution in der bundesrepublikanischen Presse*, 1986; *Reflexionen vor dem Spiegel* (Hg.), 2. Aufl. 1992; *Frausein – Fremdsein*, 2. Aufl. 1994.

Braun, Christina von, Priv.-Doz., Dr. phil., Kulturtheoretikerin und Filmemacherin. Über vierzig Filmdokumentationen und Fernsehspiele zu kulturgeschichtlichen Themen, zahlreiche Bücher und Aufsätze über das Wechselverhältnis von Geistesgeschichte und Geschlechterrollen. Lehrtätigkeit an verschiedenen Universitäten in den Fachbereichen Philosophie, Literatur- und Erziehungswissenschaften. Wichtigste Veröffentlichungen: *Nicht ich. Logik, Lüge, Libido*, Frankfurt a. M. 1985; *Der Einbruch der Wohnstube in die Fremde*, Bern 1987; *Die schamlose Schönheit des Vergangenen*, Frankfurt a. M. 1989; *Der ewige Judenhaß. Christlicher Antijudaismus, deutschnationale Judenfeindlichkeit, rassistischer Antisemitismus* (Begleitbuch zur gleichnamigen Filmreihe der Autorin), Stuttgart und Bonn 1990.

Duden, Barbara, habilitierte Historikerin mit Schwerpunkt Körpergeschichte der Frauen. Zahlreiche Veröffentlichungen, u. a.: *Geschichte unter der Haut*, Stuttgart 1987; *Der Frauenleib als öffentlicher Ort*, Stuttgart 1991; *Anatomie der guten Hoffnung*, Stuttgart 1994. Professorin für empirische Kulturwissenschaften in Tübingen.

Fischer-Homberger, Esther, Medizinstudium, Psychiatrie, Psychiatriegeschichte, Medizingeschichte an den Universitäten Zürich und Bern, bis 1984 Professorin für Medizingeschichte an der Universität Bern, seit 1984 selbständig psychotherapeutisch tätig. Veröffentlichungen u. a.: *Hypochondrie. Melancholie bis Neurose: Krankheiten und Zustandsbilder*, Bonn 1970; *Krankheit Frau*, Bern 1979; *Medizin vor Gericht. Gerichtsmedizin von der Renaissance bis zur Aufklärung*, Bern 1983.

Meyer-Schubert, Astrid, Dr. phil., Studium der Philosophie, Religionswissenschaft und Geschichte an der Freien Universität Berlin, lebt zur Zeit in Wien. Publikationen u. a.: *Denken und Technik. Zur Geschlechtlichkeit der Reflexion bei Heidegger*, in: *Heidegger. Technik – Ethik – Politik*, Würzburg 1991; *Mutterschoßsehnsucht und Geburtsverweigerung*, Wien 1992.

Pagenstecher, Lising, Dr. phil., kriegsbedingte Einbrüche in der bildungsbürgerlichen Biographie, daher Studium über den zweiten Bildungsweg (Geschichte, Soziologie, Philosophie) und Berufstätigkeit als Wissenschaftlerin erst mit Ende Dreißig. Von 1967 bis 1993 Forschungstätigkeit am Deutschen Jugendinstitut in München in den Bereichen Jugend, Familie, Frauen, Beziehungen und Sexualität. Daneben, quasi als Schattenarbeit, seit 1987 Forschung und Publikationen zu Lesbenthemen. Seit Mitte 1993 freischaffende Pensionärin, die nun endlich Zeit für bisher unrealisierte Wunschträume hat.

Schmid, Pia, Prof. Dr., Erziehungswissenschaftlerin an der Universität Halle. Arbeitsschwerpunkte Geschichte der Erziehung und Bildung, pädagogische Frauenforschung, Weiblichkeitsbilder und Geschlechtertheorien. Veröffentlichungen u. a.: *Zeit des Lesens, Zeit des Fühlens*, 1985; *Frauen im pädagogischen Diskurs*, 1989 (mit B. Schultz, C. Weber, C. Klose); *Zwischen Wollust und Tugend*, in: *Reflexionen vor dem Spiegel*, hg. von Farideh Akashe-Böhme, Frankfurt a. M. 1992.

Waldeck, Ruth, Pädagogin und Psychologin, lebt in Frankfurt a. M. und ist als Psychotherapeutin tätig. Promovierte über das Thema »Frauen und Nationalsozialismus«. Forscht und veröffentlicht zur weiblichen Adoleszenz, zu Sexualität, Aggression und Macht. Lehraufträge in Darmstadt, Paderborn und Frankfurt a. M.

GENDER STUDIES
in der edition suhrkamp

Barbin, Herculine / Michel Foucault: Über Hermaphrodismus. Herausgegeben von Wolfgang Schäffner und Joseph Vogel. es 1733

Benhabib, Seyla: Selbst und Kontext. Geschlecht, Gemeinschaft und Postmoderne in der zeitgenössischen Ethik. es 1725

Butler, Judith: Das Unbehagen der Geschlechter. Aus dem Amerikanischen von Kathrina Menke. es 1722

Bynum, Caroline Walker: Fragmentierung und Erlösung. Aus dem Amerikanischen von Brigitte Große. es 1731

Denksachen. Zur theoretischen und institutionellen Rede vom Geschlecht. Herausgegeben von Gesa Lindemann und Theresa Wobbe. es 1729

Fraser, Nancy: Widerspenstige Praktiken. Macht, Diskurs, Geschlecht. es 1726

Das Geschlecht der Natur. Feministische Beiträge zur Geschichte und Theorie der Naturwissenschaften. Herausgegeben von Barbara Orland und Elvira Scheich. es 1727

Geschlechtsverhältnisse und Politik. Herausgegeben vom Institut für Sozialforschung Frankfurt. Redaktion: Katharina Pühl. es 1730

Der große Unterschied. Die soziale Konstruktion der Geschlechterdifferenz. Herausgegeben von Irene Döllig und Beate Krais. es 1732

Hahn, Barbara: Unter falschem Namen. Von der schwierigen Autorschaft der Frauen. es 1723

List, Elisabeth: Die Präsenz des Anderen. Theorie und Geschlechterpolitik. es 1728

Reflexionen vor dem Spiegel. Herausgegeben von Farideh Akashe-Böhme. Mit zahlreichen Abbildungen. es 1724

Von der Auffälligkeit des Leibes. Herausgegeben von Farideh Akashe-Böhme. es 1734

Von fremden Stimmen. Weibliches und männliches Sprechen im Kulturvergleich. Herausgegeben von Susanne Günthner und Helga Kotthoff. es 1721

317/1/3.95

Frauenforschung und Feminismus im Suhrkamp Taschenbuch Verlag

Aus der Zeit der Verzweiflung. Zur Genese und Aktualität des Hexenbildes. Beiträge von Gabriele Becker, Silvia Bovenschen, Helmut Brackert, Sigrid Brauner, Ines Brenner, Gisela Morgenthal, Klaus Schneller, Angelika Tümmler. es 840

Johann Jakob Bachofen: Das Mutterrecht. Eine Untersuchung über die Gynaikokratie der alten Welt nach ihrer religiösen und rechtlichen Natur. Eine Auswahl, herausgegeben von Hans-Jürgen Heinrichs. stw 135

Seyla Benhabib: Selbst und Kontext. Geschlecht, Gemeinschaft und Postmoderne in der zeitgenössischen Ethik. es 1725

Berühmte Frauen. Kalender 1992. Erstellt von Luise F. Pusch. st 1992

Berühmte Frauen. Kalender 1993. Von Luise F. Pusch. st 1993

Berühmte Frauen. Kalender 1994. Von Luise F. Pusch. st 1994

Berühmte Frauen. Kalender 1995. Von Luise F. Pusch. st 1995

Silvia Bovenschen: Die imaginierte Weiblichkeit. Exemplarische Untersuchungen zu kulturgeschichtlichen und literarischen Präsentationsformen des Weiblichen. es 921

Briefe berühmter Frauen. Von Liselotte von der Pfalz bis Rosa Luxemburg. Herausgegeben von Claudia Schmölders. it 1505

Judith Butler: Das Unbehagen der Geschlechter. Aus dem Amerikanischen von Kathrina Menke. es 1722

Caroline Walker Bynum: Fragmentierung und Erlösung. Aus dem Amerikanischen von Brigitte Große. es 1731

Dekonstruktiver Feminismus. Literaturwissenschaft in Amerika. Herausgegeben von Barbara Vinken. es 1678

Denksachen. Zur theoretischen und institutionellen Rede vom Geschlecht. Herausgegeben von Gesa Lindemann und Theresa Wobbe. es 1729

Denkverhältnisse. Feminismus und Kritik. Herausgegeben von Elisabeth List und Herlinde Studer. es 1407

Feminismus. Inspektion der Herrenkultur. Ein Handbuch. Herausgegeben von Luise F. Pusch. es 1192

Nancy Fraser: Widerspenstige Praktiken. Macht, Diskurs, Geschlecht. es 1726

Frauen, die pfeifen. Verständigungstexte. Herausgegeben von Ruth Geiger, Hilke Holinka, Claudia Rosenkranz, Sigrid Weigel. es 968

Dagmar von Gersdorff: Dich zu lieben kann ich nicht verlernen. Das Leben der Sophie Brentano-Mereau. it 1276

Das Geschlecht der Natur. Feministische Beiträge zur Geschichte und Theorie der Naturwissenschaften. Herausgegeben von Barbara Orland und Elvira Scheich. es 1727

104/1/8.94

Frauenforschung und Feminismus im Suhrkamp Taschenbuch Verlag

Geschlechtsverhältnisse und Politik. Herausgegeben vom Institut für Sozialforschung Frankfurt. Redaktion: Katharina Pühl. es 1730

Susan Griffin: Frau und Natur. Das Brüllen in ihr. Aus dem Amerikanischen von Renate Stendhal. es 1405

Barbara Hahn: Unter falschem Namen. Von der schwierigen Autorschaft der Frauen. es 1723

Gunnar Heinsohn / Rolf Knieper / Otto Steiger: Menschenproduktion. Allgemeine Bevölkerungstheorie der Neuzeit. es 914

Die Hexen der Neuzeit. Studien zur Sozialgeschichte eines kulturellen Deutungsmusters. Herausgegeben von Claudia Honegger. es 743

Luce Irigaray: Ethik der sexuellen Differenz. es 1362

– Speculum. Spiegel des anderen Geschlechts. Aus dem Französischen übersetzt von Xenia Rajewsky, Gabriele Ricke, Gerburg Treusch-Dieter und Regine Othmer. es 946

Ann Jones: Frauen, die töten. Aus dem Amerikanischen von Ebba D. Drolshagen. es 1350

Die Listen der Mode. Herausgegeben von Silvia Bovenschen. es 1338

Lohn: Liebe. Zum Wert der Frauenarbeit. Herausgegeben von Alice Schwarzer. es 1225

Mütter berühmter Männer. Zwölf biographische Portraits. Herausgegeben von Luise F. Pusch. it 1356

Ulrike Prokop: Weiblicher Lebenszusammenhang. Von der Beschränktheit der Strategien und der Unangemessenheit der Wünsche. es 808

Psychoanalyse der weiblichen Sexualität. Herausgegeben von Janine Chasseguet-Smirgel. Aus dem Französischen übersetzt von Grete Osterwald. es 697

Luise F. Pusch: Alle Menschen werden Schwestern. Feministische Sprachkritik. es 1565

– Das Deutsche als Männersprache. Aufsätze und Glossen zur feministischen Linguistik. es 1217

Rechtsalltag von Frauen. Herausgegeben von Ute Gerhard und Jutta Limbach. es 1423

Reflexionen vor dem Spiegel. Herausgegeben von Farideh Akashe-Böhme. Mit zahlreichen Abbildungen. es 1724

Adrienne Rich: Um die Freiheit schreiben. Beiträge zur Frauenbewegung. Aus dem Amerikanischen von Barbara von Bechtolsheim. es 1583

Heidi Rosenbaum: Formen der Familie. Untersuchung zum Zusammenhang von Familienverhältnissen, Sozialstruktur und sozialem Wandel in der deutschen Gesellschaft des 19. Jahrhunderts. stw 374

104/2/8.94

Frauenforschung und Feminismus im Suhrkamp Taschenbuch Verlag

Giselher Rüpke: Schwangerschaftsabbruch und Grundgesetz. Eine Antwort auf das in der Entscheidung des Bundesverfassungsgerichts vom 25. 2. 1975 ungelöste Verfassungsproblem. Nachwort von Peter Schneider. es 815

Werner Schiffauer: Die Gewalt der Ehre. Erklärungen zu einem deutsch-türkischen Sexualkonflikt. st 894

Schreibende Frauen. Frauen – Literatur – Geschichte. Vom Mittelalter bis zur Gegenwart. Herausgegeben von Hiltrud Gnüg und Renate Möhrmann. st 1603

Schwestern berühmter Männer. Zwölf biographische Porträts. Herausgegeben von Luise F. Pusch. Redaktionelle Mitarbeit: Jutta Wasels. it 796 und st 2348

Bram van Stolk / Cas Wouters: Frauen im Zwiespalt. Zwischen Frauenhaus und Zuhause: Beziehungsprobleme im Wohlfahrtsstaat. Übersetzt von Michael Schröter. Mit einem Vorwort von Norbert Elias. stw 685

Töchter berühmter Männer. Neun biographische Portraits. Herausgegeben von Luise E. Pusch. it 979 und st 2349

Von fremden Frauen. Frausein und Geschlechterbeziehungen in nichtindustriellen Gesellschaften. Herausgegeben von der Arbeitsgruppe Ethnologie, Wien. stw 784

Von fremden Stimmen. Weibliches und männliches Sprechen im Kulturvergleich. Herausgegeben von Susanne Günthner und Helga Kotthoff. es 1721

Wahnsinnsfrauen. Herausgegeben von Sibylle Duda und Luise F. Pusch. Erstausgabe. st 1876

Wahnsinnsfrauen. Elf biographische Portraits. Herausgegeben von Sybille Duda und Luise F. Pusch. st 2351

Ingeborg Weber-Kellermann: Die deutsche Familie. Versuch einer Sozialgeschichte. st 185

Weiblichkeit in geschichtlicher Perspektive. Fallstudien und Reflexionen zu Grundproblemen der historischen Frauenforschung. Herausgegeben von Ursula A. J. Becher und Jörn Rüsen. stw 725

Uwe Wesel: Der Mythos vom Matriarchat. Über Bachofens Mutterrecht und die Stellung von Frauen in frühen Gesellschaften vor der Entstehung staatlicher Herrschaft. stw 333

Wie männlich ist die Wissenschaft? Herausgegeben von Karin Hausen und Helga Nowotny. stw 590

104/3/8.94

edition suhrkamp
Eine Auswahl

Abelshauser: Wirtschaftsgeschichte der Bundesrepublik Deutschland 1945-1980. NHB. es 1241
Achebe: Okonkwo oder Das Alte stürzt. es 1138
Adorno: Eingriffe. es 10
– Gesellschaftstheorie und Kulturkritik. es 772
– Kritik. es 469
– Ohne Leitbild. es 201
– Stichworte. es 347
Bachtin: Die Ästhetik des Wortes. es 967
Barthes: Kritik und Wahrheit. es 218
– Leçon/Lektion. es 1030
– Mythen des Alltags. es 92
– Semiologisches Abenteuer. es 1441
– Die Sprache der Mode. es 1318
Beck: Gegengifte. es 1468
– Die Erfindung des Politischen. es 1780
– Risikogesellschaft. es 1365
Becker: Warnung vor dem Schriftsteller. es 1601
Beckett: Endspiel. Fin de Partie. es 96
– Flötentöne. es 1098
Benjamin: Das Kunstwerk im Zeitalter seiner technischen Reproduzierbarkeit. es 28
– Moskauer Tagebuch. es 1020
– Das Passagen-Werk. es 1200
– Versuche über Brecht. es 172
Bernecker: Sozialgeschichte Spaniens im 19. und 20. Jahrhundert. NHB. es 1540
Bernhard: Der deutsche Mittagstisch. es 1480
Biesheuvel: Schrei aus dem Souterrain. es 1179
Bildlichkeit. Hg. von V. Bohn. es 1475
Bleisch: Viertes Deutschland. es 1719
Bloch für Leser der neunziger Jahre. es 1827
Bloch: Abschied von der Utopie? es 1046
– Kampf, nicht Krieg. es 1167
Boal: Theater der Unterdrückten. es 1361
Böhme, G.: Natürliche Natur. es 1680
Böhme, H.: Prolegomena zu einer Sozial- und Wirtschaftsgeschichte Deutschlands im 19. und 20. Jahrhundert. es 253
Bohrer: Die Kritik der Romantik. es 1551
– Der romantische Brief. es 1582
Bond: Gesammelte Stücke. 2 Bde. es 1340
Botzenhart: Reform, Restauration, Krise. NHB. es 1252
Boullosa: Sie sind Kühe, wir sind Schweine. es 1866
Bourdieu: Rede und Antwort. es 1547
– Soziologische Fragen. es 1872
Bovenschen: Die imaginierte Weiblichkeit. es 921
Brandão: Kein Land wie dieses. es 1236
Brasch: Frauen. Krieg. Lustspiel. es 1469
– Lovely Rita. Rotter. Lieber Georg. es 1562

316/1/6.93

edition suhrkamp
Eine Auswahl

Braun: Böhmen am Meer. es 1784
– Verheerende Folgen mangelnden Anscheins innerbetrieblicher Demokratie. es 1473
Brecht: Der aufhaltsame Aufstieg des Arturo Ui. es 144
– Aufstieg und Fall der Stadt Mahagonny. es 21
– Ausgewählte Gedichte. es 86
– Baal. es 170
– Buckower Elegien. es 1397
– Die Dreigroschenoper. es 229
– Furcht und Elend des Dritten Reiches. es 392
– Die Geschäfte des Herrn Julius Caesar. es 332
– Die Gesichte der Simone Machard. es 369
– Die Gewehre der Frau Carrar. es 219
– Der gute Mensch von Sezuan. es 73
– Die heilige Johanna der Schlachthöfe. es 113
– Herr Puntila und sein Knecht Matti. es 105
– Der kaukasische Kreidekreis. es 31
– Leben des Galilei. es 1
– Leben Eduards des Zweiten von England. es 245
– Mann ist Mann. es 259
– Die Mutter. es 200
– Mutter Courage und ihre Kinder. es 49
– Der Ozeanflug. Die Horatier und die Kuratier. Die Maßnahme. es 222
– Schweyk im zweiten Weltkrieg. es 132
– Die Tage der Commune. es 169
– Trommeln in der Nacht. es 490
– Über Politik auf dem Theater. es 465
– Das Verhör des Lukullus. es 740
Brecht für Leser der neunziger Jahre. Hg. von S. Unseld. es 1826
Brunkhorst: Der Intellektuelle im Land der Mandarine. es 1403
Bubner: Ästhetische Erfahrung. es 1564
– Zwischenrufe. Aus den bewegten Jahren. es 1814
Buch: Der Herbst des großen Kommunikators. es 1344
– Die Nähe und die Ferne. es 1663
– Waldspaziergang. es 1412
Bürger: Theorie der Avantgarde. es 727
Burkhardt: Der Dreißigjährige Krieg 1618-1648. NHB. es 1542
Butler: Das Unbehagen der Geschlechter. es 1722
Celan: Ausgewählte Gedichte. Zwei Reden. es 262
Cortázar: Letzte Runde. es 1140
– Das Observatorium. es 1527
– Reise um den Tag in 80 Welten. es 1045
Dedecius: Poetik der Polen. es 1690
Dekonstruktiver Feminismus. Hg. von B. Vinken. es 1678
Deleuze: Logik des Sinns. es 1707
– Verhandlungen. es 1778

316/2/6.93

edition suhrkamp
Eine Auswahl

316/3/6.93

edition suhrkamp
Eine Auswahl

316/4/6.93

edition suhrkamp
Eine Auswahl

316/5/6.93

316/6/6.93

316/7/6.93

edition suhrkamp
Eine Auswahl

Raimbault: Kinder sprechen vom Tod. es 993
Rakusa: Steppe. es 1634
Reichert: Vielfacher Schriftsinn. es 1525
Ribeiro, D.: Unterentwicklung, Kultur und Zivilisation. es 1018
Ribeiro, J. U.: Sargento Getúlio. es 1183
Rodinson: Die Araber. es 1051
Rohe: Wahlen und Wählertraditionen in Deutschland. es 1544
Rosenboom: Eine teure Freundschaft. es 1607
Rosenlöcher: Die verkauften Pflastersteine. es 1635
– Die Wiederentdeckung des Gehens beim Wandern. es 1685
Roth: Die einzige Geschichte. es 1368
– Das Ganze ein Stück. es 1399
– Krötenbrunnen. es 1319
– Die Wachsamen. es 1614
Rubinstein: Sterben kann man immer noch. es 1433
Rühmkorf: agar agar – zaurzaurim. es 1307
Russell: Probleme der Philosophie. es 207
Schedlinski: die rationen des ja und des nein. es 1606
Schindel: Ein Feuerchen im Hintennach. es 1775
– Geier sind pünktliche Tiere. es 1429
– Im Herzen die Krätze. es 1511
Schleef: Die Bande. es 1127
Schöne Aussichten. Hg. v. Ch. Döring und H. Steinert. es 1593
Schönhoven: Die deutschen Gewerkschaften. NHB. es 1287
Schröder: Die Revolutionen Englands im 17. Jahrhundert. NHB. es 1279
Das Schwinden der Sinne. Hg. von D. Kamper und Ch. Wulf. es 1188
Segbers: Der sowjetische Systemwandel. es 1561
Senghaas: Europa 2000. es 1632
– Friedensprojekt: Europa. es 1717
– Konfliktformationen im internationalen System. es 1509
– Die Zukunft Europas. es 1339
Sieferle: Die Krise der menschlichen Natur. es 1567
Simmel: Schriften zur Philosophie und Soziologie der Geschlechter. es 1333
Sloterdijk: Der Denker auf der Bühne. es 1353
Sloterdijk: Eurotaoismus. es 1450
– Kopernikanische Mobilmachung und ptolemäische Abrüstung. es 1375
– Kritik der zynischen Vernunft. es 1099
– Versprechen auf Deutsch. es 1631
– Weltfremdheit. es 1781
Söllner: Kopfland. Passagen. es 1504
Staritz: Geschichte der DDR 1949-1985. NHB. es 1260
Steinwachs: G-L-Ü-C-K. es 1711
Stichworte zur ›Geistigen Situation der Zeit‹. 2 Bde. Hg. von J. Habermas. es 1000

316/8/6.93

edition suhrkamp
Eine Auswahl

Streeruwitz: New York. New York. Elysian Park. es 1800
– Waikiki-Beach. Sloane Square. es 1786
Struck: Kindheits Ende. es 1123
– Klassenliebe. es 629
Szondi: Theorie des modernen Dramas. es 27
Techel: Es kündigt sich an. es 1370
Thiemann: Schulszenen. es 1331
Thompson: Die Entstehung der englischen Arbeiterklasse. es 1170
Thränhardt: Geschichte der Bundesrepublik Deutschland. NHB. es 1267
Todorov: Die Eroberung Amerikas. es 1213
Treichel: Liebe Not. es 1373
Tugendhat: Ethik und Politik. es 1714
Vargas Llosa: Gegen Wind und Wetter. es 1513
– La Chunga. es 1555
Vernant: Die Entstehung des griechischen Denkens. es 1150
Veyne: Foucault: Die Revolutionierung der Geschichte. es 1702
Vor der Jahrtausendwende: Berichte zur Lage der Zukunft. Hg. von P. Sloterdijk. es 1550
Walser: Ein fliehendes Pferd. es 1383
– Geständnis auf Raten. es 1374
– Selbstbewußtsein und Ironie. es 1090
– Über Deutschland reden. es 1553
– Wie und wovon handelt Literatur. es 642
Weiss: Abschied von den Eltern. es 85
– Die Ästhetik des Widerstands. es 1501
– Fluchtpunkt. es 125
– Das Gespräch der drei Gehenden. es 7
– Notizbücher 1960-1971. es 1135
– Notizbücher 1971-1980. es 1067
– Rapporte. es 276
– Rapporte 2. es 444
– Rekonvaleszenz. es 1710
– Der Schatten des Körpers des Kutschers. es 53
– Stücke I. es 833
– Stücke II. 2 Bde. es 910
– Verfolgung ... Marat/Sade. es 68
Sinclair (P. Weiss): Der Fremde. es 1007
Die Wiederkehr des Körpers. Hg. von D. Kamper und Ch. Wulf. es 1132
Wippermann: Europäischer Faschismus im Vergleich 1922-1982. NHB. es 1245
Wirz: Sklaverei und kapitalistisches Weltsystem. NHB. es 1256
Wittgenstein: Tractatus logico-philosophicus. es 12
Zoll: Alltagssolidarität und Individualismus. es 1776
Der Zusammenbruch der DDR. Hg. von H. Joas und M. Kohli. es 1777

316/9/6.93